항일과 혁명의 한길에서

김운선 지음

항일과 혁명의 한길에서

초　판 1쇄 발행 2008년 4월 16일
개정판 1쇄 발행 2023년 3월 01일

지은이　김 운 선
발행인　황 세 연
편집장　이 동 영
디자인　EG디자인
CTP　에컴인쇄
인　쇄　진광인쇄
제　본　동신제책
발행처　도서출판 **중원문화**
주　소　서울특별시 마포구 백범로 8길 512호
주문처　02-325-5534　FAX 02-324-6799
ISBN　978-89-7728-599-6(03800)

항일과 혁명의 한길에서

김운선 지음

2023

도서출판 중원문화

글 머리에

요즈음 사람의 자연생명이 지난날보다 연장되어 우리나라도 평균연령이 80여세되는 듯하다. 그렇다고 치더라도 내나이 80고개를 넘겼으니 짧게 산 것은 아닐 것이다. 나는 1907년에 이 민족의 일원으로 태어났다. 1905년에 을사늑약에 따라 일본은 대한제국의 외교권을 빼앗고 통감부 설치를 골자로 하는 보호조약을 체결하여 외교와 내정을 강탈하였다. 1907년 고종을 퇴위시킨 일본은 조선 군대의 해산과 사법권 및 고등관리 임명권을 규정하는 한일신협약을 날조한 바로 그 해였다보니 나는 일제 식민지에서 태어난 셈이다.

살아 생전에 이렇다 할 성공사례를 남긴 것도 아니고 딴에는 목숨바쳐 조국의 해방과 사회주의 혁명을 통하여 백성이 고루 행복하게 잘 사는 세상을 만들기 위하여 노력했으나 그러한 세상은 오지 않았다. 오늘날까지도 외세가 지배하는 세상은 여전히 계속되고 6 · 25전쟁을 전후하여 고귀한 내 동족의 생명이 500만명이나 유명을 달리했으니 그 안타까움을 무엇으로 설명하랴. 일제 36년의 지긋지긋한 식민지에서 해방되었다하나 또다시 조국 분단 42년이 흘렀다. 이 우리민족의 시련은 언제나 끝나려는가

나의 인생역정은 다양했다. 1910년을 국권을 빼앗긴 원년으로 친다면 조선 말기에 태어나서 일제 식민지 시대와 미군정시대, 분단 조국의 시대를 살았다.

세계 전쟁사에서 가장 혹독한 6 · 25한국전쟁도 겪었다.

봉건시대에서 자본주의 사회로 이행하는 혼돈의 시기이기도 하였다.

일제 식민지에 맞서 민족해방투쟁에 투신하여 젊음을 불살랐고 외세를 물리치고 통일조국을 건설하는 역군이 되고자 노력하였으나 쓰디 쓴 패배를 맛보았다.

나는 진정한 자유는 맛보지 못하고 암흑폐쇄시대로 일관된 시대만을 경험했을 뿐이다. 개인적으로도 그리 유복한 일생은 아니였다.

일찌기 아버지를 여의였고 형무소 살이와 방랑 그리고 물 난리와 화재, 찢어지도록 가난했던 빈곤, 강도와 사기, 자식과의 사별 등 변도 많고 탈도 많은 인생이었다.

나는 지나온 역정을 여과없이 편한 마음으로 이글을 쓴다. 책으로 출판할 의향은 없다. 내용 자체가 별것이 아니고 국가 보

안법이 퍼렇게 살아있는 세상에 책으로 출판되어 봤자 후손들에게 피해만주지 않겠는가. 나의 일생이 타인의 각성제와 반면교사가 될지 모르겠다. 그런 시각으로 보면 이 기록이 그런대로 가치는 지닐 수 있지 않겠는가. 선악개오사(善惡改悟師)라 하였으니 그런대로 교훈적 가치는 있으리라.

6 · 29선언을 통하여 이제 대통령 선거가 있으려나 보다. 1980년 군부에 의해 광주대학살과 체육관 선거를 반대하여 거국적으로 투쟁한 민중은 6 · 10항쟁을 거쳐 직선제 쟁취에 성공하는 혁명적 쾌거를 이룩하였다.

지난날 이승만은 정권을 유지하기 위하여 가진 추태를 부리다가 4 · 19혁명을 맞이하여 미국으로 도망가서 하와이에서 객사죽음을 당했다. 5 · 16군사쿠데타로 정권을 잡은 박정희는 유신헌법이라는 전대미문의 영구독재를 획책하다가 부하의 손에 의해 사살되었다. 위대한 민중의 힘은 여전히 흐르다가 끝내는 바다에 이르나 보다.

1987년 8월

헌시

정미생을 위한 헌사

—애국지사 水史 김운선 선생 일대기에 바침

문병란(시인·전 조선대교수)

1905년 을사늑약에 이어
1907년 조국의 군대가 해산되던 해
을시년스런 식민지의 하늘 아래
피투성이 서러운 탄생
그것은 축복이었을까 저주였을까.

빼앗긴 땅, 일본제국주의
그 침략의 사나운 굴레 속에서
조국 광복의 길, 인민 해방의 길,
인류 구원의 새로운 복음
사회주의 낙원 건설의 꿈을 안고

1인은 만인을 위하여
만인은 일인을 위하여
그 한 줄기 찬연한 빛을 따라
온 몸 바쳐 싸웠던

자유와 평등과 해방의 길

가치 없는 성공보다
가치 있는 실패를 택했던
그 고난, 그 형극로에서
V narod
일체 아니면 전무
그 거룩한 헌사는 피를 흘렸다.

1920년대 휘문고보
동맹휴학의 기치 아래 밤을 새이고
가람 이병기 선생의 애제자
한 젊은 이상주의자는
안락한 교실과 책을 버리고
서대문 형무소 징벌 방에서
잃어진 조국의 피묻은 입술을 바치었다.

2008년 분단 조국
갈라진 땅, 가로막힌 철조망 앞에서
발을 동동 구르는 통일의 빛이여
아들의 손을 잡고 세기의 고개를 넘는
오오 인민해방의 기수 민족의 나팔수여

*水史 김운선 선생의 둘째 아들 김승균 선생은 남북민간 교류 협의회 이사장으로 통일운동에 앞장서고 계신다.

목차

1

유년 시대

나는 1907년 음력 7월 2일 전남 강진군 칠량면 흥학리에서 500석 외작(外作, 소작료로 받아들이는 곡수가 500석이라는 뜻)을 하는 소지주의 셋째 아들로 태어났다. 돌이켜 보건데 그때는 1910년 을사늑약 직전이라서 일본군의 행패가 극심하였고 이에 항거하는 조선 의병의 전투가 도처에서 벌어지고 있었다. 그때 내 어머니가 강보에 싸인 나를 안고 대밭으로 피신하다가 나를 떨어뜨려서 나의 턱이 대나무 등걸에 찔려 지금도 턱에 흉터가 남아 있다. 아쉬운 일은 그때 어머니가 일본군을 피하여 도망치다 그리 되셨는지, 조선 의병에 의해서 도망치다 그리 되셨는지 알 수가 없다는 것이다. 어머니, 아버지에게 확인하기 전에 두 분이 모두 세상을 떠나셨기 때문이다. 또한, 할아버지께서는 이

환난 중에 정신상실증에 걸려서 결국 회복하지 못하고 돌아가셨다고 한다.

나를 전담하여 돌보아주는 처녀가 있었고 또 다투어 나를 업어주고 귀여워해 준 이웃 처녀들도 있었는데 지금 이들은 모두 무사히 살아 있는지 궁금하다. 그때는 어린애들이 놀만한 어린이 공원도 없었고 장난감도 볼품이 없어서 봄이면 들에 나가 꽃을 따고 가을이면 밤 서리가 고작이었으니 어린 나를 돌보기가 쉽지는 않았으리라.

나의 5촌 당숙인 형주씨 라는 분이 계셨는데, 의병으로 나갔다가 돌아 오셨을 때 그 분을 내가 어떻게 대했는지 지금 생각해도 모르겠다. 외경심(畏敬心)이랄까 무섭고도 공경하는 심회랄까 하는 심정이었다. 그분의 생활은 몹시 가난하고 성질은 불같이 급했다. 가난한 당숙이 의병에 참가하고 부유한 우리 가정이 의병의 피해를 받은 것을 보면 빈민층이 외침(外侵)에 항거(抗拒)하고 부유층이 안일을 취했던 것을 알 수 있다.

7세 때 거기서부터 2km 떨어진 노현리 새로 지은 집으로 이사했다. 교육환경이 좋다는 이유에서였다고 한다. 이때부터 교육이라는 쇠사슬에 묶이게 되었다. 교육의 첫 걸음마는 24km나 떨어진 증조부 묘소에 아버지와 함께 성묘를 가는 것이다. 증조부 묘소는 험한 산을 넘어야 했기 때문에 어른들도 꼬박 2일은 걸려야 다녀오는 곳에 있었다. 나는 갈 때마다 말을 탔다. 나는 본래 말을 무서워했다. 말 위에 앉아 있으면 곧 땅위로 떨어질 것 같아서 견딜 수 없었다. 울고 발버둥을 쳐서 말에서 내려 걷기도 했다. 그러나 얼마 가지 않아서 다리가 아파 걸음이 안 걸리면 쉬었다 걷다 하다가 중간에서 투숙하기도 했다. 거기가 장흥군 대덕면 면사무소 소재지였는데 어느 부잣집의 영접을 받았다. 그 집주인은 우리 아버지와 친분이 두터운 듯 융숭한 대접을 했다. 그 집은 우리 집으로부터 12km쯤 떨어진 중간지점 정도 되는 곳에 있었다. 그 날 정오경 증조부 묘소에 당도했다.

묘는 남해안 바닷가 산꼭대기에 있었다. 성묘를 마치고 산지기집에 가서 점심대접을 받았다. 그 집의 음식과 그릇은 원시적이었다. 밥그릇하며 숟가락이 박물관에서나 본 듯한 고물이었고 음식은 생선이며 김 등도 양념 없이 구어 낸 것들이었다.

점심은 꼼짝없이 굶고 어젯밤에 자던 면 소재지 부잣집에서 또 하루를 지냈다. 이렇게 먼데까지 친구를 둔 아버지의 교우관계가 넓은 것을 느꼈다.

아버지는 교우 뿐만 아니라 사업도 다양하였다. 현재 사는 집으로 이사 오기 전에 살았던 흥학리에서는 산기슭에 뽕나무밭을 조성하고 그 곳에 거대한 잠실을 지어 양잠을 하였는데 여름에는 실내 군데군데 냉수를 큰 양동이에 떠다놓아 실내 온도를 떨어뜨리는 작업을 하였다. 그때만 하더라도 주택 한 구석에 누에를 치는 것이 보통이었는데 이렇게 대규모의 양잠은 놀라운 것이었다.

아버지는 머리를 깎으셨다. 그때 촌사람으로서는 머리를 깎은 사람이 없었다. 우리도 머리를 깎지 않았다. 사람들은 아버지를 '참봉'이라고 불렀다. 나중에 보니 '참봉'이라는 말이 단순한 '호' 정도로 알았는데 임금의 임명장이 있었고 어머니에게는 '통정대

부인'이라는 임명장이 있었다.

아버지는 집에서 12km 떨어진 대구면 마량리에 김 양식장을 조성하고 경영하셨다. 이제까지는 천연적으로 자란 김을 따서 제조했는데 그 당시에 아버지는 김 양식장을 만들어 김을 제조하셨던 것이다. 그 김을 일본 도쿄(東京)로 수출했다. 우리 집 마당에서 목수를 시켜 나무로 틀을 짜서 포장 하는 것을 보았고 행선지가 일본 도쿄란 것도 보았다.

아버지는 언제나 말을 타고 다니셨다. 말은 두 마리가 있다가 어떤 때는 세 마리까지도 있었다. 집에서 심부름하는 사람 외에 경마잡이가 따로 있었다. 머슴이 셋이고 부엌일을 하는 사람이 둘, 바깥일 하는 사람이 모두 일곱 사람인 셈이다.

아버지는 강진읍 앞 '남포'라는 데다 상점을 경영하셨다. 강진은 우리 집에서 12km쯤 되고 남포까지는 15km나 되는 지점이다. 아버지는 또한 목포를 자주 왕래하셨다. 목포는 우리집에서 120리나 되는 거리에 있었다. 아버지는 목포에다 면화조합을 창설하셨다. 당시에는 목포가 조선에서 제일가는 면화 집산지였다. 아버지가 외출할 때면 어머니는 등불 밑에서 꼬박 밤을 지새워 가며 옷을 다듬으셨다. 나는 날마다 보약을 먹어야 했다. 약 먹기가 귀찮아서 몰래 변소에다 약을 버리기도 했다.

나는 집안어른 제사 때면 으레 끌려갔다. 12km나 떨어진 강진읍 종조모의 제사, 3km떨어진 증조부모의 제사며 빠진 일이 없었다. 제사 때면 새벽 1시에 일어나서 세수를 해야 했고, 추운 마당에 50여명의 재관이 그 추운 날씨(음력 1일, 9일, 10일)에 떨고 있는 것은 큰 고통이었다. 앞에서는 울고 뒤에서는 웃으면서 기성을 지르며 노래도 불렀다. 이것이 아버지가 가르치신 경조사상이었다.

아버지는 동리 안에 한문서당이 있음에도 불구하고 4km나 떨어진 송천리의 서당에 우리 삼형제를 보내셨다. 물론 거기서 숙식을 해야 했다. 서당 지킴이가 우리 식사를 맡아서 해 주었다. 부모를 떠나서 객지생활에 훈련을 시킨다는 방침이었다. 스파르타식 교육이랄까? 식사 준비는 집지킴이(서당을 지키는 사람)가 하는데 밥이나 반찬이 형편없었다. 밥은 무를 섞은 것이어서 먹을 수가 없었고 반찬은 무 김치뿐이었다. 하루는 좋은 쌀을 갖다 주었는데 무밥을 해 주느냐고 밥상을 내던지고 고함을 쳤다. 그 뒤로부터는 밥에 무를 넣지 않았다. 잠은 2칸이 넘는 방에서 20여명이 넘는 사람이 함께 잤다.

천자문을 다 읽었는데 천재라는 말을 들을 정도로 빨리 독파했다. 천자문을 떼면 책거리라는 의례가 있어서 집에서 몇 바리의 음식이 왔다. 전 동민과 서당 생도가 먹고도 남아서 처리가 곤란할 지경이었다. 서당 훈장은 으레 부잣집 아이들에게 장원을 시키는 버릇이 있어 나는 늘 장원을 했다. 장원을 할 때마다 집에서 음식바리가 날라져왔다. 장원은 계절마다 전 학도에게 이제까지 배운 것을 강독시켜서 뽑았다.

다음 해에는 우리 집 사랑방에다 독서당을 만들었다. 우리 삼형제만을 가르치는 서당이었다. 내 동생이 있긴 했으나 아직 어려서 공부를 시키지 않았다. 나는 친구들도 없이 셋이서 하루

종일 밤까지 쭈그리고 앉아서 글 읽기란 정말 답답하고 지루해서 못 살 지경이었다. 끝내 그 생활에 실증이 나 버렸다. 훈장이 가르쳐준 글은 귀에도 들어오지 않았다. 글을 읽지도 않았다. 아버지는 그 상황을 간파하셨는지 동리서당으로 나를 보내고 독서당은 폐지하셨다. 동리서당에 가서도 공부에 대한 취미는 회복되지 않았다. 여럿이 앉아서 글을 읽는 척 위장하는 일은 더욱 쉬운 일이었다. 특히 밤 서당에는 언제나 꼭 나갔지만 밤에 글 한줄 읽어 본 일이 절대 없었다. 어떤 때는 책을 펴기도 전에 앉은 채로 잠이 들어 버렸다. 넓은 방에 호롱불 하나로 20여명의 학도들의 눈망울을 살핀다는 것은 훈장으로서는 불가능한 일이어서 생도들 개개인이 눈을 뜨고 있는지 감고 있는지 살필 수가 없는 일이었다.

봄이면 친구들이 지게 목발을 두드리며 노래를 부르고 진달래꽃 만발한 동산을 오르내리는 것이 그렇게 부러울 수가 없었다. 저런 친구들은 행복하고 나는 불행하다고 생각했다.

그래도 글공부는 많이 배웠다. 논어, 맹자, 소학, 대동소학 등이었다. 그 가운데서도 대동소학이 제일 어려웠다. 훈장은 내가 재주가 있다고 일과를 많이 가르쳐 주었다. 나는 순간적으로 암송하는 데는 재주가 있는 모양이었다. 아무리 많이 가르쳐주어도 오후 암송할 때는 (아침에 훈장에게 배운 것을 오후에 외우는 제도임) 틀림없이 외워버렸다. 하루 종일 글 한번 읽지 않아도 암송할 무렵이면 글 전체를 살펴보고 외워두었다가 훈장 앞에서 암송하는 것이다. 만일 훈장이 그 자리에서 다시 한 번 더 외워

보라면 나는 이미 잊어버린 후였다. 오늘날 내 한문 실력이 없는 탓도 그 때문이다. 고등보통학교 시절 한문을 하나도 배우지 않은 학우보다 한문 성적이 떨어진 이유도 거기에 있었다.

강진읍 향교에서 한문 백일장이 있었다. 각지의 선비들이 한문 실력을 겨루는 시험장이었다. 우리 서당에서는 내가 선발되어서 파견되었다. 서당 신발 기준은 모르겠으나 나같이 재능이 없는 사람이 선발된 이유는 모른다. 나는 대학을 강독하게 되었는데 1차에 합격하였다. 시험관은 나의 친 고모부였고 진행관은 나의 칠촌조카 되는 사람이었다. 2차 시험에서는 강진읍 친척아이들과 노느라고 참석하지 않았다.

우리 마을은 50여 호 되는 마을로 행상이 가끔 왔다. 그 중에서도 사탕장수는 이따금 왔는데 돈이며 넝마며 심지어 머리카락까지도 사탕과 바꾸어 주었다. 아무 것도 바꾸어 먹을 것이 없는 아이는 자기 머리카락을 잘라서 사탕장수에게 주었다. 우리 할아버지는 정신병환자였지만 돈을 항상 머리맡에 두고 있었기 때문에 언제든지 할아버지 머리맡에는 엽전이 쌓여 있었다. 우리는 그 돈을 훔쳐서 사탕도 사 먹고 돈치기도 했다.

그때는 누구나 짚신을 신던 시절인데 우리는 가죽신을 신었다. 가죽신 만드는 사람을 우리 집에서 고용해 만들었다. 가죽신은 물에 젖으면 오그라져서 못쓰게 되는 법이다. 그런데 우리는 개울에 가서 가죽신을 벗어서 물을 푸고 고기를 잡곤 했다. 이렇게 되자 아버지는 우리에게 '반절임'이라는 특별한 가죽신을 만들어 신게 했다. '반절임'이란 물에도 신고 마른데도 신는 '수

륙양용신'이었다. 지금 생각해도 우리 장난은 유별났다. 아침에 새 옷을 입히면 그날로 찢어 놓는다던지 더러워져서 하루도 가지 못하고 갈아입은 적이 한 두 번이 아니었다. 하루는 이웃마을에서 제사를 지내고 오니 서당에 갈 시간은 지나고 비도 와서 서당에는 가지 않고 골목에서 장난을 하고 놀았다. 길 가에 있는 진흙을 입에 물어 날라다가 제비집을 이웃집 벽에 지은 것이었다. 그때 내 얼굴이며 옷은 상상을 초월하는 것이었다. 갑자기 일은 벌어졌다. 아버지에게 들킨 것이다. 아버지에게 불려가서 목침 위에 서 있는 벌을 받았다. 목침 위에서 기우뚱만 하면 회초리를 맞는 판국이었다. 몇 시간을 두고 그대로 섰노라니 견딜 수 없는 지경이 되었다. 보통 때 같으면 할머니가 그만하라고 야단을 치시면 매질을 거두시던 아버지가 그날은 할머니 명령을 듣지 않으셨다. 나는 도저히 참을 수가 없어서 버선발로 비속을 뚫고 도망을 쳤다. 아버지는 굽이 높다란 나막신을 신으시고 뒤따라 오시면서 내 이름을 부르셨다. 나의 발은 얼어붙은 듯이 멈춰 버렸다. 다시 끌려가서 회초리를 맞고 목침 위에 다시 섰다.

강진읍에 갈 때면 어머니는 우리 형제에게 돈 열 닢씩을 주셨다. 형들은 강진읍에 도착하자마자 사탕을 사 먹어버리고 내게 있는 돈을 달라고 했다. 나는 어머니에게 비누를 사 드려야 하기 때문에 못 준다고 하면 형은 한 닢 에누리하고 한 닢만 사 먹자고 했다. 나는 한 닢을 에누리할 자신이 없어서 거절하고 기어이 어머니에게 열 닢짜리 비누를 하나 사다 드렸다. 어머니는 선물을 받고 대단히 기뻐하셨다.

2
청소년시절

내 나이 13세 때 아버지는 세상을 떠나셨다. 아버지의 별세는 청천벽력 같은 충격을 주었다. 막내 동생이 4세였으니 6형제의 앞길이 암담하였다. 나는 아버지 대신 어머니가 별세하셨으면 어떨까? 하고 생각해 보았다. 만일 어머니가 돌아가셨으면 우리는 더 못 살 것 같았다.

우선 마을 공동묘지에 장례를 모시고 유명한 지관을 시켜 3년 동안 좋은 묘지를 물색하게 하여 이장하게 되었는데 새 묘지는 장흥군 대덕면 증조부묘소 근처였다.

그 해 우리들을 학교에 입학시키려고 했는데 아버지의 별세로 학교에 가는 계획은 중단되고 말았다. 내 나이 15세 때 신학문 선생을 우리 서당에 모셔 와서 산수며 일본말 창가를 배우고 머리도 깎았다. 머리를 깎은 나의 모습을 본 어머니는 크게 노하셔서 나를 쫓아내었다. 3일 동안 이웃에서 기거하다가 용서를 받고 집에 돌아왔다.

신학문은 재미가 있었다. 얼마 뒤에 면내 유지들이 서둘러서 면 소재지에다 집을 헐어 운동장도 장만하고 교실도 두 칸 얻어서 갑·을 반으로 나누어 교사 한분을 더 초빙해서 '영창의숙'이라 이름 짓고 정구도 치고 연극도 가르쳤다. 한때는 관중을 수십 명 모아놓고 가설무대를 꾸며놓고 연극을 하였다. 교사 두 분 중 한분이 마음에 들지 않아서 동맹휴학을 해서 그 선생을 쫓아내어 버렸다.

내 나이 16세 때 강진 공립보통학교에서 강습생을 모집한다기에 응모했다. 촌아이가 처음으로 읍 출신 아이들과 어울리니 촌닭 읍내에 잡아다 놓은 격이 되어 어리둥절했다. 비록 강습생일지라도 공립보통학교를 다닌다는 긍지가 이만 저만이 아니었다. 강습과목은 오후 본교생 방과 후 2시간씩을 했는데 산수와 일본어 두 과목 뿐이었다. 다음 해 본교에 편입시험을 치르는 데 나는 4학년에 응시했다. 몇 명이 응시했는지 기억이 나지 않으나 3명이 합격했다. 나는 본교 4학년이 되었다. 나는 보통학교 입학연령이 초과됐으므로 호적 나이를 12세로 고쳐서 입학수속을 밟았다. 나의 호적이 1908년으로 1년 늦어져 있는 것이 이 때문이다. 읍내 아이들은 촌아이들과 모든 면에서 달랐다. 나는 읍내 아이들과 쉽게 어울릴 수 있었다. 소년단을 조직하는데 좇아 다녔다. 부잣집을 찾아다니며 모금을 하고 그 돈으로 야구단을 조직했다. 나는 정구도 하고 야구도 했다.

4학년을 마치고 나니, 6학년 월반시험이 있었다. 나는 5일 동안에 5학년 과정을 외우고 응시해서 80점을 받아서 합격했다. 12명이 응시했는데 2명이 합격했다.

호사다마랄까 우리 집에는 가산을 몽땅 잃게 되는 큰 사건이 발생했다. 그 당시 중형은 서울 중동중학교 재학 중이고 둘째 숙부가 가사를 맡아 계시고 셋째 숙부가 외무를 맡아 계셨다. 이런 중에 장형이 일본인에게 사기를 당해서 우리 재산을 몽땅 뺏기게 되었고 재판을 시작하게 된 것이다. 당시는 아무리 법이 있다 해도 일본인을 당해 낼 수가 없는 세상이었다. 대구 고등법원까지 3년을 끌어도 결말은 나지 않았다. 우리 집에서 대구까지만 가려고 해도 당시로서는 2~3일이 걸렸다.

그 당시 강진에는 소년운동이며 청년운동이 열기를 더 했다. 강진청년회가 조직되고 일본인에 대한 적개심이 고조되었다. 이것은 3 · 1운동의 여파인 듯 했다. 동아일보사가 각 고을에다가 3 · 1운동 기념비를 세우는데 강진에 선착으로 세운 것은 강진 3 · 1운동이 가장 치열했기 때문이다. 날짜는 확실히 기억 나지 않으나 그날은 강진 장날이었다. 태극기를 미리 각 상인이나 가정에 나누어 주고 북산에 태극기를 올리면 그를 신호로 해서 일제히 만세를 부르고 철시를 하며 시위을 하자는 약속을 해 놓았다. 당숙인 후식씨가 태극기를 두루마기 속에 감춰가지고 북산에 올라 정오를 기해서 흔드는 것을 신호로 장바닥 상인들이 철시를 하고 태극기를 흔들고 조선독립만세를 부른 것을 시발로 전 읍내가 들끓었다. 경찰이 출동한 것은 물론이었다. 경찰과 충돌해서 부상자가 많이 나왔다. 북산에 올라가서 태극기를 신호로 흔든 당숙은 경찰에 붙잡혀가서 갖은 고문을 당하였다. 나중에 병신이 되다시피 되어 나왔는데 온 몸이 상처투성이었다. 이러한 여파 때문인지 강진 사람들은 유독 일본인에 대한 적개심이 강했다. 이웃 고을 장흥에는 3 · 1운동이 없었다. 강진사람들은 장흥사람들을 강진에 못 오게 막았다. 병신들이라고 매도하기도 했다.

강진에는 음악회니 운동회가 자주 있었다. 당시 나는 당숙 충식씨 댁에 묵고 있었다. 나 뿐만 아니라 우리 삼형제 외에 집안 아이들이 많이 묵고 있었다. 그 댁에서 묵으면서 학교에 다니는 학생 수만 해도 26명이었다. 내 당숙은 거부로서 외작 7만석을 넘게 받았고 기타 재산으로 말하자면 사채놀이만 해도 당시의 호남은행의 대출액보다 많았고 여객선, 자동차선로, 증권회사, 서울 소재 대지가 많은 거부였는데 유독 일본 총독부에는 협조를 아니 하였다.

그 집은 어떻게나 식구가 많던지 하루에 쌀 한가마니가 모자랐다. 나는 16세 때 밥 10공기를 먹어치웠다. 나 외에 2인이 10공기를 경쟁적으로 먹어치웠다.

18세 때 강진읍에서 씨름판이 벌어졌는데 문균이란 내 조카뻘 되는 사람과 인식이라는 내 당숙뻘 되는 사람, 그리고 나 이렇게 셋이서 씨름을 하러 갔다. 셋이 다 18세였다. 나를 이길 사람이 없어서 나는 독판을 치게 되었다. 그 씨름판은 미리 조가 짜인 것이 아니고 끝까지 덤비는 사람이 없으면 판을 치게 되는 것이다. 그 씨름판 주최자는 차종채라는 분인데 강진군 내에서 제일 세력가이며 도평원과 양조장을 하시는 분이다. 그리고 내 당숙 충식씨의 유일한 친구요, 내 당숙과 더불어 강진의 두 영웅으로 통했다.

그 분이 술장사들과 합작을 해서 씨름판을 경영하고 있었다. 나에게 씨름판을 내주면 씨름판은 깨어지고 마는 것이다. 나에게 씨름판을 내주지 않기 위해서 온갖 모략을 썼다. 씨름판을 임시 중단하고 나를 데려다가 융숭한 접대를 하며 감언이설과 간략한 선물로써 나를 물러나게 했다.

종조부는 승지 벼슬을 하신 분인데 회갑연을 하게 되었다. 어마어마한 계획이었다. 한 달 전부터 서울서 요리사가 불려오고 기생이 불려왔다. 집 앞에서 10리 밖에까지 초롱불을 칸칸이 밝혔다. 나는 초롱불 1구간을 지키는 임무를 맡았다. 회갑날 며칠 전부터 잔치는 벌어졌다. 인근 각처에서 구경꾼들이 몰려들기 시작했다. 구경꾼들에게 갖은 음식을 대접해야 했다. 음식을 나누어 주는 사람이 구경꾼들에게 치어서 발에 밟히고 넘어지고 했다. 이 집은 본래 강진의 요지경이라 했다. 내 당숙 충식씨는 총독부에서 사회사업을 하라고 압력을 넣었으나 굴하지 않았다. 경찰이 감옥에 가두어 두고 위협도 하고 설득도 했으나 요지부동이었다. 김성수 일행까지 내려 왔으나 허사였다. 강진 농업학교(현 강진농고)를 설립했고 세브란스의전 후원재단인 동은재단을 설립했을 따름이었다.

증조부께서 아들 6형제를 두셨는데 다 유식하고 부유했다. 큰 종조부는 감찰 벼슬을 하셨고 넷째 아들은 승지 벼슬을 하셨으며 막내 종조부는 국내 유수한 학자셨다. 우리 할아버지가 둘째 아들인데 학문의 정도는 몰라도 휘호의 유적으로 보면 명필에 가까웠다. 막내 종조부는 왜색의 침입과 신풍조에 환멸을 느껴 가족들을 거느리고 만주로 유랑을 가셨다. 만주로 가는 길에 곳곳에 들러 단장의 시를 지으셨는데 우리의 가슴을 여미는 내용이 많았다. 특히 서울, 청진, 함경도 곳곳에서 읊은 시는 내 기억에는 자세히 남아 있지 않으나 내 핏줄에 남아 있는 듯하다. 나중에 형제들이 모셔 와서 산골짜기 마을에서 후배들을 가르치다가 세상을 떠나셨다. 이 분의 유작은 6 · 25때 땅속에 묻어두고 피난 갔다가 돌아오니 몽땅 썩어버렸다. 제자들에게 몇 몇 구절만 남았을 뿐이다. 증조부는 원래 만호 벼슬을 하시다가 자제들 교육을 위해서 벼슬을 그만 두시고 벽촌에 돌아 오셔서 제자들 교육에만 전념하셨다 한다.

우리 마을에서 산 너머 2km쯤 떨어진 곳에 해안마을이 있는데 이름은 봉황리라 했다. 그 곳 주민들은 어업과 옹기 제작으로 생업을 삼고 있었다. 그 곳 사람들은 천민 대접을 받았다. 그 마을 아이들도 우리 마을 서당에 다녔다. 나는 그 마을 김남규라는 친구와 가장 친했다. 나이도 나와 동갑이었다. 그의 아버지가 하루는 우리 집 사랑채에 오셔서 앉아 있는데 형이 넙죽 절을 했다. 손님을 뵈면 절을 하라는 교육을 아버지께 받았기 때문이다. 형은 천인에게 절을 했다고 회초리를 맞았다. 나는 틈만 있으면 그 친구 집을 찾아가곤 했다. 그러나 그의 아버지를 보면 못 본 체 했다. 김남규군과의 우정은 지금도 잊을 수가 없다. 칠량의숙도 같이 다녔고 보통학교 졸업한 뒤에 그는 광주 고등보통학교를 다녔고 나는 서울 휘문 고등보통학교에 다녔으나 방학 때면 자주 찾아다니며 우정을 나눴다.

내가 강진읍 보통학교에 다닐 때 묵었던 내 당숙 집에는 수많은 하인들이 있었으나 그 중에 도종이란 사람이 있었다. 어린아이들도 그 사람을 하대했다. 그의 아들 김남수라는 아이가 있었다. 내 동생과 동갑인데 내 동생과 친해서 늘 어울려 놀았다. 하루는 종조부에게 같이 노는 장면을 들켰다. 그래서 내 동생은 그 집에 못 있고 쫓겨나고 말았다. 동생이 쫓겨난 것을 보고 나만 그 집에 머물러 있을 수가 없었다. 나도 나와 버렸다. 그래서 집에 돌아와서 매일 통학을 했다. 우리 집과 학교 사이는 30리 길이었다. 새벽 4시에 출발해야 겨우 지각을 면할 수 있었고 저녁에는 8시가 넘어서야 집에 돌아올 수 있었다. 어머니는 우리들의 어려운 처지를 딱하게 여기시고 어른 꾸중에 반항하면 불손을 면치 못한다고 훈계하시며 빌고 들어가라고 나를 타일렀으나 나는 듣지 아니하였다. 동생은 며칠 후에 빌고 다시 들어갔다. 그러나 나는 끝끝내 나 혼자 통학을 했다. 하루는 학교에서 밤에 음악회가 있다고 했다. 음악회에 꼭 가고 싶은데 배가 고파서 못 배길 지경이었다. 고픈 배를 움켜쥐고 음악회 한구석에 쭈그리고 앉아 있노라니 내 동생이 누룽지를 품안에 품어다가 주었다. 나는 형제애를 느꼈다. 그날 밤에는 이웃집 담을 넘어서 들어가 잤다. 몇 달을 그렇게 통학을 하니 당숙모가 사람을 보내서 설득하는 바람에 다시 그 집에 들어갔다. 그 동생은 재작년 나보다 먼저 세상을 떠났다. 내 주위 사람들은 나더러 고집이 세고 인내심이 강하다고 했다.

3
서울로

내 나이 19세 된 때 보통학교를 졸업하게 되었다. 내가 서울 유학을 하게 되자 형은 서울 유학을 그만 두고 집에 돌아왔다. 숙부님이 사랑방을 지키고 계셨는데 당신네 댁으로 돌아가시게 되어서 사랑방을 지킬 사람이 필요했던 것이다. 나는 서울 휘문고등보통학교로 진학하기로 결정하였다. 그 때 서울 명문 고보인 제일고보가 있었으나 일본 총독부가 경영하는 곳이라 싫었다. 유독 휘문 고등보통학교를 택한 것은 조선인이 경영하는 학교이고, 둘째로는 야구 명문학교로서 그 해 전국에서 우승을 하고 전국대표로 일본에 원정 간 것이 마음에 들어서였으며, 셋째로 보통학교 우등 졸업생은 보통학교장의 추천으로 무시험 입학시킨다는 조건이 마음에 들었기 때문이었다. 나는 우등졸업이 틀림없었다. 그래서 입학시험 준비는 그만 두고 소설을 탐독하였다.

그 시대 강진에서 구정 보름날이면 줄다리기가 성행하였다. 군 전체가 동서로 갈려서 각 면까지 새끼 공출이 배당되었다. 어떤 때는 밤이 새도록 승부가 나지 않아서 배가 고파서 못 배길 지경이었다. 이럴 때면 당숙 댁에서 밤참을 해서 나누어 먹이기도 하였다. 줄다리기에서 불행히 우리 편이 지기라도 하면 일 년 내내 치욕을 당해야 했으며 또 상대방에게 놀림을 받았다.

내 나이 19세(만 18세)때 보통학교를 졸업하였다. 16세 때 입학했으니 보통학교 과정을 만으로 2년밖에 밟지 않은 셈이었다. 나는 졸업 후 바로 서울로 올라갔다. 우선 나는 동기생인 김중태 군과 둘이서 우리집에서 120리나 되는 목포까지 걸어갔다. 자동차가 다니기는 했으나 차비를 아끼느라고 그랬다. 목포까지 가려면 용당이란 데서 나룻배를 타야 되었다. 생후 목포도 처음이고 기차도 처음 보았다. 기차를 타고 서울에 내렸다. 행상들의 물건 사라고 외치는 소리, 전차소리, 사람 떠드는 소리 등에 귀가 따가웠다. 차멀미 때문에 며칠 동안이나 집이 움직이는 듯해서 고생스러웠다. 간단한 구두시험만으로 휘문고보에 합격했으나 공부 못 하는 사람을 위해서 대리시험을 봐 주었다.

내가 1학기 시험에서 수석을 했다. 여름방학 때 집에 돌아오니 대환영이었다. 집안 어른들은 나를 꼭 의사를 만들겠다고 했다. 그러나 나는 의사가 되기는 싫었다. 집안에 갇혀서 온 종일 환자나 보는 것이 싫었을 뿐 아니라 이 세상을 위해서 위대한 일을 해보고 싶었다.

우리 1학년은 갑, 을, 병 이렇게 세 반인데 나는 병반 반장이었다. 부반장은 통영 출신의 지수만이라는 친구였는데 나이는 나와 동갑이고 키도 거의 같았다. 한 책상에 둘이 앉았는데 그 친구도 반일사상이 농후하였다. 우리 반 담임선생님은 마쓰시다라는 일본사람인데 일본어를 가르쳤다. 그 선생은 일본 본토를 내지라 했다. 그래서 지수만군이 벌컥 화를 내면서 내지라는 말이 무슨 뜻이냐고 대들었다. 그랬더니 그 선생은 바다에 싸여있어 내지라고 부른다고 어물거렸다. 그때 일인들은 일본 본토를 내지라 하고 조선을 반도라 불렀다.

그 때 서울 시내에는 고등 보통학교가 6개소가 있었는데 조선역사를 가르치는 학교는 세군데 뿐이었다. 중앙고보, 보성고보, 휘문고보였다. 그때 각 고보에서는 조선역사 선생이나 국어를 가르치는 선생이 우리 학생 간에 인기가 있었다. 휘문고보에는 이승규, 이병기, 김도태(삼일운동 48인 중 한 사람) 등 세 분이 있었고, 중앙고보에 권덕규, 보성고보에 강매 정도였다.

조선역사를 배우는데 교과서가 없어서 담임선생님인 이승규 선생이 자료를 주시면 내가 맡아서 등사해서 전 학년 학생에게 나누어주고 배우게 했다. 학생이 200명이 넘어서 힘이 들었다. 갑반, 을반 반장들이 가끔 거들어 주었다.

나는 각종 운동경기도 즐겼다. 교내 학년 대항 경기에는 거의 빠짐없이 출전했다. 정구, 농구, 야구, 축구는 물론이고 육상에는 각 학년 대표 선수로 출전했다. 우리에게는 8인조 써클이 있었다. 이 써클이 교내행사나 체육대회 같은 때 중요 역할을 하였다. 나는 키가 크고 힘이 셌으므로 늘 앞장 노릇을 했다.

나는 인정이 많은 편이다. 남이 궁지에 빠진 것을 보면 못 견디는 성격을 가졌다. 한 번은 함박눈이 펑펑 쏟아지는 추운 겨울에 남대문거리를 지나노라니 10세쯤 보이는 어린애가 알몸으로 쭈그리고 앉아서 떨며 울고 있었다. 서울서 처음 닥친 겨울이라 내의라고는 단 한 벌 뿐이었으나 나는 그 자리에서 내의를 벗어주고 교복만 입고 돌아왔다. 전차 정류장에서 차비를 구걸하는 사람이면 차비를 주었다. 뒤에 안 일이지만 그것은 영업적으로 한 것이었다.

나는 또한 우둔하고 적극성이 없었다. 나의 재종형님 중에 중년이 넘은 분이 계셨다. 가정형편이 그럭저럭 괜찮은 편인데 세상을 비관하고 가출을 해 버렸다.(이분은 나중에 일인들이 창씨를 하라고 강압하자 도전(倒全)이라고 창씨한 분이다. 도전(倒全)이란 뜻은 즉, 김가를 불알을 까고 거꾸로 세워 놓았다는 뜻이다) 나는 이 분을 어렸을 때 본 기억이 있어 어렴풋이 기억하고 있었지만 행방불명이 된 이 분을 찾기란 오리무중이어서 단념하고 있던 중이었다. 어느 날 아침에 하숙집에서 아침을 먹노라니 어떤 거지가 밥을 달라고 문간에 서 있었다. 그 거지의 모습이 흡사 내 재종형님 같았다. 나는 뛰어나가서 그 거지를 붙들고 고향이 어디냐고 물었다. 그 분은 내 물음에 대답도 않고 내 손을 뿌리치고 휙 달아나 버렸다. 나는 하릴없이 방에 돌아오고 말았다. 기어이 그 분을 놓치지 말고 매달렸어야 했다는 생각이 들었다. 그러나 그 분은 벌써 한참은 가 버렸을 것이었다.

《휘문》이라는 교지에 내 고향 농촌 풍경을 그린 산문을 기고했더니 1학년생으로서는 유일하게 내 작품이 실렸는데 활자화된 내 글을 볼 때 기뻤다. 1학년 말기시험 때 난처한 문제가 생겼다 . 함경도 북청서 온 내 반 학생이 있었는데, 그 할머니가 손자 둘을 데리고 와서 하숙집을 하면서 공부를 시키고 있었다. 나는 그 집에 하숙을 하고 있었다. 그런데 그 학생은 늘 비관에 빠져 있었다. 그 원인인 즉 이번 학기말에 낙제를 하면 세상을 볼 면목이 없어 자살이라도 해야겠다는 것이었다. 나는 그 학생의 생명을 구제하려면 2학년에 진급시킬 수밖에 없다고 생각했다. 그래서 대리시험을 쳐 주기로 했다. 나는 1, 2학기 성적만 가지고도 진급할 수 있으니까 내 1학년 성적이 나빠지는 한이 있더라도 그 학생 생명을 구제할 결심을 했던 것이다. 그래서 시험지에 그 학생은 나의 이름을 쓰고 나는 그 학생 이름을 써서 시험 치른 결과 그 학생은 2학년에 진급되고 나의 성적은 보잘 것 없이 되어 버렸다.

4
사상적 갈등

나는 소설 탐독하기를 즐겼고 극장을 자주 갔었다. 그 시절에는 영화를 밤에만 상영하고 토요일에는 2회 상영하였는데 일주일에 8회나 관람한 적도 있었다. 극장 문지기와도 친숙해져서 외상으로 영화를 본 일도 있었다. 나는 영화중에서도 독일 영화를 좋아했다. 무용도 좋아했다. 특히 러시아 무용단의 육체미며 율동미는 나의 심금을 울렸다. 소설도 좋고 영화도 좋지만 그때 내 나이 20세가 되었는지라 나의 장래를 곰곰히 생각하게 되었다. 소설 읽는 것이나 영화구경은 취미생활의 일부일 뿐 나의 할 일의 전부가 아닌 것을 깨달았다. 진리를 탐구하고 인생 행로를 고민해야 한다는 생각이 들었다. 내가 할 전공학문은 무엇을 택할 것인가? 갈피를 못 잡은 채 내 뇌리는 파노라마같이 돌아갔다. 잠을 이루지 못했다. 밤이면 취운정 송림 속에 가서 조용한 분위기 속에서 명상에 잠겼다. 나의 주위에는 모순이 수두룩했다. 나는 장차 무엇을 할 것인가? 무엇을 하고자 해도 일제 때문에 자유롭게 하지 못하는 상황에서 우선 내가 시급히 해야 할 일은 조국이 일제의 압제를 벗어나는 일이었다. 일제의 압제를 벗어나고 나서야 비로소 진정 원하는 것을 자유롭게 선택하고 실현할 수 있었다.

그때 당시에는 만주가 독립군의 주 무대였다. 나는 만주를 동경하게 되었다. 독립군이 되어 무장투쟁을 하고 싶었다. 항일 유격대가 되건 여타 독립군에 가건 무장 투쟁을 하려면 만주에 갈 수밖에 없다는 생각이 들었다. 만주에는 조선 독립군만 있는 것도 아니고 여러 패의 중국 군벌들이나 마적패들이 우글거린다 만주에 가서 살려면 호신술을 배워야 했다. 그때 YMCA실내체육관에서는 처음으로 권투 구락부를 창설하고 있었다. 호신술로 권투라도 배워두고 싶어서 권투 구락부에 가입했다.

그해 봄에 할아버지가 별세하셨다는 전보와 여비가 왔다. 나는 그때 수석자리를 아슬아슬하게 지키고 있던 때였다. 그래서 할아버지 장례에 갔다 오면 수석자리를 빼앗길 것 같아서 고향에 내려가지 않았다. 방학이 된 후에 집에 돌아갔더니 집안 어른들이 꾸중을 하셨다. 나도 크게 후회했다.

그 해 여름에 고종황제가 돌아가셨다. 우리들은 돈화문 앞에서 방성대곡하고 울었다. 조선의 마지막 황제가 돌아가신 것을 생각하니 설움이 복받쳤다. 더구나 여학생들의 울음소리는 간장을 끊는 듯 했다.

그 해 6월 10일 인산(因山)날이 돌아왔다. 우리는 그 날 큰 사건이 일어날 것이라고 예측하고 항일운동단체에서 연락이 오기만을 기다렸다. 학생들은 삼삼오오 모여서 쑥덕쑥덕 귓속말을 주고받았다. 어떤 학교에는 연락이 오고 삐라가 전달되었다더라, 우리 학교에도 삐라가 전달되었는데 학교 당국에서 가로챘다더라, 무슨 연락이 오기는 왔는데 우리는 저학년이라 연락이 없다더라 등등. 우리는 가슴을 조이며 행렬에 가담했다. 우선 돈화문 앞 단성사 앞에 포진했다. 이미 온 시민이 운집해서 입추의 여지가 없이 거리가 메워진 상황이었다. 길 한복판에는 기마 순사들이 권총을 차고 시위라도 하듯 빽빽이 늘어섰다. 우리는 언제 사건이 터질까 조마조마하며 기다렸다. 인산 행렬은 길었다. 상여 양쪽에 광목을 달고 끄는 행렬이 100m도 넘을 듯 했다. 그때 별안간 내가 서 있는 군중 쪽에서 사람에 밀려 쓰러지기 시작한 이후로 온 군중이 길바닥에 넘어졌다. 나도 군중에 떠밀려 사람더미 속에 파묻히고 말았다. 기마 순사는 말을 달려 이리 뛰고 저리 뛰고 권총을 난사했다. 권총 탄환이 나에게 날아오는 것 같았다. 나는 쓰러진 군중을 뛰어넘어 걸음아 나 살리라고 도망쳤다. 모자가 땅에 떨어진 것을 겨우 주어 쓰고 도망쳤다. 구사일생으로 학교까지 당도했다. 그때 휘문고보는 돈화문 바로 옆에 있었다. 우리 학교 전교생은 다 모였다. 사건의 경위도 알 길이 없었다. 그때 바로 송학선 사건이 터졌다. 송학선이 총독부 정무총감을 저격하고 경찰의 추격을 받자 우리 학교로 도망쳐 온 것이다.

그때 우리 학교는 그가 들어오지 못하도록 대문을 걸어 잠궜다. 그때 나의 심경은 가슴 저 깊숙한 곳에서부터 송학선에 대한 동정심이 이는 것과 동시에 학교에 대한 증오심이 일어났다.

한편, 인산날 사건은 중앙고보생과 보성전문생을 중심으로 기타 학교 학생이 가담했으며 일부 시민이 독립만세를 부르고 삐라를 뿌린 데서 시작되었다는 것을 알았다. 우리 학교가 가담하지 못한 것과 비겁하게 도망친 내 모습을 생각하니 부끄러워 얼굴을 들 수가 없었다. 길거리를 다닐 때도 고개를 들 수가 없었다. 우리학교에서는 그런데도 그날 학생들이 학교로 모두 돌아온 것을 기다려 전교생을 모아놓고 교장이 훈시를 했다. 학생들 중에서도 교복이 찢어지고 모자를 잃어버린 학생이 있었으나 선생들의 모습은 더 가관이었다. 양복이 찢어진 선생, 모자가 비뚤어진 선생 등등 가지각색이었다. 그리고 공포에 떨고 있는 선생이 대부분이었다. 가람 이병기선생, 김도태선생(3 · 1운동 48인 중의 한 사람)만이 의연한 태도를 보이고 있었다.

하숙을 가람 이병기선생 댁으로 옮겼다. 선생님 사모님은 온화하고 말없는 부인이었다. 하숙비가 밀려도 독촉도 하지 않았다. 나는 그때 시작(詩作)을 시도하곤 했다. 시를 써서 선생께 시평을 받았다. 내가 있는 방은 2칸방이었고, 거기에 3인이 있었다. 나와 동급생 유락준(후에 약사), 제일고보 1학년 문은종(해방 후 전국노동자평의회 부의장, 현재 월북) 3인이었다. 문군은 퍽 서정적이었다. 달 밝은 밤이나 눈이 많이 쌓인 날이면 구경나가자고 나를 못살게 굴었다. 나는 각종 사회단체에 열심히 참관하러 다녔다. '서울청년회', '북풍회', '화요회', '근우회' 등등 방청을 자주 나갔다. 21세 때는 '학생사회과학연구회'에 가입했다. '신간회' 청년부에도 자주 나갔다. 그 해는 각 학교에서 동맹휴학이 성행했다. 나는 동맹휴학에 대하여 공부를 싫어하는 성적이 나쁜 학생이나 하는 것으로, 아주 나쁜 짓으로 매도하고 있었다. 나는 이 학교를 졸업하면 경성제대(京城帝大)에 가는 것이 목표였기 때문에 동맹휴학 같은 것을 해서는 안된다고 생각했다. 그러나 한편으로는 학생이 사회참여에 무관심해서는 안된다고도 생각했다. 우리 학생은 현 우리나라의 핵심 인물이다. 우리가 우리의 현실을 도외시하면 누가 이 사회를 바로 잡을 것인가.

우리 칠량면에서는 서울 학교에 다니는 사람이 오직 나 하나뿐이었다. 나는 농민들이 바친 소작료로 공부하고 있는 처지였다. 한 번은 '강진유학생회'에 나갔다. 거기에는 대학생, 전문학교 학생도 있었다. 나는 비록 아직 중학생이긴 하지만 '우리는 나라의 중심인물이며 사회적 문제에 관심을 기울여야 한다'며 열변을 토하곤 했다.

내 나이 19세 고보 1학년 여름방학 때 동네 서당에다 야학을 실시했다. 교과서, 공책, 연필 등 학용품이며 램프, 석유, 칠판, 백묵 등 일체 필수품은 내 자비로 장만했다. 동네 어린아이부터 어른까지 모두 모았다. 과목은 국어와 산수 두 가지만 가르쳤다. 이듬해 방학 때 부터는 출석률이 나빠져서 흐지부지되었다.

3학년 여름방학에는 서울서 강진까지 도보여행을 했다. 오승준(강진 출신으로 휘문고보 4학년 재학 중. 지금은 在美생활 끝에 귀국해서 화곡동 거주 중)과 같은 하숙방에 있는 문은종과 나 이렇게 3인이 같이 하기로 했다. 목적은 유람도 하고 농촌 사정도 살피자는 것이었다. 민박을 해야 그 고장 사정을 살필 수 있다고 생각하고 민박을 하기로 했다. 여비는 넉넉하게 가지고 떠났다. 그때 목포까지 기차비가 3원 30전인데 내가 50원, 오군이 30원, 문군이 10원 도합 90원을 가지고 나섰다. 그러나 당초 계획했던 민박은 할 수 없었다. 그 이유인 즉 낮에는 더워서 걸을 수 없어 그늘에서 쉬고 밤에만 걷게 되었기 때문이었다. 밤중에 민가에 들러서 숙박을 청한다는 것은 대단한 결례가 되기 때문이었다. 불가불 여관을 찾을 수밖에 없었다. 맨 첫 날은 서울을 떠나 수원에 도착했는데 도착하니 한밤중이었다. 발은 이미 부르트고 한 발짝도 더 못 옮길 지경이 되었다. 허기가 지고 목이 말랐다. 할 수 없이 맥주를 마셨다. 여관비와 맥주 값이 이만 저만이 아니었다. 매일같이 이대로 쓰다가는 반도 못가서 여비가 바닥이 날 것이었다. 우리는 셔츠와 세면도구가 든 륙색을 하나씩 짊어졌고 몸이 좀 가벼울 때는 노래도 부르고 시조도 읊었다. 시조는 가람선생이 즐겨 부르던 "나비야 청산가자, 범나비 너도 가자, 가다가 저물거든 꽃 앞에서 자고 가자, 꽃에서 푸대접하거든 잎에서나 자고 가자"를 주로 불렀다. 덥고 지치면 나무 그늘을 찾아서 해가 지는 줄도 모르고 쉬었다. 그러다 보니 하루에 4~50리 밖에 걷지 못했다. 서울서 강진까지 천리라 하는데 이렇게 가다가는 20일도 더 걸릴 것 같았다.

며칠을 걸었는지 기억이 나진 않으나 우리는 강경에 도착하였다. 강경은 서울서 강진까지 거리의 반이나 좀 넘을까 하는 지점이다. 아직도 갈 길이 반이나 넘어 남았는데 여비가 벌써 떨어졌다. 우선 여관을 정하고 방에 들어갔다. 방은 오랫동안 비워두었던지 개미떼가 들끓었다. 방에 들어가자마자 배가 고파서 떡을 사먹고 얼마간 남겨두었더니 개미떼가 시커멓게 달라붙었다. 거기서 하룻밤을 묵고 떠나야 했는데 여관비를 지불할 돈이 없었다. 우선 강경서 문군의 집이 제일 가까왔으므로 영광 문군 부친 앞으로 여비를 좀 가지고 오시라고 전보를 띄웠다. 그리고 오군을 여관에 볼모로 잡혀두고 문군과 나는 익산군 여산면 유락준군(함께 하숙하던 친구) 집에 갔다. 강경서 유락준군 집은 그리 멀지 않았다. 자전거를 빌려 타고 갔다. 우리가 유군 집에 당도하자 그 집은 잔치를 벌이듯이 분주히 돌아갔다. 떡을 하고 반찬을 장만하고 요란스러웠다. 진귀한 손님 대접을 받고 이튿날 그 집을 떠나게 되었는데 유군 부모님은 작별을 몹시 아쉬워했다.

우리가 강경 여관에 돌아오니 벌써 문군 부친이 와 계셨다. 문군 부친의 성함은 문명로씨로 그때까지 삭발을 하지 않은 한문학자로서 영광군에서는 명성이 자자한 분이었다. 문군 부친은 우리더러 도보여행은 여기까지로 중단하고 내년에 다시 이곳에서 계속 하는 것이 어떻겠느냐고 하시면서 도보여행을 만류하셨으나 우리는 듣지 않았다. 하는 수 없으셨는지 문군 부친은 여비를 주고 차편으로 집으로 돌아가셨다. 그때는 늦은 모내기가 한창이어서 군데군데 논두렁에는 점심을 먹으려고 농부들이 모여 있었다. 농부들은 우리더러 어디를 가는 나그네며 뭐하는 사람이냐고 더러 묻는 이는 있었으나 점심을 함께 하자고 하지는 않았다. 전라도 땅에 들어서자 둘러앉아 점심을 먹던 농부들이 같이 먹자고 붙잡는 사람이 많았다. 역시 전라도 인심이 후하다는 것을 느꼈다.

문군과는 작별해야 했다. 문군 집이 영광이기 때문에 전북을 넘어서 장성 구처에서 헤어졌다. 셋이서 걷다가 둘이 걸으니 한층 아쉬웠다. 드디어 우리는 강진에 도착했다. 서울서 강진까지 23일이 걸린 셈이다. 그러나 우리는 23일 동안 천리를 걸으면서 보고 느낀 것이라고는 아무 것도 없었다. 다만 산천을 구경하고 볕을 쬐이고 도보했을 따름이었다. 80세가 넘어서까지 기억나는 그때의 쾌감과 즐거움, 그리고 우정의 감정을 얻었을 뿐.

반년 만에 어머니를 뵈었지만 그동안 많이 늙어계셨다. 어머니는 나를 보고 우셨다. 우리 집안이 망했다는 것이다. 형은 가사를 돌보지 않고 술, 계집, 도박에 빠져 정신을 못 차리고, 누구나 어려운 사정만 하면 재산을 팔아서 주어버리므로 우리 집이 날로 기울어 간다는 것이었다. 어머니는 일꾼들과 손수 호미를 들고 들에 나가셔서 저녁 늦게야 돌아오셨다. 아무리 만류해도 듣지 아니하셨다. 나는 어머니를 도와드리려고 호미를 들고 어머니를 따라 나섰다.

나는 이미 어머니 기대에 어긋난 사람이다. 어머니 마음에 드는 효도는 못할 사람이다. 어머니 밑에서 고분고분 일이나 거들어드리고 싶은 생각은 벌써 버린 지 오래였다. 하루는 "어머니에게 자식이 여섯이나 되니 한 자식 쯤 어머니 앞에 없어도 되지 않겠습니까?" 하고 슬그머니 어머니의 의중을 떠보았다. 어머니는 그것이 무슨 말인지 얼른 알아차린 듯 깜짝 놀라시며 "열 손가락 중에 한 손가락이라도 깨물어 아프지 않은 손가락이 어디 있겠니" 하셨다.

어머니는 매우 영특하셨다. 우리에게 고담이야기며 옛이야기책을 자주 읽어주셨다. 길흉사에 대처하는 의례법을 자세히 가르쳐주셨고, 문중의 길흉사 날짜며 생일까지도 빠짐없이 기억하셨다. 이렇게 총명하신 분이 어찌 자식이 전 재산을 탕진하도록 방관만 하고 계셨을까. 옛날에는 삼종지도(여자는 어렸을 때는 부모에게 복종하고 장년이 되면 남편에게 복종하고 늙어서는 아들에게 복종)해야 하는 원칙이 있기에 아들에게만 전권을 맡긴 탓이라고 생각되었다. 내 동생은 보통학교를 졸업했는데도 상급학교에 보낼 처지가 못 되었다. 그래서 도쿄기술학교에 보내 자동차 운전기사가 되어서 돌아왔다. 그 동생이 벌어서 어머니 용돈도 드리고 가용에 보태 썼다. 그때만 해도 자동차 운전사라면 대단한 대접을 받았다. 형이나 동생이 나의 공부를 위해서 공부를 포기하였으므로 내 어깨가 한층 무거웠다. 그때만 해도 우리집에 재산이 없는 것은 아니었다. 내 동생들 몫을 아직 형이 관리하고 있어서 상당한 재산이 남아 있었다. 그러나 그 수입을 형이 방탕하게 낭비하고 가사에는 보태지 아니 하였으나 내 학비만은 주선해 주었다. 방학을 마치고 서울로 떠나면서 각오를 새로이 다졌다. 장래 대학교를 마치고 우리집의 기둥이 되리라. 이 꿈을 실현하기 위해서는 경성제대나 일본제3고등학교 입학이 1차 나의 목표였다.

5
전환

1927년에 각 학교에서는 동맹휴학이 유행처럼 일어났다. 나는 동맹휴학생들을 거리에서 볼 때마다 멸시의 눈으로 바라보았다. 성적이 불량하거나 공부하기가 싫어서 하는 짓이라고 생각했다. 그 유행병이 우리 학교에라도 오면 어떻게 하나 하고 걱정했다. 동맹휴학을 하면 학업에 지장이 올 것이다. 그러면 상급학교 진학이 어려워 질 것이므로 마음이 조마조마했다.

그러던 어느 날 일본어 시간이었다. 선생은 '우메노(梅野)' 라는 일본인 선생이었다. 그 선생이 말하기를 민족에 따라서 특이한 역사가 있고 역사가 없는 민족은 뿌리가 없는 민족이나 마찬가지다. 그래서 학교 직원회의 때 김형배 교장 선생이 우리 학교에서도 조선 역사교육을 없애자고 주장하는 것을 자신이 반대했다는 것이었다. 그렇지 않아도 조선 총독부에서 각 학교에 조선 역사를 폐지하라는 공문을 보냈다는 풍문이 있었다. 앞에서도 말했듯이 고등 보통학교 중에서 조선 역사를 가르치고 있는 학교는 중앙고보, 보성고보, 휘문고보 뿐이었다. 그것도 역사 교과서가 없어서 내 손으로 등사를 해서 전 학년 200명에게 나눠주어 배우는 터였다. 선생의 그 말이 떨어지자 교실 안은 소란스러워졌다. 우메노 선생이 교실을 떠나자 '황병인'군이 등단했다. 황군은 평소 온순하고 공부도 잘하는 편이고 말이 없는 사람이었다. 황군은 주먹을 휘두르며 고함을 쳤다. "반역자를 묵인하는 사람은 그 사람 역시 반역자다. 우리는 반역자를 물리쳐야 한다." 하고 하단하자 급우들은 일제히 함성을 지르며 교장을 배척하자는 말이 전체 반원의 입에서 이구동성으로 일제히 쏟아져 나왔다. 교장이 나가기 전에는 등교하지 말자는 것이 공통된 결의였다.

나는 책임자인 반장으로서 수습할 길을 찾아야 했다. 반 전체 학생들의 의견을 모두 듣기로 했다. 그러나 중구난방의 이 상태는 쉽게 가라앉지 않았다. 결국 내가 등단해서 교장을 배척하려면 전교 학생의 단결이 필요하고 일사불란한 행동이 필요하므로 우선 우리 3학년 전체 회의를 방과 후에 '취운정'에서 열자고 하고 내려왔다. 그리하여 갑반, 을반에도 통보해서 '취운정'에 모이게 하여 3학년 전체 회의를 열었다. 먼저 의장을 선출했는데 의장은 내가 맡게 되었다.

나는 본래 말을 그리 잘하지 못한다. 나는 5세까지 말을 못했다. 아버지 앞에서는 더욱 입이 떨어지지 않았다. 할머니는 어린 애를 너무 윽박질러서 병신을 만들어 놓았다고 아버지를 나무라시곤 했다. 그러한 사연이 있는 내가 대중 앞에서 의장 노릇을 해야 한다니 여간 걱정이 되는 게 아니었다. 그런 이유로 의장을 맡지 않겠다고 버티기도 그래서 그대로 맡았다. 회의 순서를 미리 짠 것도 아니어서 즉흥적으로 회의를 진행하려니 더욱 더 무엇을 먼저 이야기해야할지 혼란스러웠다. 우선 교장을 배척할 것인지에 대한 의견을 물었다. 만장일치로 교장을 배척하자는 안이 결의되었다. 다음은 교장을 배척하는 방법을 물었다. 교장이 물러날 때까지 학교에 등교하지 말자는 쪽으로 의견이 모였다. 즉 동맹휴학을 하자는 것이다. 나는 본래 동맹휴학을 멸시하고 반대하는 처지였으나 만장일치의 의견에 따를 수밖에 없었다. 의장으로서 나는 동맹휴학을 긍정적 사실로 인정하고 다음 문제를 의논했다. 무엇보다 일을 성취하려면 단결이 필요하므로 한 사람도 빠짐없이 행동통일 할 것을 강조했다. 다음에는 조선총독부의 식민교육을 시정할 것을 요구하자는 안이 결의되었다. 이 안의 구체적인 실천 방법으로 먼저 교내에 있는 일인 교사를 몰아내자는 의견이 결의되었다(당시 휘문고보는 4인의 일인 교사가 있었다). 다음으로는 학우회 자치 운영을 결의하였다.

정리하자면 첫째, 조선인 본위의 교육을 실시하라. 둘째, 교장 김형배(金亨培)를 배척한다. 셋째, 우메노 선생을 비롯한 4인의 일인 교사를 배척한다. 넷째, 학우회 자치 운영권을 쟁취한다 등의 안이 이 회의에서 결의되었다. 이 4개 항의 진정서를 작성해서 한 통은 조선총독부에 보내고, 한 통은 학교에 제출하기로 했다. 총독부에 보내는 것은 우편으로 부치기로 하고, 학교에 제출하는 방법에 대해서는 세밀한 계획을 짰다. 즉 다음날 아침 조회식이 끝나고 교실로 들어갈 때 우리는 교실로 들어가지 말고 교장실 앞뜰에 도열하여 갑, 을, 병반 각 반장이 진정서를 휴대하고 교장실로 들어가 교장에게 제출하고 나와서 전 학년은 해산하고 집으로 돌아가서 집행부의 지시가 있을 때까지 기다리기로 했다. 집행부는 각 반장을 위시해서 열성분자 몇 명을 추가해서 구성했다. 그리고 성명서를 작성해서 각 학부모에게 송부할 것까지 결의하였다. 그렇게 하려면 약간의 재정이 필요하므로 회비를 갹출하는 방법까지 논의하였다. 그리고 지방 학생들은 고향으로 돌아가지 말고 서울에 머물러 있기로 했다. 이렇게 해서 회의를 끝마치고 해산했다.

하숙으로 돌아온 나는 착잡했다. 일대 전환을 한 셈이다. 동맹휴학을 그렇게 증오하고 멸시하던 내가 이제는 동맹휴학의 수령이 되다니 이제까지 꿈꾸던 내 목표는 허사가 되어버린 것 같았다. 내 형이나 동생은 내 공부 때문에 희생을 하면서 오직 나의 출세만을 바라고 있었고, 나 또한 내 집안의 기둥이 되고자 했었다. 홀로 계신 내 어머니는 나에게 얼마나 기대를 걸고 계신가. 결국 나는 이로써 정말 큰 불효자식이 되고만 것이다. 이제까지 수절을 하던 여인이 서방질을 한 기분이었다. 그렇다고 내 태도를 바꿀 수는 없다. 전체 학생이 나를 수령으로 만들어 놓았으니 말이다. 그리고 오늘 학생들과 결의한 사항은 나의 폐부를 찌르는 정의로운 것이었다. 그 사항을 관철하는 것이 학업에 다소 지장이 있다 하더라도 내 인생을 걸고 매진해야 하리라. 인간은 정의를 위해서 목숨을 아끼지 말아야 한다. 정의를 관철하기 위해서 학생 전체 앞에서 다 함께 다짐한 일이다. 우리는 얼마나 일제 압제 하에서 신음을 하고 모욕을 당하고 있는가. 일본놈만 봐도 몸서리를 치지 않는가. 우리는 일세의 압제에서 벗어나야 한다. 이렇게 생각하니 내가 택한 길이 가장 옳은 것 같고 오늘 거사가 내 일생에 있어서 가장 위대한 순간인 것 같았다.

다음날 학생들은 평상시와 똑같이 등교를 했다. 그런데 이상하게도 아침 조회는 운동장에서 하기로 되어 있는데 뜻밖에 강당으로 모이라는 종이 울렸다. 아뿔사. 만사가 허사가 된 듯한 예감이 더럭 들었다. 우리 비밀이 학교 당국에 새나간 것이 틀림없었다. 우리는 강당으로 들어갔다. 강당으로 들어가면서 우리에게 불리한 형편이 되면 슬금슬금 빠져나오기로 서로서로 약속을 했다. 교장선생은 우리를 모아놓고 어제 취운정에서 회의한 결말을 자세히 이야기하면서 훈시를 시작했다. 약속에 의하면 빠져나가도록 되어 있었으나 한 사람도 빠져나가는 사람이 없었다. 이러다가는 학생 전체가 교장 훈시에 말려들어 만사가 허사가 될 것 같았다. 마침 나는 반장으로서 제일 앞에 서 있었다. 나는 교장을 향해 서 있다가 뒤로 돌아서면서 "3학년 전체 학생 뒤로 돌아!" 하면서 곧이어 "앞으로 가!" 하고 힘차게 구령을 불렀다. 그러나 문은 이미 봉쇄되어 있었다. '서상천'이란 선생은 국내에서 제일가는 체육인이었는데 우리 학교에서 체육을 가르치고 있었다. 그 선생이 문을 가로 막고 있었고, 힘깨나 쓰는 5학년 학생도 가세를 해서 문을 막고 있었다. 조회를 할 때는 키순서대로 작은 사람이 앞에 서고 큰 사람이 뒤에 서게 되어 있었다. 우리는 뒤로 돌아섰기 때문에 큰 사람들이 앞장서게 되었는데도 불구하고 한 사람도 빠져나가지 못하고 머뭇거리고만 있었다. 나는 쏜살같이 앞으로 달려가며 "나가지 않고 뭐하는 거냐"고 고함을 지르면서 먼저 '서상천'선생을 떠밀었다. 국내 최고 역사인 '서상천'선생이 내가 떠미는 바람에 밀려났다. 그러고 나서 나는 문을 막고 있던 5학년 학생들도 이리저리 떠밀어버렸다. 그제서야 문이 열리고 학생들은 문밖으로 와르르 밀려나갔다. 우리 모두는 강당에서 탈출에 성공한 것이다. 내가 마치 대군을 물리친 개선장군, 영웅이 된 것 같은 기분이었다.

우리는 교장실 앞 교정에 도열하고 갑, 을, 병 각 반장이 교장실에 들어가서 교장에게 진정서를 내밀었다. 교장은 사퇴하겠다면서 그 대신 공부를 계속해달라고 부탁했다. 그러나 우리는 교장이 떠나기 전까지는 교실에 들어갈 수 없을 뿐 아니라 다른 조건도 있으니 모든 조건을 들어줄 때까지 학교를 나올 수 없다고 버티었다. 교장은 학생들이 도열하고 있는 앞으로 자신이 걸어 나가야 되겠느냐고 반문하면서 나더러 "너는 일개 병반 반장이 3학년 전체를 지휘하느냐"며 노기에 찬 어조로 나무랐다. 나는 말이 떨어지기가 무섭게 어제 3학년 전체 회의에서 일임 받았다고 되받았다.

그리하여 우리는 동맹휴학에 들어갔다. 집행부는 할 일이 너무 많았다. 각 사회단체, 신문사, 학부형에게 성명서를 보내고 태도가 애매한 학생은 감시를 하는 일방 다른 학년에게도 동정을 구해야 했다. 하루는 반동분자 몇이 모여서 공부를 시작했다. 몇몇이 쳐들어갔고, 그들 중 '장홍염'군은 선생의 교과서를 발기발기 찢어서 선생 면상을 치고 학생들을 쫓아냈다. 4학년, 5학년에서는 방해공작이 시작되었다. 방해분자를 응징하기 위해서 '철권부'를 조직했다. 나는 완강히 철권부원이 되지 않겠다고 반대했으나 우격다짐으로 철권부원이 되었다. 하루는 5학년에서 3학년 대표를 만나고 싶다는 제의가 왔다. 우리는 그 진의를 알 수 없었다. 우리는 철권부를 그 장소 근처에 매복시키고 5학년 대표를 만나러 갔다. 총사령관이 회담 장소에 바짝 붙어서 사건의 추이를 보면서 신호를 하기로 정했다. 회담 내용은 5학년도 동맹휴학에 가담하겠으니 행동 통일을 하자는 것이었다. 역시나 방해자들도 생겼다. 그럴 때면 철권부에서 응징을 했다. 주로 4학년에 방해자가 많았는데 난투극이 벌어졌다. 책상이 부서지고 유혈이 낭자했다. 인력거가 와서 병원으로 실려가는 사람도 생겼다.

신문기자들이 회견을 청하러 왔다. 그중에서도 조선일보 사장이 나를 만나자고 했다. 조선일보 사장은 휘문고보 졸업생이라 했다. 그는 퍽 호의를 보이면서 지원하겠다고 했다. '신간회'에서도 우리를 초대했다. 지방학교의 이름도 모르는 사람에게서도 격려의 편지가 왔다. 나는 일약 유명한 사람이 되었다. 경찰에서는 검거 선풍이 일어났다. 철권부원들은 모조리 검거되었고 나는 용케도 피해 다녔다. 10여 일 만에 공판이 열렸는데 나는 두루마기를 입고 모자를 뒤집어쓰고 방청하러 갔다. 공판 결과 전원 집행유예로 그날 모두 풀려났다. 공판정에서는 검사가 내 이름을 자주 들먹였고, 피고들은 나를 주동자로 몰아세웠다. 그럴 때마다 나는 아찔아찔했지만 태연을 가장하고 듣고만 있었다.

나는 이천산(李天山, 평북 용천 출신)군과 장홍염(전남 무안 출신)군과 가장 친했다. 그래서 결의형제를 맺고 문신까지 했다. 이천산군은 경성의전을 졸업하고 해방 후에 조선인민정부의 보건상이 되었다는데 확실한 소식은 모르겠다. 장홍염군은 해방 후에 한국민주당에 입당해서 국회의원을 두 번 지내고 사회민주당 창당 준비를 하고 있어 나하고는 지금도 접촉하고 있는 처지다.

학생 처벌에 있어서는 퇴학(수 미상), 무기정학(수 미상)이 있었는데 나는 무기정학을 맞았다. 나에 관한 징벌치고는 오히려 가벼웠다. 나중에 들은 이야기지만 교원 회의에서 나를 퇴학시키자는 의견이 나왔으나 내 학업 성적이 우수해서 아깝다는 의견이 우세해서 무기정학으로 감등되었다고 한다.

그로부터 얼마 후에 복교가 되어서 다시 학교에 다니게 되었다. 학교에 다니면서도 교과서 공부는 일체 하지 않고 공부시간에도 사회과학 책만 읽었다. 밤이면 거리나 교실에 일제 식민지 정책을 배격한다는 포스터를 붙이고 돌아다녔다. 나는 4학년에 진급했고 또 반장이 되었다. 그러나 학교 당국은 내가 반장으로 뽑힌 것을 거부하였고 다른 사람을 선출하게 함에 따라 반장을 4년 만에 그만두게 되었다. 그러나 이제 나에게 있어서 학교에 다니는 일은 부수적인 일이 되었다. 학생들을 반제운동으로 끌어들이는 것이 주된 일이었다.

나는 이종률, 이현철, 장홍염, 황호연 등과 함께 전국학생스트라이크 옹호회 전국동맹을 조직하여 선전문을 배포한 혐으로 경성지방법원 검사국에 사건이 송치되어 있었다. 일방 학교에서는 10월들어 3학년을 시작으로 동맹휴학에 들어갔다. 우리 4학년도 3학년이 10월 22일 시작한 동맹휴학에 동조하여 4학년 전원이 퇴학원을 제출하고 이에 동참하였다.

학교당국은 나를 주모자라는 이유로 10월 24일 학생으로서는 사형에 해당하는 퇴학처분을 내렸고 나는 영원히 학원에서 추방되고 말았다.

나는 사회과학 서적을 탐독했다. 제일 먼저 읽은 책은 카우스키의 「청년에게 호소한다」였다. 그 책에는 자본주의의 모순이 뼈저리게 적혀 있었다. 자본주의 사회를 타파하지 않고는 인류는 정의로운 삶을 영위할 수 없다는 생각이 들었다. 인간이 사는 사회는 빈부의 차이가 없고 착취자나 피착취자가 없는 사회라야 한다고 생각했다. 결국 마르크스주의가 천부의 진리로 생각되었다. 그래서 계속 마르크스주의 서적을 탐독했다. 각 학교 동지들과 독서회를 만들어서 각기 읽은 책의 독후감을 이야기하고 비판도 했다. 강사를 초빙해서 강의도 들었다. 강사로는 배재고보 미술 선생 김복진선생이 많이 초빙되었다. 김복진, 그 아우 김기진 둘 다 그 당시 유명한 마르크스주의자였다. 아우 기진선생은 나중에 전향해서 우익작가가 되었다. 학생사회과학연구회를 중심으로 학생들이 자주 모였다. 각 학교 열성분자들이 모여서 동맹휴학 옹호동맹이란 것을 조직해서 전국에 확산을 기도했다.

그해 1927년 겨울방학 때 호남선을 타고 집에 가는 길이었다. 대전역을 지날 무렵 신문 호외가 기차 안으로 반입되었다. 내용인 즉 만주 독립군에 신출귀몰한 소년인지, 소녀인지 알 수는 없으나 그 이름은 김일성이라 하고 이 나무에서 저 나무로 뛰어넘어 다니며 무장투쟁을 하는 16세의 괴물 같은 인물이 있다는 것이었다. 나는 그 기사를 보고 내 나이 벌써 21세인데 나는 이제까지 무엇을 하고 있는가 하며 그 소년(소녀?)과 나를 비교하면서 한편으로는 그가 부럽고, 한편으로는 나를 부끄러워했다.

우리는 각 학교를 망라한 강한 조직체가 필요했다. 그래서 각 학교 핵심 역할할 만한 인물 한 명씩을 골라서 시내 전문학교 이하 고등보통학교 학생 18명이 모여서 학생운동 핵심체를 조직했다. 그 명칭은 여러 가지 의견이 나왔으나 조선어 첫글자인 "ㄱ"당이 좋다는데 의견이 모아졌다. 이 멤버들이 대개 공산주의자들이었기 때문에 후에 학생공산당으로 인식되었고, 사법부에서도 그렇게 규정지었다. 그 해 2월에는 제 1차 조선공산당 사건 검거 선풍이 불어 닥쳤다. 그 범위도 넓고 그 구성인물들이 쟁쟁한 유명 인사들이었기 때문에 사회에 미친 파문이 컸다. 김재봉, 김약수, 정백, 유진히 등 당시 사회에 명성이 자자한 분들이었다. 나는 이 분들이 위대한 인물들이라고 생각했다.

그해 8월에 또 제 2차 공산당 검거 선풍이 일어났다. 우리는 그것을 "8월 사건"이라고 불렀다. 그 사건 당수는 김준연이었다. 동경제대를 거쳐서 베를린대학을 나온 전남 영암 출신 수재였다.

그해 12월에는 우리 "ㄱ" 당 사건이 터져서 서대문경찰서에 모조리 검거되었다. 나는 여러 번 붙잡힐 뻔 했지만 기지로 모면했으나 결국엔 은신처에서 장홍염군과 숨어있으면서 호떡을 사러 보낸 사람이 형사들을 데리고 와서 체포되고 말았다. 그 사람이 일부러 우리의 은신처를 알려줄 리 만무한데 그 뒤로 그 사람을 한 번도 만나지 못해 그 경위를 알 길이 없다. 그 날은 장홍염군 중형이 대전역장으로 있어서 그 곳으로 가면 다소 안전할 것 같아서 그 곳으로 피신할 작정이었는데 미처 피신하지 못하고 붙잡히고 말았다.

우리가 붙잡힌 날이 11월 25일이었다. 서대문경찰서에서는 무시무시한 고문을 했다. 주로 황해도 출신 김영호라는 형사에게 혹독한 고문을 당하였다. 엄동설한에 나는 알몸으로 유치장에서 10일을 지내야 했다. 대전역장 장홍염군 중형이 장군 입으라고 와이셔츠를 넣어 주었는데 장군이 간수 몰래 나에게 넘겨주어 그 와이셔츠로 겨우 윗도리는 감출 수 있었다.

6
예심

서대문경찰서에서 10일을 묵고 12월 6일 경성지방법원 검사국으로 송치되면서 서대문형무소 구치소로 넘겨졌다. 다행히도 우리 일행 8명이 같은 방에 있게 되었다. 경찰서에서의 지독한 고생 끝에 함께 만나게 되어 무척 반가웠다. 경찰서에서 당하던 일, 조사받던 일, 붙잡혀 온 경위 등등 며칠을 두고도 이야기가 그칠 줄을 몰랐다. 추운 겨울에 마룻바닥이라 춥기는 했지만 돗자리가 깔려 있고 벽이 있어 경찰서 유치장에 비하면 호텔이나 다름없었다. 경찰서 유치장은 맨 마룻바닥에 벽이 없고 간수가 앞에서 딱 지키고 있어서 말 한 마디 할 수 없었는데, 여기 형무소는 간수가 항상 지키고 있는 것도 아니고 간수가 지나간 틈을 타서 소곤소곤 이야기하면 되었다. 솜을 넣은 관복을 주었는데 나에게는 도무지 맞지 않아서 아랫도리가 다 드러날 지경이었다. 솜이불도 주는데 솜이 한 군데로 뭉쳐서 홑겹이불이나 다름없었다. 그렇게 고생스러운 가운데서도 우리는 하루하루 보람있는 생활을 했다. 지나온 어린 시절 이야기며, 온갖 이야기를 몽땅 털어놓았다. 어떤 사람은 그 자리에서 들었던 이야기를 다른 곳에서 들은 양 되풀이하기도 했다. 얼마 있으니 사복도 차입되고, 돈도 차입되고, 책도 차입되었다. 돈 있는 사람은 사식도 사먹을 수 있었다. 형무소에서 주는 밥은 관식이라 해서 콩과 좁쌀, 쌀 약간씩을 섞은 것으로, 밥을 틀로 찍어 제일 양이 적은 9등짜리였다. 그래서 배가 몹시 고팠다. 운동은 하루에 2~3분씩 시켜주는데 주로 달리기를 시켰다. 목욕은 일주일에 한 번씩 하게 했는데 뿌연 땟국물에 잠깐 들어갔다 나오는 정도였다. 편지는 한 달에 한 번씩 쓰게 하는데 봉함엽서에 다 닳은 몽당붓을 주어 글씨를 제대로 쓸 수 없었다. 일요일마다 교회에서 예배를 볼 수는 있었지만 사상범들은 가지 못하게 했다. 의사는 날마다 순회하는데 덮어 놓고 끼니 때 마다 흰 죽 한 숟가락씩을 밥 대신 처방하기 때문에 그것을 먹고는 견딜 수가 없어 웬만큼 아파도 의사진단을 받으려 하지 않았다.

9등짜리 관식은 너무 적어서 그것을 먹고는 운동할 기운도 나지 않았다. 밥을 먹다가 밥풀이 떨어지면 떨어지기 무섭게 주어먹었으며, 좁쌀 한 알도 기어이 주어먹었다. "콩이 떨어지면 자동차를 타고 가서 주어먹고 좁쌀이 떨어지면 자전거를 타고 가서 주어먹는다"는 말까지 생겼다. 사식은 비싸서 돈 많은 사람이나 먹지 가난한 사람은 먹을 생각을 못했다. 사식은 양이 많아서 먹고도 남을 지경인데 옆 사람과 나눠먹지는 못하게 했다. 만일 간수에게 나눠먹는 것을 들키면 벌을 받았다. 책은 밖엣 사람에게 부탁해서 차입시키는 것이 좋았다. 나는 친척이 시골에 있어서 책 차입이 곤란했다. 서울에 있는 친지한테 부탁해서 차입을 받았는데 그것도 만만치 않아서 간수에게 부탁해서 사다 달라고 부탁도 해보았다. 새책을 살 수 있는 돈을 주었으나 간수가 사다준 것은 곰팡이 냄새가 물씬 나는 고물 헌책이었다. 며칠이 지나니 재판소로부터 공소장이 날아왔는데 치안유지법으로 기소한다는 내용으로서 재판은 예심을 거쳐서 결정한다는 것이었다. 치안유지법은 1925년 일본의회에서 통과된 법으로서 주로 공산당을 탄압하기 위한 목적으로 만든 법인데, 최하 2년, 최고 사형까지 선고할 수 있는 어마어마한 법이었다. 우리 사건이 어떻게 탄로 났는지 지금까지도 알 수 없으나 막연하게는 1928년 소화 천황 즉위식을 보이코트할 목적으로 전국적으로 동맹휴학을 단행시킨 적이 있었는데 이 사건을 추진하는데는 "ㄱ당" 활동이 절대적이었다. 여기에서 단서가 잡히지 않았으나 어슴푸레 짐작이 갈 뿐이다.

예심기간은 3개월인데 3개월마다 갱신해서 몇 해 걸릴 수도 있었다. 우리는 그 안에서 책을 열심히 읽었다. 책은 무제한으로 들여보내주었다. 주로 마르크스 레닌주의 서적을 많이 읽었다. 밤이 되면 취침시간에는 책을 읽지 못하게 했다. 그러나 이불로 책을 가리고 몰래 읽었다. 초저녁에는 그날 읽은 것을 돌아가면서 강의를 했다. 그리고 비판을 했다. 그러므로 불가불 정독을 해야 했다. 나는 주로 마르크스 엥겔스 전집을 읽었다. 도쿄 와세다 대학 강의록도 틈틈이 읽었다. 학교 다니는 이상으로 공부는 잘되었다. 그 안에서 맏형이 죽고 연이어 사랑하는 동생이 죽었다는 비보를 들었을 때 참을 수 없는 슬픔에 괴로웠다. '광주학생사건' 소식을 들었을 때는 피가 거꾸로 솟는 듯 했다. 겨울에는 입이 떨리도록 춥고 여름에는 숨을 쉴 수 없도록 더웠다. 간수가 멀리 있는 틈을 이용하여 이웃방과는 들창문을 통해 간단한 대화를 했다. 이것을 '통방'이라 했다. 예심판결은 2년이 되도록 끝이 나지 않았다. 석 달 만에 갱신서류에 지장을 한 번씩 받아갈 뿐이었다.

어느 추운 겨울날 우리는 각기 헤어져야 했다. 우리들을 각기 독방에 분산시킨 것이다. 독방은 참말로 징역살이 같았다. 말벗도 없고 답답할 뿐 아니라 여럿이 있는 곳보다 훨씬 추웠다. 여럿이 있을 때는 서로 껴안고 자면 서로의 체온 덕분에 따뜻했는데 독방은 항상 몸이 얼어붙어서 못 견딜 지경이었다. 그중에서도 가장 견디기 힘들었던 것은 몇 겹이나 싸매고 있어도 얼어터질 것만 같은 발이었다. 그야말로 사경을 헤매고 있는 듯했다.

간수라도 들여다보면 반가웠다. 나는 간수만 보면 이야기를 꺼내고 사회학을 강의하고 인생관을 이야기했다. 아무 간수에게나 그러는 것이 아니라 특별히 나를 대우해주는 간수가 있어서 그 간수가 오면 그랬다. 나는 형무소 생활에서 참된 인생이 무엇인가를 배우고 있으며 인생을 배우는 좋은 기회를 얻었다고 생각했다. 그리고 이 삶이 인생에 이바지하는 보람된 삶이라고 생각했다. 진정한 삶은 태어났다 죽는 것을 되풀이하는 것으로만 끝나는 것이 아니고 삶의 과정 속에서 인류 역사를 진전시켜야 하는 것이라 생각했다. 나는 이 소명을 다하기 위해서 투쟁을 하고 있는 것이다. 이렇게 생각하면서 나는 '이런 삶을 겪지 않았더라면 인생의 가치를 터득하지도 못하고 말았을 것이 아닌가' 하며 가슴을 쓸어내렸다. 보람차고 가치 있는 항일투쟁의 형무소 생활은 나를 행복감에 젖게 했다. 나는 이웃방과 통화하는 방법을 연구했다. 즉 벽을 쳐서 하는 방법인데, 처음 치는 숫자는 자음이고 예를 들면, 한 번 치면 'ㄱ', 두 번 치면 'ㄴ', 사이를 띄어서 치는 것은 모음이고, 또 사이를 띄어서 치는 숫자는 받침, 상대방에서 알아들었으면 벽을 한 번 쳐주고, 잘 모르겠으면 벽을 쭉 그어버리는 식이었다. 이 방법이 전파되어서 방마다 벽치는 소리가 요란했다.

내가 있는 방에서 사형장이 건너다 보였다. 나는 이따금 사형수가 간수에게 끌려가는 것을 볼 수 있었다. 사형수를 끌고 갈 때는 간수 4~5명이 좌우로 호위하고, 사형수에게 수갑을 채우고 포승으로 몸을 묶고 용수를 씌웠으며, 형무소 간부직, 승려, 의사 등등 여러 사람이 그 뒤를 따랐다. 시간은 대개 오후 5~6시쯤이었다. 그날은 전 재소자에게 저녁밥을 일찍 먹였다. 그래서 저녁밥을 특별히 일찍 줄 때는 이상한 예감이 들었다. 사행집행 전에 승려는 사형수에게 으레 죽어서 극락가라고 발원할 것이고, 형무소 간부 직원들은 형 집행이 틀림없이 이루어졌는지 감시할 터이고, 의사는 사형수가 완전히 절명했는지 확인할 것이다. 형 집행시간은 그리 길지 않았다. 사형 집행이 끝나면 모두들 나오는데 사형수가 차고 들어갔던 수갑과 용수만 간수가 털레털레 들고 나오는 광경을 바라보면서 이상한 감회에 젖곤 했다.

어느 날 함박눈이 쏟아지는 날 이러한 광경을 바라보게 되었다. 간수에게 들은 말인데 사형수가 형장으로 끌려갈 때는 그렇게 유순할 수가 없다고 한다. 생을 단념하고 절망한 나머지 반항할 용기조차 잃어버린 것일까. 또 한 가지 특이한 것은 땅바닥에 물이 고인 데가 있으면 피해서 마른 데를 밟고 간다는 것이다. 진땅은 밟지 않고 마른 데만 밟고 가는 것은 인간의 본능일까. 모든 것을 버리는 마당에 신발에 물쯤 묻으면 대수일까. 간수가 또 말하기를 그러나 고명한 애국투사는 형장에서 숨이 끊어질 때까지 일제를 매도하고 저주하면서 "조선독립만세!"를 외치면서 운명한다고 한다. 이 얼마나 대조적인 자세란 말인가.

우리가 예심에 회부된 지 2년 반 만에 예심이 종결되었다는 소식이 전해 왔다. 예심이란 것은 해당하는 죄에 대해서 어느 법을 적용할 것인가를 결정하는 것이므로 그 기간 안에는 실질적인 징역을 살리면 안되는데도 불구하고 2년 반이나 재판 없이 징역을 살리는 것은 무지막지한 인권탄압이었다. 우리 사건뿐만이 아니라 여타의 사건들도 거의 그러했다. 하도 울적해서 시조 한 수를 지었다.

님 뵈러 가는 길이 어이 이리 더디매뇨
드높은 곳 숨었다가 하마 나타 나려는가
두어라 보고 저운 정을 돋아
반겨 맞이하리라
쇠줄 끊고 울 넘으니
간 곳마다 총부리라
그 총부리 입에 물고
전진호령 부르리라
내 또한 그 시체 밟고 넘어
전진호령 부르리

7
복역

재판 기일 통보를 받은 우리들은 재판정에서의 전략을 구상했다. 즉 공개재판을 주장하기로 전략을 짰다. 가족들과 면회도 하고, 방청객들에게 일제의 폭정을 규탄해서 선전 효과도 얻을 수 있다는 생각에서였다. 이것을 내통해서 우리 전원에게 알렸고, 의견이 일치되었다. 공판 날 우리들은 용수를 쓰고 수갑이 채워진 채로 굴비 두름 엮이듯이 포승줄로 엮이워서 공판정에 세워졌다. 내 형님과 종형님이 공판정 밖에서 기다리고 서있었는데 나는 그들을 알아 볼 수 있었으나 그들은 나를 알아 볼 수 없었다. 용수를 쓰고 있으니 어떻게 알아 볼 수 있겠는가. 방청객이 자리에 앉고 우리들도 앉은 다음 인정 심문을 했다. 인정 심문이 끝난 다음 재판장은 이 재판은 치안에 관계되므로 비공개로

한다면서 방청객들에게 퇴장을 명령했다. 나는 이 재판장의 퇴정 명령에 대하여 누군가가 항의하고 나설 것을 기대하고 좌우를 살폈다. 그러나 아무도 입을 떼지 않았다. 어쩔 수 없이 말도 유창하지 못한 내가 나섰다. "재판을 공개하라 암흑재판은 못받겠다" 하고 나섰으나 아무 반응이 없었다. 나는 쟁쟁한 투사, 즉 이 사건의 책임자인 송병채, 최성환, 이현상 등이 뒷받침해주리라고 믿었으나 아무 반응이 없어 뒤를 이을 말도 준비 못한 나는 할 말을 잃었다. 그러자 변호사 측에서 멀리 시골에서 자식들 얼굴이나 보려고 여기까지 왔는데 가족만이라도 방청시키자고 재판장에게 제의했다. 그때 변호사는 법조계에서 유명한 김병로, 이인, 권승렬씨 등으로 기억한다. 이 분들은 모두 무료 변론인들이었다. 그러자 재판장은 이 제의를 받아들여 전 피고인에게 '친척 중에 누구를 방청시킬 것인가' 하고 피고인 한 사람 한 사람에게 물었다. 내 차례가 돌아오자 재판장은 방청객 퇴장 명령에 항의하여 방청객 전원의 방청을 요구한 나에겐 가족 한 사람도 방청하게 할 수 없다고 말했다. 그러자 변호사가 그것은 너무 가혹하니 다른 피고인들과 같이 방청을 허락해주자고 거들어주는 바람에 다행히 형님이 방청하게 되었다.

몇 차례 공판이 거듭된 끝에 판결이 났다. 이 사건의 최고책임자인 송병채는 징역 4년, 최고는 최성환의 징역 5년, 최하 징역 2년, 나는 3년 징역을 받았다. 나는 검사부장이라는 간부직을 맡았기 때문에 3년을 받은 것이었다. 재판 기일 이전 구금일수 중 150일을 공제해준다고 했다. 2년 6개월 잡아가둬 놓고는 겨우 150일 공제하는 것은 말도 되지 않는 일이었지만 도리가 없었다.

이 날의 재판내용은 다음과 같다.

이름	본적	직업	구형	선고
이현상(25세)	전북	보성전문생	3년	3년
강병도(23세)	경남	기독교청년학관생	2년	2년
이철하(21세)	충남	중동고보생	6년	4년
안삼달(23세)	경남	휘문고보생	6년	3년
한병선(24세)	평남	배재고보생	5년	3년
박판동(22세)		중앙고보생	5년	3년
유병근(23세)	전북	중앙고보생	3년	2년
김운선(23세)	전남	휘문고보생	5년	3년
권오경(22세)	경기	도쿄유학생	4년	2년
민강창(22세)	경북	제일고보생	4년	2년
최성환(20세)	전북	무직	6년	5년
남상훈(24세)	경기	법정교생	3년	2년
송병채(22세)	전북	경기어학원생	6년	4년
이민식(23세)	충남	중동고보생	면소	
구장회(25세)	경기	보성고보생	면소	
김형원(22세)	전북	상해영어교습소생	면소	
이강배(26세)	황해도	상해영어교습소생	면소	

우리는 이제 피고의 몸에서 죄수의 몸으로 형무소에 다시 돌아왔다. 감방은 미결수 감방에서 기결수 감방으로 바뀌었고 옷은 사복에서 관복으로 바뀌었다. 그런데 나는 체격이 커서 옷이 맞지가 않았다. 낮에는 작업복을 주고 밤에는 유카다(잠옷)를 주는데 작업복이란 것은 팔다리가 다 나오고, 잠옷이란 것은 무릎을 감쌀 수가 없어서 노출된 채로 추운 겨울을 견디어야 했다. 내의는 주지도 않으면서 차입도 허용하지 않았기 때문에 매서운 추위에 그대로 노출되어 이를 악물고 이겨내야 했다. 감방은 독방에 세 사람씩 있어서 그리 적적하지는 않았다. 책은 사회과학서적은 일체 금지되어 있고 어학서적만 허가해주었다. 그때 사상범은 대개 그물을 짜게 했는데 우리는 편지봉투를 붙였다. 밥은 미결수 때보다는 약간 더 많이 줬다.

미결수 시절 공부를 착실히 해두기를 잘했다고 생각했다. 학교 다닐 때보다 월등한 실력을 쌓은 것이다. 나는 그때 대학의 정치, 경제 강의록을 독파하고, 주로 마르크스 철학과 경제학을 공부했다. 그런데 기결수 복역 중에는 사회과학서적을 공부하는 것은 금지되어 있으니 허가가 난 어학을 공부해두기로 작정했다. 학교 다닐 때도 영어에는 자신이 있었던 터라 먼저 영어 공부를 시작했다. 고등학교 영어 강좌를 읽고 나니 곧 웬만한 원서는 읽을 수 있게 되었다. H.G. 웰스가 쓴 『세계문화사대개』를 읽었다. 이 책은 방대한 책이었다. 생물의 기원부터 근세에 이르기까지 감명 깊게 읽었다. 웰스는 당대의 문호로 자유주의 대표작가였다. 나중에 영국의 선전상으로 재임하였다. 다음에는 독

일어 자습을 시작했다. 우리의 작업이란 것은 공부하면서도 할 수 있는 일이었기 때문에 공부하는데 큰 지장은 없었다. 그 다음에는 에스페란토도 공부하였다. 에스페란토는 일주일 만에 끝마쳤다.

우리는 봉투 붙이라고 주는 풀을 먹어 치웠다. 그리고 봉투 속에 풀을 넣어 봉투를 쓰지 못하도록 만들었다. 3 · 1절이 다가왔다. 대대적인 기념행사를 하자고 전 형무소에 내통했다. 그때 형무소에는 수백 명의 사상범이 있었는데, 언제나 우리들이 주동이 되어 투쟁사건을 일으켰다. 3월 1일은 형무소가 떠나갈 듯 일대 난리를 피웠다. "조선독립만세, 일제는 물러가라. 수형자 대우를 개선하라"고 소리치고, 노래를 부르고, 목침으로 문을 치고, 발로 문을 차고, 극도로 흥분하면서 일제에 대한 울분을 토해냈다. 간수들이 몰려와서 우리들을 끌어냈다. 우리는 끌려 나가지 않으려고 거칠게 저항했다. 그러나 한 방에 3방의 간수들이 모두 몰려드는 바람에 끝내 끌려 나갈 수밖에 없었다.

우리는 끌려가서 무수히 맞았다. 어떤 사람은 피가 솟아오르도록 맞았다. 형무소 안에는 '징벌감'이란 것이 있었다. 통칭 '암실'이라 불렀다. 하루 종일 햇빛이라고는 단 1분도 들어오지 않는 무시무시한 지하 감방이었다. 겨울에는 보통방보다 5도 정도 낮고, 여름에는 5도 정도가 높은 곳이었다. 원래 징벌방에 넣을 때에는 약식 재판을 하는 것이 관례였다. 우리 또한 계호과장에게 7일씩의 징벌방 입감 언도를 받고 징벌감에 넣어졌다. 수갑을 팔 뒤로 돌려 채우고 밥은 3분의 1로 감식되었다. 방은 겨우

한 사람 누워 있을 만큼 좁고 변기도 없이 한쪽에 구덩이를 파서 콘크리트를 쳐놓은 방이었다. 방바닥에는 돗자리도 깔려있지 않고 이불은 솜이 한데 뭉쳐 역시 홑겹이불과 같았는데, 그나마도 똥이 묻어 있어서 덮을 수가 없었다. 햇빛 한 점 들어오지 않는 방에 콘크리트로 턱을 만들어 그것을 변기로 사용하고 있으니 자연히 이불에 변이 묻을 수밖에 없었던 것이다. 손이 뒤로 묶여 있었기 때문에 입이 손 노릇을 해야 했다. 밥은 엎드려서 마치 짐승 모양 입으로 훑어 먹어야 했으며, 잠을 잘 때는 입으로 이불을 당겨서 덮어야 했다. 이불은 똥이 사방에 묻어 있어서 입으로 당긴다는 게 더러운 노릇이었으나 하는 수 없이 입으로 당겨서 몸을 덮을 수밖에 없었다. 어찌되었든지 7일의 형기를 마치고 계호과장 앞으로 끌려가서 훈시를 듣고 자기 방으로 돌려보내졌다.

나는 총독 면회를 신청했다. 형무 행정이 형무소법에서 볼 때 타당하지 않은 것을 항의할 목적이었다. 운동, 목욕의 실정은 앞에서도 언급했으니 생략하기로 한다. 옷 세탁은 일주일에 한 번씩 세탁해주기로 되어 있었으나, 물에만 담궜다가 꺼내서 주는지 때는 그대로 있고 땀 냄새가 진동하고 있었다. 또 일주일에 한 번씩 육류를 먹이라고 되어 있는데, 일주일에 한 번씩 고깃국이라고 주는 것은 소고기 누른 냄새만 나고 고기는 한 점도 없었다. 그래서 우리는 그 국을 황우도강지탕(黃牛渡江之湯, 황소가 강을 건너간 국)이라고 불렀다. 총독 면회를 몇 번이고 신청해봤자 되지 않았다. 그래서 형무소장(그때는 전옥(典獄)이라고 했다)을 면회하게 해달라고 다시 요청했다. 다행히 형무소장은 면회가 되었다. 나는 형무 행정 전반에 대해서 추궁하면서 내 옷을 형무소장 코에 들이댔다. 그러면서 이 옷이 세탁한 옷이 맞냐고 물었다. 그때 내 옷에서는 땀 냄새와 양잿물 냄새가 섞여서 고약한 냄새가 났다. 형무소장은 얼굴을 돌리면서 찌푸렸다. 그 뒤로부터 간수들이 나를 대하는 태도가 달라졌음을 느꼈다. 한 번은 간수가 나에게 욕을 하기에 목침을 간수에게 던졌다. 문이 가려서 간수는 맞지 않았으나 그전같이 폭행하지는 않았다.

나는 징벌감에 다반사로 드나들었다. 으레 징벌감에 가기만 하면 뒷 수갑을 채우고 삼분지 일 감식이었다. 징벌감에 가는데 입감 언도가 있고, 입감 해제 언도가 있다는 것은 앞에서도 쓴 적 있다. 내가 징벌감에 워낙 자주 드나들자 '아주 징벌감에 있지 왜 자꾸 들어갔다 나왔다 하느냐'며 농담을 하는 간수들이 있을 지경이었다.

여기서 한 가지 더 밝힐 것이 있다. 형무소에서는 이름을 사용하지 않는다는 것이다. 죄수들은 앞가슴에 번호표를 붙이고 있고, 간수들은 그 번호를 호명하였다. 내 번호는 2072번이었다.

우리는 공장으로 출역을 나가게 되었다. 그 공장은 학교 교실만한 곳인데 수용인은 60명이었다. 전부 사상범만 수용했는데 한쪽에서는 그물을 뜨고, 우리는 과자 상자도 만들고 표구도 했다. 과자 상자는 골판지로 상자를 만들어서 예쁜 종이를 덧발라서 밑부분을 방망이로 밀어 움푹 들어가게 하고, 위에는 과자 몇 개만 넣어도 가득차게 보이도록 만들었다. 수업사(授業師)라고 해서 상인 같은 일반인이 공장으로 다니면서 우리에게 일을 시켰다. 아마도 그 사람이 제품을 사가는 모양이었다.

5월 1일 노동절이 돌아왔다. 그 날을 기념하기로 했다. 공장에도 나가지 않고 소란을 피웠다. 노동절 노래도 부르고, 독립만세도 불렀다. 3·1절 때와 같이 대소동을 일으켰다. 미리 약속하기를 뒷수갑을 찬 채로는 절대로 밥을 먹지 않기로 했다. 역시나 우리는 뒷수갑이 채워진 채로 7일 동안 감식 선고를 받으며 징벌방에 갇히게 되었다. 우리는 약속한대로 단식을 시작했다. 간수는 친절하게도 밥 먹기를 권고했다. 그러나 우리는 뒷수갑을 찬 채로는 밥을 안먹겠다고 완강히 버텼다. 단식을 시작하자 밥보다는 목이 말라서 견딜 수가 없었다. 사흘째가 되던 날 밤 나는 잠결에 물을 달라고 소리쳤다. 간수는 급히 달려와서 세숫대야에 물을 부어 주었다. 사흘 동안이나 세수를 안했는지라 세숫대야에는 먼지가 많이 쌓여 있었다. 그러나 나는 그런 것에는 개의치 않고 물을 모조리 마셔버렸다. 그 다음부터는 물은 가끔 마셨다. 6일 째 굶으니 정신이 몽롱해졌다. 나는 간수를 불러서 종이와 붓을 가져오라 했다. 어머니에게 마지막 편지를 쓰기 위해서였다. 그랬더니 간수 몇 명(몇 명인지 기억이 나지 않는다)이 달려와서 나를 떠메고 의무실로 갔다. 의사는 진단을 하고 주사를 놓고 목구멍에 우유 같은 것을 넣어 주었다. 남육여칠(男六女七, 남자는 6일 굶으면 죽고 여자는 7일 굶으면 죽는다)이라더니 위험한 지경에 이른 것이었다. 그래도 우리는 7일까지 굶자고 약속하였으니 7일까지 버티었다. 7일이 되어 징벌방 입감 형기가 만료됐는지라 수갑을 풀어 주었다. 밥 대신에 미음을 주었다. 그러나 입이 벌어지지 않아서 미음을 먹을 수가 없었다. 팔은 앞으로 돌리려 해도 돌려지지 않았다. 뒤에 들은 이야기지만 우리 공장 60명 중에 7일간의 단식을 관철한 사람은 2~3명뿐이었다고 한다. 놀라운 사실도 있었다. '현칠종'(모스크바 유학을 마치고 후에 북한 농민동맹위원장이 되었다고 함) 같은 이는 하도 목이 말라서 똥물을 들이켰다고 한다.

어찌되었든 그로부터 대우가 좀 나아진 것 같았다. 밥에 쌀알이 더 많아지고 국에는 고기가 더러 보였다. 그동안에는 고깃국을 끓일 때는 큰 솥에다 물을 붓고 고기를 넣는데 고기는 보자기에 싸서 솥에 넣어 국을 끓이고 국을 끓이고 난 후에 고기보자기는 건져내어 주방에 복역하는 죄수와 간수들이 다 먹고 국물만 일반 재소자에게 나눠주었다 한다. 또한 밥도 마찬가지로 쌀밥은 주방 복역수와 간수들이 먹어치우고 보리밥만 재소자에게 나누어 주었다.

그때 나는 독일어 공부를 할 때였다. 밤에는 감방에 들어와 교본을 읽고, 낮에는 공장에 나가서 밤에 보던 것을 몇 번이고 되풀이 암송을 했다. 그러자니 작업 능률이 올라갈 수가 없었다. 우리 공장에는 '잡역'이라고 부르는 사람이 있었는데 1차 공산당 사건 때 간부를 맡았던 유진히란 분이었다. 나이는 50세가 넘었던 듯하고, 직업은 의사였다. '잡역'이 하는 역할은 공장 안의 복역수들의 생산량을 점검하고 공장 내 대소사를 맡아하는 것이었다. 이 분은 본래 의사였기 때문에 죄수들이 병이 나면 담당 간수에게 건의해서 의무실로 잘 보내주곤 했다. 이 분은 해방 후에 '한국민주당' 당원이 되었다.

공장은 학교 교실만 했다. 학교 교실처럼 교단이 있고 테이블이 있어 간수가 그 위에 우뚝 서서 죄수들을 감시하고 있었다. 표구에 쓰는 풀은 특별히 잘 쒀야 했다. 풀은 초벌 쑨 후에 가는 채에 다시 걸러서 썼다. 변소는 간수가 바라보이는 맞은편에 있었는데, 상반신은 보이도록 유리로 가려져 있고, 허리부터 하반신은 판자로 가려져 있었다. 감방에서 일할 때는 풀을 마구 마음대로 먹을 수 있었는데 공장에서는 사정이 달랐다. 간수가 떡하니 앞에서 지키고 있으니 먹을 수가 없었다. 하는 수없이 변소로 가지고 가서 유리창을 피해 머리를 푹 수그리고 엎드려 간수에게 들키지 않도록 조심조심, 똥통에 입을 가까이 대고 풀을 먹어 허기를 달랬다.

우리는 공장에서 채석장으로 일자리를 옮겨 갔다. 채석장에서의 일은 형무소 뒤에 있는 돌산을 발파해서 깨놓은 돌덩이들을 작업장으로 운반하여, 다시 해머로 밤알만큼씩 잘게 깨는 것이었다. 작업장이 형무소 담밖에 있기 때문에 거기서 일하는 것을 '외역'이라고 불렀다. '외역'을 할 때에는 쇠줄로 두 사람의 다리를 묶었기 때문에 두 사람은 행동을 같이 해야 했다. 한 사람이 변소에 들어가면 한 사람은 변소 옆에서 기다려야 했다. '외역'은 보통 형기가 6개월 정도 남은 시점에 시작되었다. 이때 옥외작업을 시키는 것은 건강한 얼굴빛으로 출감시키기 위한 것이었다.

간수들은 옥내 간수들과 달리 무장을 하고 있었다. 하루는 나와 간수 사이에 육탄전이 벌어져 내가 간수를 들어 메쳤다. 그 결과 나는 또 징벌방에 갔다. 징벌방에 가서도 끼니때가 되니까 내 뒷수갑을 풀어주었다. 오랫동안 투쟁한 결과였다. 간수들은 나보고 "다이쇼"(대장)라고 불렀다. 내 옆방에 뒷수갑을 차고 밥을 먹는 사람이 있기에 간수를 불러서 그 사람도 뒷수갑을 풀어주고 밥을 먹게 하라고 요구했다. 그 간수는 남의 일까지 간섭하지 말라고 잘라 말하며 내 말을 들어주지 않았다. 나는 민망해서 나 혼자 뒷수갑을 풀고 밥을 먹을 수는 없다고 했다. 그러나 그 간수는 아무 말도 없이 그냥 가버렸다.

작업장에서 우리 방까지 오려면 상당한 거리가 있었다. 방으로 올 때는 으레 발가벗겨 몸수색을 하고 나체로 오다가 중간에 목마가 있는데 이를 뛰어넘으면서 입을 힘껏 벌리고 자기 번호를 큰 소리로 외쳐야 했다. 이는 밖에서 방에 가지고 들어가서는 안될 물건을 항문이나 입에 물고 들어가는 것을 막는 수단이었다. 작업장에서 방까지 먼 거리를 나체로 올 때면 겨울인 경우 너무나 추웠고 인권유린이었을 뿐만아니라 조선인에 대한 모욕이었다.그래서 옷을 벗을 수 없다고 시위를 했다. 그때도 징벌방에 간 것은 물론이다. 그러나 우리는 승리했다. 방 근처에다가 탈의실을 장만해 주었다. 이번에는 노천에서 식사를 하게 되니 바람이 불 때면 모래며 먼지가 밥그릇과 국그릇에 날아들어 밥을 먹을 수가 없었다. 우리는 대대적인 항거 투쟁을 했다. 밥그릇을 발로 차서 엎어버리고, 고함을 치고 난리를 부렸다. 간수장은 모든 간수에게 실탄을 장전하라고 명령한 다음 발사 명령을 내렸다. 간수들은 우리에게 총을 겨눴다. 나는 내 머리를 총부리에 들이댔다. 그때 기분은 총탄이 내 머리를 뚫고 나가 주었으면 시원할 것 같은 기분이었다. 사람이 흥분하면 생사를 초월한다는데 이런 때를 두고 말하는 것 같았다. 내가 여기서 총에 맞아 피를 뿌리면 우리 온 민족에게 밑거름이 되리라 생각했다.

우리는 2년 9개월간의 옥살이 끝에 만기를 맞게 되었다. 잡범들은 우리의 출옥을 섭섭하게 생각했다. 우리들 덕분에 자기들이 편한 옥살이를 했다고 생각했기 때문이었을 것이다. 형무소 당국은 사상범과 일반 죄수들을 따로따로 관리했다. 그러나 유독 외역하는 데에는 함께 일을 시켰다. 형무소 당국으로서는 일반 죄수와 사상범을 함께 관리하자니 사상이 오염될 염려가 있고 사상범만 격리시키자니 단결이 잘 되는 것이 두려웠던 것이다. 그러나 형무소 당국은 결국 함께 관리하는 것을 택했다.

그 당시 서울에는 형무소가 두 군데 있었다. 하나는 우리가 들어 있는 서대문형무소로 서대문구 현저동 101번지에 있었고, 또 하나는 마포구에 있는 마포형무소였다. 마포형무소는 기결수만을 수용하는 곳으로 비교적 장기복역수가 많이 있는 곳이었다. 우리가 있는 서대문형무소에는 재소자가 약 3000여명 있었던 것으로 추정되는데, 그 중 1할 정도인 300여명 정도가 사상범인 것으로 추측된다. 사상범과 비사상범은 되도록 분리 · 수용했는데 간혹 같은 방에 있는 수도 있었다. 나는 소매치기범과 같은 방에 있은 적이 종종 있었는데 그때마다 그들의 비상한 재주에 놀라곤 했다. 운동시간이나 목욕시간이나 재판소 같은데 간수와 같이 가기만 하면 간수 호주머니를 뒤져서 담배나 성냥 따위를 훔쳐 넣어 왔다. 형무소 제도상 재소자가 외출하고 들어올 때는 반드시 방문 앞에서 몸 검색을 하고 들어오게 되어 있었다. 그리고 하루에 몇 번씩 감방을 일제히 점검하게 되이 있었다. 그럼에도 불구하고 이들은 들키지 않고 재주를 부렸다.

형무소 생활 중 또 한 가지 기억에 남는 것은 60세는 되어 보이는 촌로가 강원도 공산당 사건에 연루되어 우리 방에 들어온 일이었다. 그 분은 일자무식한 촌로로서 공산당이 무엇인지도 모를 뿐만 아니라 사회가 무엇인지 조차 모르는 사람이었다. 아무리 보아도 항일투쟁과는 무관한 사람이었다. 우리가 무엇을 물어도 묵묵부답이었다. 그 분은 마침내 검사 심문 때 공산당이 뭐하는 곳이냐는 물음에 술 먹고 춤추고 노래하고 노는 데라고 들었다고 대답하여 불기소처분으로 석방되었다.

그때의 항일투쟁은 민족주의자나 무정부주의자 보다는 사회주의자가 주축을 이루고 있었다. 재소자 중에 형제가 같이 사상범으로 잡혀 온 사람이 더러 있었다. 우리 사건에 권오경과 그 형 권오돈(무정부주의자로 후에 연세대 교수 재임)은 서로 얼굴이 닮아서 간수들이 착각하는 일이 많았다. 다음은 김복진(우리나라 초대 서양조각가. 배재고보 재임)과 김기진(후에 사상전환 우익작가)이 있었는데 김복진은 광증으로 여러 가지 변태행위를 하다가 석방된 뒤 곧 사망하였다. 정백, 정익현 형제는 아우 정익현이 광증으로 말썽을 부렸으나 후에 완치되어 많은 활약을 남겼다. 그중에서도 유명한 것이 박헌영의 광증 사건인데, 일부에서는 양광이라고 해서 형무소 당국에서도 많은 고민을 했다. 이 사람의 작태는 극에 달해서 양광이라 믿기는 어려웠다. 형무소 당국에서도 여러 가지 시험을 해보았으나 양광의 증거를 잡을 수 없었다. 불의에 머리에다가 물통의 물을 부어 보고 송곳으로 불시에 몸을 찔러 보고 해도 반응이 없었다. 사법 당국이나 형무소 당국은 진짜 미친 것으로 판단하여 석방시켰으나 석방된 즉시 그의 부인 주세죽이 그를 데리고 소련으로 망명해버렸다. 전남 광주 출신 송을수라는 사람이 있는데 이 사람은 총독부 장학금으로 교토(京都)제국대학을 졸업하고 제 2차 공산당 사건에 연루되어 입소한 사람이었다. 장학금 급여 규정이 당초 어떻게 되어 있는지 모르겠으나 재소자 본인에게 자주 장학금을 되돌려 달라는 장학금 반환 통지서가 왔던 걸로 기억한다.

정월 초하룻날이나 일본 천황 생일날은 우리 전 재소자가 포식하는 날이었다. 아침, 점심, 저녁 세 끼를 소화시킬 여유도 없이 줄줄이 줄 뿐 아니라 반찬도 빨간 배추김치며, 써금써금한 청어 고기에 소고기국물을 곁들여 주었다. 거듭 세 끼를 먹고 나면 배가 만족하리만큼 불렀고, 거기에 떡이며 엿까지 주어서 도저히 다 먹지 못할 지경이었다. 그럼에도 불구하고 어떤 욕심쟁이는 기어코 다 먹고 목구멍까지 음식이 차서 고개를 돌리지도 못하고, 변기까지 걸어가지도 못하고 토해내기도 했고, 복통이 나서 설사하기도 했고, 누워서 뒹구는 사람도 있는 등 가지

각색이었다. 일부는 남은 밥을 수건에 싸고 문질러 찰진 떡을 만들어 두었다가 다음에 먹기도 했다. 이것이 감옥에서 유명한 '좁쌀떡'인 것이다. 수건에 밥을 싸서 문지른다고 했는데 그 수건은 일찌기 빨아 본 적이 없을 뿐 아니라 비누칠 한 번 한 적도 햇빛 한 번 쬐여본 적도 없는 시커먼 걸레 수건이었다. 그러나 그 '좁쌀떡'은 오직 감옥에서만 맛 볼 수 있는 일품 음식이었나.

8
인간 상실

1933년 5월 10일 출옥하였다. 친척, 친지, 신문기자 등 많은 사람이 마중 나왔다. 그중에 어떤 건장한 청년 한 사람이 다가와서 나에게 인사를 하였으나 나는 몰라 보았다. 그 청년은 "내가 병챕니다." 하고 자기소개를 하였고, 그때서야 나는 알아차릴 수 있었다. 병채는 내 종숙 충식씨 아들로, 내가 재학시절에 가르치고 지도했던 아우뻘 되는 사람이다. 내가 한창 극장에 부지런히 다니던 것을 끊고 자중한 것도 언제나 그가 나를 따라다니려 했기 때문이었다. 내가 가람 이병기선생 댁에 하숙을 하고 있을 때 그 아우가 나도 모르게 내 하숙 짐을 제 하숙집으로 옮겨 놓아 하는 수 없이 하숙집을 옮긴 적도 있었다. 그랬던 그 아우가 5년 동안에 벌써 건장한 청년이 되어서 결혼을 하고 서울서 살림을 차리고 있었다. 나는 그날 그가 인도하는 대로 그 집에 가서 묵고 쉬었다.

5년 만에 세상을 보니 변한 것도 많고 사람과 산천이 나를 반겨 맞아주는 것 같았다. 강진에 갔더니 종숙뻘인 거부 충식씨도 사회주의 학생 사건으로 복역하고 나온 나를 반겨 맞아주었다. 이는 그의 항일정신과 나의 항일투쟁 사상이 합치된 결과였다. 충식씨는 나에게 보약을 지어주고 요양을 당부하였다. 집에 들어서니 어머니는 대성통곡을 하였다. 나중에 들어보니 내가 수감된 때부터 어머니는 추운 겨울에도 이불을 덮지 않으셨고, 날마다 뒤뜰에 정한수를 떠놓고 하늘에 비셨다 한다.

나는 요양하는 와중에도 농민운동을 하기로 했다. 공부도 열심히 했다. 우리집은 대청이 넓어서 대낮에 쉴 참이나 밤이면 온 동네 사람이 대부분 모였다. 우리 마을은 54호인데 전부가 소작농이고 우리집만 우뚝한 부자였다. 그런 위치에 있는 내가 농민운동을 한다는 것이 어색한 노릇이었으나 촌사람들은 내 말에 귀를 기울였다. 앞에서도 말했거니와 나는 본래 말이 어둔해서 말을 잘 못한다고 정평이 나있는데 동네 사람들은 나더러 말 잘한다고 말을 해달라고 부탁하기도 하였다. 나는 농민운동을 하려면 농민과 같이 살고 같이 일해야 한다고 생각했다. 그래서 모심기에 나섰다. 이를 악물고 피로한 것을 참고 점심 때 까지 모를 쪘다. 그러나 점심 때 논에서 나온 후로는 다시 일어설 수가 없었다. 겨우 집에까지 와서 누웠다. 나는 누워서도 책은 버리지 않고 계속 읽었다. 열은 사뭇 올라가고 두통은 더해갔다.

며칠 뒤에야 참다못해 읍내 병원에 갔더니 비염이라 하면서 장기간 치료를 해야 한다고 했다. 그래서 읍내서 눌러 앉아 있으면서 날마다 병원을 다녔다. 책도 읽지 못했다. 하는 일이라곤 없이 날마다 내 재종제 병수가 운영하는 양조장에 나와서 노는 일이 내 생활의 전부였다. 그 곳은 강진의 유한 청년들이 모여서 노는 장소였다. 재인(노래 잘하고 잡담 잘하고 아부 잘하는 천민)이며 기생들도 끼어 있었다. 하는 일이라고는 술 먹고, 노래 부르고, 잡담하는 것이 모두였다. 나는 책도 멀리 하고 그들과 어울려서 놀다가 폐인이 되다시피 하였고, 병 또한 차도가 없었다. 나는 그 곳을 탈출해서 서울로 올라갔다. 재종제 병석군이 휘문고보 5학년이었는데 대학교 갈 준비를 하고 있어서 그에게 주로 영어 지도를 해주면서 틈틈이 옛 동지들을 찾아다녔다.

옛 동지들은 주로 시골에 가 있거나 일본이나 외국에 가 있었으며 나머지는 밥벌이에 정신이 없었다. 형무소에서 가장 잘 싸운 구장회는 제 아버지가 한약방을 경영하고 있었는데 가난에 쪼들려서 형편이 없는데다 몹시 앓고 계셨다. 그 친구는 연희전문학교를 나와서 직업도 없이 끼니를 걱정하고 있었고, 이현상이라는 친구는 세탁소를 하고 있었는데 혼자서 주문을 받아 세탁하고 손수 배달까지 하고 있었다. 이종률이란 사람은 《이렇타》라는 잡지를 발간하고 있었는데 자금이 없어 매월 발간을 못하고 있었다. 김약수는 《대중》이라는 잡지를 발간하고 있었는데 그도 자금이 없어 매월 발행을 하지 못하고 있는 터라 나보고 자금을 출자해서 같이 하자고 했다. 이현상 동지에게 그런 말을 했더니 한사코 나를 말렸다. 그럴 뿐 아니라 자금 3백원이란 돈도 없었기에 그만두었다. 그리고 나머지 동지들은 광산을 많이 찾아다녔다. 그러하니 서울생활도 적적했다. 주로 취운정 공원에 가서 명상에 잠기는 것이 생활의 대부분이었다. 다시 시골집으로 내려왔으나 공부도 못하겠고 일도 못하는 생활이 계속 되었다. 경찰이 오라 가라 했으나 이에 일체불응함은 물론 용무가 있으면 너희들이 오라 하고 버텼다. 그랬더니 저희들이 찾아와서 근황을 묻고 가곤 했다.

어머니는 내 소유문서를 내어 주시면서 금년부터는 나보고 관리하라고 하셨다. 당장에 할 일은 소작인을 찾아다니며 금년 소작료를 책정하는 일이었다. 그러나 내 입장으로서는 도저히 할 일이 못되었다. 소작인 집 근처만 가도 소작인들이 서로 대접을 하려고 나를 잡아끌었고, 나는 피해 달아나곤 했다. 그렇다고 소작료 책정을 하지 않을 수도 없는 노릇이어서 동생에게 책정해 달라고 부탁을 했다. 그해 총 수확이 얼마인지는 모르겠으나 벼를 팔아 세금을 공제하고 200원이 나에게 주어졌다. 나는 양심의 가책을 받았다. 내가 매도하는 대상인 지주가 바로 나인 것을 깨달았을 때 부끄러운 마음을 이겨낼 수가 없었다. '소작인에게 무상으로 되돌려줘 버릴까' 하는 생각도 있었으나 그러면 '나는 어떻게 살아나가야 하나' 하며 당장 생계에 위협을 느꼈다. 나의 소유 토지는 60 두락이었다. 그때 무상 분배 하지 않은 것이 지금 나의 생애에 큰 오욕으로 남아 있다.

내 토지를 전부 팔아달라고 동생에게 부탁했다. 형님은 적극

반대했다. 동생 토지는 이미 팔아 사업자금으로 준비해 두었던 것을 형님이 뒷구멍으로 몰래 빼내어 날려버렸고, 그런 와중에 내 토지마저 팔게 되면 형님 살림은 무일푼으로 파탄을 면치 못하게 될 것이 너무나 뻔하였기 때문이었다.

이러한 때 농민조합 결성 건으로 동분서주하다가 경찰에 발각되어 몇몇 동지들과 경찰에 체포되어 고문을 당했으나 다행히 미수사건으로 풀려나는 일이 있었다. 경찰은 그 후로 내가 하는 하찮은 일에도 일거수 일투족 간섭하고 나섰다. 우리 면 보통학교 학부형회를 한다고 해서 참석한 일이 있었다. 나는 학부형은 아니었지만 숙부님이 학부형 회장이라 응원하러 갔다. 경찰은 그 건까지도 트집 잡아 학부형 자격도 없는 사람을 참석시키느냐고 따지고 들었다. 그러나 나는 아랑 곳 하지 않았고, 회의 진행 방식, 의제 선정 문제 등 회의 진행을 도왔다. 나더러 회장을 맡아달라는 사람도 많이 나왔다.

한 번은 영암출신 문(文)모군이 고추 수매 차 찾아와서 며칠동안 같이 지낸 일이 있었다. 경찰은 우리 둘을 연행해서 불법감금한 채 반일운동을 획책했다고 고문을 하고 가택수색을 하는 등 괴롭히다가 석방했다. 이렇듯 경찰의 감시 속에 나는 외부와의 접촉은 일체 못하고 외로이 지낼 수밖에 없었다.

앞에서도 언급했던 양조장 하던 내 재종 동생 병수가 양조장을 처분하고 만주로 가려고 하는데 같이 가자고 제의해 왔다. 나는 항일투쟁을 하려면 만주로 가서 무장유격대가 되어야겠다고 생각하고 학생시절에도 호신술을 익혔던 터였고, 형무소 생활 속에서도 만주에서 활동하던 동지들을 통해 만주가 독립운동의 근거지라는 인식이 뿌리깊이 박혀있던 참이어서 항일유격대 뿐만 아니라 수많은 애국지사들의 독립운동의 본거지인 만주로 가서 항일혁명가로서 있는 힘을 다해 투쟁하리라 굳게 다짐하고 병수군 더러 먼저 가서 자리를 정하고 연락하라고 당부했다. 그동안 나는 자금마련을 위해서 나의 소유 토지를 전부 매각 처분했다. 그때 돈으로 3천원이 되었다. 내가 학교 다닐 때 매월 25원씩을 썼으니 12년을 공부하고도 남는 액수인 것이다. 얼마 후에 병수군에게서 편지가 왔다. 하얼빈에 정착하고 있으니 빨리 오라는 것이었다. 하얼빈은 안중근의사가 우리 민족의 원수 이등방문을 살해한 귀에 익은 곳이다. 그리고 우리에게는 동경의 고장이기도 한 것이다. 나는 부랴부랴 하얼빈을 향해서 떠났다.

떠나기 전에 생각하니 하얼빈에 가면 병수군이 있다하나 '병수'군은 나의 재종동생일 뿐 사상적 동지 관계가 아니어서 고독을 면치 못할 것 같았다. 더구나 거기서 독립운동 전선에 뛰어든다면 믿을 만한 동지가 있어야겠다고 생각했다. 나는 도쿄(東京)에서 수학 중인 장홍염군에게 하얼빈에 같이 가자고 편지를 띄웠다. 장군이 베이징에 재학한 일이 있어 그쪽 사정도 알고 있으리라고 생각해서였다. 장군은 내 편지를 받는 즉시 서울로 와서 하얼빈으로 동행했다. 우리는 장춘서 내려서 시가지를 한 바퀴 돌아보고 바로 하얼빈으로 직행했다. 하얼빈 역사는 초라하고 광장은 너무 넓었다. '안중근의사가 여기 어디에선가 이등방문을 쏘았겠지' 하는 상상을 하니 감회가 깊었다. 하얼빈은 국제적으로 이름난 도시여서 모든 건물이 웅장하고 서울과는 비교도 안될 만큼 규모가 컸다. 교통수단은 인력거와 마차뿐이고 자동차는 별로 다니지 않았다. 거리엔 외국인이 많았고 그중에서도 러시아인이 외국인의 절반을 차지하였다. 시가지 건물은 웅장했으나 민중들의 생활은 비참하기 그지없었다. 아낙네가 주로 벌이를 나가고 사내들은 집을 지키고 있었다. 아낙네 벌이라는 것이 주로 매춘행위였다. 아낙네가 벌이에서 돌아오면 부부싸움이 잦았다. 이들 민중들의 식사는 주로 좁쌀밥에 아무 양념도 하지 않은 파를 날것으로 집어먹는 것이었다. 대다수의 장사하는 사람들은 말이나 소똥을 말려서 연료로 팔거나 끓인 물을 팔아 생활하였다.

일본 사람들의 만주 인민에 대한 학대는 잔인했다. 조선 내에서 일본인들의 조선인에 대한 민족 차별은 이에 비하면 신사적이라 할 수 있었다. 완전히 노예 취급, 짐승 취급이었다. 그런데도 만주인들은 일본인들에게 순종적이었으며, 어린애들은 장난감으로 일장기를 가지고 놀곤 했다. 이곳에 와 있는 조선 사람들은 일제를 등에 업고 일본인 이상으로 주민들을 학대했다. 일본 사람들이 정책적으로 조선 사람들을 시켜서 만주사람들을 학대하게 했기 때문이었다. 인력거를 타고 가다가 교통순경에게 잡히기라도 하면 교통순경 눈치를 보는 것이 아니라 승객인 조선 사람의 눈치를 살피기 마련이었다. 승객인 조선 사람이 인력거꾼을 향해서 그대로 가자고 명령하면 인력거꾼은 좋다구나 하고 마구 달리는 것이었다. 교통순경은 그런 경우 어이없다는 듯이 멍하니 바라보는 것이 전부였다. 어떤 조선 사람은 회초리를 가지고 다니면서 길거리에서 만나는 만주 사람을 아무 이유 없이 때리고 다니기도 했다. 이곳에 와 있는 조선 사람 중에는 고국에서는 살기 힘들어 일확천금을 꿈꾸고 온 사람이거나 고국에서 죄짓고 도망 온 사람이 많았다. 이런데서 동지를 구해보려는 꿈은 산에서 물고기를 잡으려는 것이나 다름없는 일이었다. 이곳은 동족애도, 윤리도 찾아볼 수 없는 곳이었다.

번화가에 가면 큰 상점도 더러 있었는데 미개한 곳에 와 있는 삭막한 감이 들었다. 사창가는 큰 저자거리를 이루고 있었는데 각국 사람이 다 있었다. 주로 중국인, 조선인, 러시아인이었는데, 그냥 보기에도 매독에 걸려 있는 것을 알 수 있게 얼굴이 흉하게 다 뭉개진 여자들도 많았다. 이 홍등가는 닭장처럼 좌우 두 줄로 겨우 두 사람이 누을 만한 조그마한 방이 즐비하게 늘어 서 있는 곳이다. 그중에서도 고급 유곽은 더욱 규모가 컸다. 한 집에 수십 명씩 매춘부가 있는데 손님이 들어가 의자에 앉으면 큰 소리로 호명을 했다. 호명을 받으면 패션쇼에 나와서 자태를 부리듯이 자태를 부리고 방안을 한 바퀴 돌고 손님 앞에 와서 인사하고 해바라기씨를 놔놓고 나가는 것이었다. 만주사람은 해바라기씨를 좋아하여 길거리를 다니면서도 까먹는 버릇이 있었다.

서울거리와 특이하게 다른 것은 셔터였다. 만주의 건물은 대개 길고 컸으며, 그 크고 긴 건물에 셔터가 모두 달려 있었다. 대낮에도 도적(주로 마적이라 했다)이 들어왔다 하면 차례차례 연락이 와서 일제히 셔터를 내리는데, 한 곳에서 셔터를 내리면 자동식으로 전부 내려 닫히게 되어 있었다. 그때 그 곳에는 각 군벌이 많았고 항일 운동하는 중국 인민해방군, 조선독립군, 실질적인 마적 등등 민심이 흉흉해서 하루에 몇 번씩이나 느닷없이 전 시가가 셔터를 내리고 철시하는 일이 허다했다. 일본 사람들은 이 모두를 구분 없이 전부 마적이라 불렀다.

우리는 곧 방을 하나 얻어서 자취생활을 시작했다. 나와 홍염군이 도착했을 때 그 곳에는 이미 네 식구가 있었는데 나와 장군까지 들이닥쳐 모두 여섯 식구가 되었다. 나를 포함해 여섯 식구 모두 유랑하는 사람들로서 무위도식하는 사람들이었다. 아무리 같은 동포라 해도 여섯 식구나 먹여 살리기는 어려웠다. 이제나 저제나 누가 돈을 벌어오려나 하고 기다려도 허사였다. 그럭저럭 우리집이 동포들 집합 장소가 되어 버렸다. 날마다 사람들이 들끓었다. 그 와중에 가까이 사는 일본 영사관 형사가 매일같이 찾아왔다. 영사관 형사는 자기 부인까지 데리고 왔다. 이웃사촌이라더니 그 가족과도 친하게 되었다. 그 부인은 내가 입다 벗어 놓은 옷가지를 가져가 빨아다 주기도 했다. 그러나 그녀와는 이성애 같은 것을 느끼는 사이는 아니었다. 그저 고마운 이웃이었다. 그런데 하루는 다른 친구들과 함께 그녀와 송화강 뱃놀이를 간 일이 있었다. 이것이 화근이 되어 부부싸움이 벌어졌는데 그녀는 그 싸움 끝에 자살하고 말았다. 아무런 관계는 아니었지만 나로 하여 싸움 끝에 자살하고 말았으니 마음 한 구석 죄책감을 느끼지 않을 수 없었다.

나의 하얼빈 생활은 무의미한 낭비 생활이었다. 게다가 병수와 사이가 좋지 않던 홍염군이 어디론지 종적을 감추어 버리는 바람에 우리의 하얼빈 생활도 종막을 고하고 말았다. '병수'군이 먼저 귀국을 하고 나 또한 뒷수습이 끝나는 대로 귀국하기로 결정했다. 내가 만주에 온 목적은 이 광활한 벌판에 종횡무진 활약하는 독립군이 되어 항일무장투쟁을 하는 것이었다. '김일성'장군의 항일유격대를 부러워 할 것만이 아니라 나 자신이 항일유격대가 되어 혁혁하게 투쟁을 하고 나의 한 생을 조국의 해방, 민족의 해방에 기꺼이 바침으로써 혁명가의 떳떳한 삶을 살기 위함이었다. 이에 대비해서 20대 초반부터 혁명가로서 완강한 체력이 바탕이 되어야 한다는 생각에서 호신술로 권투까지 익히지 않았던가. 그러나 나의 꿈은 비참하게 무너지고 말았다. 항일무장투쟁의 대오에 합류하기는커녕 항일유격대의 그림자조차도 만나볼 수 없었다. 그뿐만이 아니었다. 어떤 다른 독립 운동가들과의 연계조차 이루어지지 않았기 때문에 장차 어떤 방법으로 어디에서 항일투쟁을 할 것인가가 더욱 막연해졌다. 나는 문득 고국이 그리워졌다. 그러나 이대로는 절대로 고국으로 돌아갈 수는 없었다. 무슨 면목으로 고국으로 돌아간단 말인가. 조선독립운동의 메카인 베이징으로 가서 독립운동에 몸 바쳐 헌신하리라.

9
꿈을 안고

6개월 동안의 하얼빈 생활은 순전히 인생을 낭비한 것에 불과했다. 조선독립운동가의 집결지라는 베이징(北京)으로 자리를 옮겼다. 하얼빈에서 어중이떠중이 몰려다니며 인생을 낭비했던 것을 거울삼아 베이징에서는 비공개적인 조용한 생활을 하기로 했다. 중국인 집에 하숙을 정하고 중국음식점에서 식사를 했다. 내가 중국에 와서 처음으로 중국 생활을 한 셈이다. 조선인을 접촉할 때면 먼저 그 사람의 됨됨이와 사상을 살펴본 다음 접촉했다. 그러나 믿고 접촉할 만한 사람을 찾는다는 것은 쉬운 일이 아니었다. 공교롭게도 만나는 사람마다 무정부주의자였고, 간혹 민족주의자가 있었다. 나와 같은 사회주의자는 찾아보기 힘들었다. 베이징거리는 번잡했고, 밤거리는 더욱 번잡했다. 낮에는 한산했던 거리가 밤이 되면 길거리가 메워질 듯 인파로 북적댔으며 공원을 찾는 이들로 인산인해를 이루었다. 그중에는 여러 나라 외국인들도 섞여 있었는데 동서양을 망라한 인종 박람회 같은 인상을 받았다. 나는 해남 출신 부인을 알게 되었는데 40대 부인으로 고향도 가깝고 해서 가깝게 지내게 되었다. 그녀는 남편이 돈벌이를 하러 떠났기 때문에 혼자 산다면서 자기 집에 하숙을 하라고 권했다. 나는 그녀의 집에서 하숙하게 되었다. 하루는 그녀와 같이 공원에 놀러 갔다가 힘 겨루는 기계를 시험해보았다. 저울같이 생긴 기계인데 주먹으로 쳐서 10 이하면 돈을 잃고, 10 이상이면 돈을 따는 것이었다. 나는 그 오락이 하고 싶었다. 학창 시절에 권투를 익혀둔 실력을 십분 발휘해서 몸 중력까지 이용해서 펀치를 쳤다. 그랬더니 14까지 올라갔다. 그때 내 주위에 운집한 사람들이 일제히 고함을 쳤다.

"진대매유 진대매유" 하면서 벌린 입을 다물지 못했다. 내가 걸어 나올 때 그 많은 인파가 양쪽으로 쫙 갈라지면서 내 앞길을 터주었다. 기계 관리인은 나의 실력이 최고라는 찬사를 연발했다. 그런 일이 있고난 후부터 집주인 여자는 밥을 두 그릇씩 주었다. 내가 사양하려 하자 사양 말고 다 먹으라고 계속 권했다.

하얼빈은 일본 괴뢰정권 하에서 일반 백성들까지도 완전히 친일적인데 반해서 베이징은 반일적인 색깔이 농후했다. 그러나 대부분은 일상생활에 쪼들려서 민족사상이고 계급사상이고 없었다. 서민생활은 비참했다. 일반 서민은 직업을 가진 사람이 거의 없었다. 그들의 식생활은 하얼빈에서와 마찬가지로 좁쌀밥이나 빵, 생파 한 조각이었다. 베이징음식점에서는 조선음식점과는 달리 밥이 반찬에 따라 나왔다. 즉 반찬은 돈 주고 사먹되 밥은 무료로 얼마든지 주었다. 조선에서는 식당에서 밥을 추가로 시키면 밥값만 주면 반찬은 특별한 것이 아니면 무료로 주는데 중국은 이와는 정반대였다.

오랜 기간 무위도식만 할 수 없어서 학관을 찾아 나섰다. 중등학관은 수없이 많았으나 전문 이상 학관은 드물었다. 전문학관은 강사가 거의 대부분 영어로 강의를 하는데 나는 본래 읽기만 해서 듣기는 서툴러 싫증이 났다. 나는 역사, 경제학을 영어 원문으로 읽어봤기 때문에 학관에서도 서양사와 경제학을 택해서 강의를 들었으나 도무지 알아들을 수가 없었다.

그러던 와중에 나에게 특별한 사건이 일어났다. 그것은 지금와 생각해보면, 젊은 날 내 사적인 일들 중에서 가장 비참했던 일이었다. 하숙집으로 오가는 길에 조선 누각이 있었다. 꽤 큰 누각이었다. 나는 그 2층 베란다에 서있는 미인을 발견하였다. 몸매며 얼굴이 절세미인이었다. 나는 황홀했다. 나는 그 미인을 쳐다보기 위해서 그 길을 일부러 서성거렸다. 그 여인은 나를 보기만 하면 숨어 버렸다. 이상한 일이었다. 그녀는 왜 나만 보면 숨어버리는가. 그녀가 나에게 특별한 호감을 가진 것이 틀림없다고 생각했다. 나는 그녀의 정체가 궁금하여 백방 노력하여 그녀의 흘러간 과거사를 알아냈다. 그녀는 황해도 신천 권번에 속해 있었는데, 15세 때 순종황제에게 발탁되어서 왕가에서 키워졌다고 한다. 그런데 황해 재령 출신 어느 청년과 눈이 맞아 중국으로 도망쳐 왔다는 것이었다. 그런데 그 청년이 이 누각에 2백원을 받고 이 여인을 팔고나서 어디론가 도망쳐버렸다. 이 누각에서는 이 여인을 매춘부로 만들어 영업을 하고자 했지만 이 여인이 완강히 버티고 매춘 행위를 거부하고 있다는 것이었다. 이 말을 들은 나는 의협심에 못이겨 밤잠을 못이루고 고민하기 시작했다. 어떻게 하면 그녀를 이 생지옥에서 벗어나게 할 수 있을까 궁리에 궁리를 거듭했지만 뾰족한 묘수는 생각나지 않았다. 나에게는 돈이 없었기 때문이다. 병수군한테 고국으로 돌아가는 길에 적당한 사업이라도 있으면 찾아달라고 가진 돈을 다 주어 보냈고, 여기서 지낼 용돈 몇 푼만 남겨 지닌 채 지내고 있던 터였기 때문이었다.

어쨌건 간에 우선 그녀와 직접 접촉하고 볼 일이었다. 그러나 용기가 나지 않았다. 날마다 그 누각 앞을 일부러 서성거리는 일만이 나의 일과였다. 그녀는 그 베란다에 서 있다가 나와 마주치면 여전히 피하기만 했다. 내 가슴은 바짝바짝 타들어갔다. 이 사정을 그 당시 가깝게 지내던 친구가 알고 함께 가자고 권하는 바람에 따라나섰다. 우리가 방에 들어서자 그 친구는 그녀를 청했다. 비로소 그녀와 나는 첫 대면을 하게 되었다. 그 친구는 눈치 빠르게 자리를 비켜 우리 둘만이 남게 되었다.

우리 둘만 남게 되자 그녀는 대뜸 울음보를 터뜨리는 것이었다. 나는 우선 그녀의 흐느껴 우는 울음을 달래는 것이 급했다. 그녀가 흐느끼면서 하는 말이 손에 닿지 않는 하늘에 별인 양 여겼더니 단둘이 마주 앉으니 감격에 넘쳐서 참을 수 없노라고 했다. 나는 그녀의 울음을 그치게 한 뒤 여기에 있게 된 경위를 물었다. 그녀의 대답은 내가 전부터 들어온 것과 같았다. 그녀는 듣던 바대로 왕가의 법도며 예절에 익숙한 것 같았다. 나는 그녀의 용모와 에티켓에 반했다. 그녀가 나에게 영원한 사랑을 고백했을 때 나도 또한 그녀를 사랑했지만 나는 이미 처자가 있는 몸이기에 그 고백을 행복하게 받아들이고만 있을 수 없었다. 그러나 우리 둘의 사랑은 점점 강해져만 갔다. 날마다 둘이 외출을 하고 데이트를 즐겼다. 그 집의 포주는 그녀를 지극히 감시하면서도 나와의 동반외출은 허가해주었다. 나는 그 포주한테 지극한 신임과 대접을 받았다. 그녀와의 관계가 깊어갈수록 그녀를 구출하는 것이 시급한 문제로 다가왔다. 이것은 이성으로서 그녀의 사랑을 독차지하기 위해서가 아니었다. 사랑하는 여자를 유곽에 방치한다는 것은 정의감에서나 인륜도덕상 있을 수 없는 일이었기 때문이었다. 우선 그 문제를 풀기 위해서는 돈 200원이 필요했다. 물설고 낯선 베이징 천지에서 200원을 어디서 구한단 말인가. 조선으로 돌아가서 주선해 보는 수밖에 다른 도리가 없었다.

나는 부랴부랴 귀국을 서둘렀다. 200원을 구해 그 누각에서 해방되어 행복하게 살자고 다짐에 다짐을 하였건만 잠깐이라도 그녀와 헤어진다는 것은 참을 수 없는 고통이었다. 인파로 들끓는 베이징역 광장에서 우리 둘은 서로 부둥켜안고 울음을 터뜨렸고, 그녀는 거의 실신할 정도로 울었다. 나는 곧 다녀오마고 굳은 약속을 하며 그녀를 달래었다.

서울에 도착하자마자 여장을 풀기도 전에 경찰이 들이닥쳐 짐을 수색하였다. 내 가방 속에서 종이뭉치가 나왔는데 그것은 그녀가 넣어준 것이었다. 경찰이 풀어보니 거기에는 그녀의 머리카락과 혈서가 들어 있었다. 그 혈서의 내용인 즉 이 머리카락이 변하면 자신의 마음이 변한 줄 알아달라는 것이었다. 그것은 그렇다치고 그때 청천벽력 같은 소식이 들려 왔다. 내 재산 전부를 사기 당했다는 것이다. 전남 장흥 사람 백남욱이란 사람이 있었는데 이 사람이 인사동에 있는 '비너스다방'을 사주겠다고 내 돈 전부인 5백원을 가져간 후 다방도 사주지 않고 돈도 안돌려준다는 것이었다. 인사동 비너스다방은 당시 조선인이 경영하는 서울 유일의 다방이었다. 비너스다방은 원로 여배우 복혜숙이 경영하는 다방으로 서울시내 신사, 예술가, 지식인이라면 모르는 사람이 없었고, 손님이 항상 들끓는 곳이었다. 그때 당시는 다방은 위스키 같은 고급술도 팔고 신사들의 휴식처로서는 좋은 장소였다. 백남욱이란 사람은 원래 소지주 아들로, 연희전문에 다닐 때 운동권 학생으로 사회에 널리 알려진 사람인데, 지금은 가산을 탕진하고 사기 행각을 일삼고 있는 사람이었다. 그는 연희전문학교 상과 과장인 백남운교수, 불교전문학교 국문학과 교수인 김동헌교수에게 학비를 보태줘 학업을 마치게 했다고 떠벌리고 다니곤 했다. 그러나 저러나 나는 그 돈을 믿고 베이징에 억류되어 있는 그녀를 해방시키려고 부랴부랴 귀국했는데 꼴이 이 모양이 되어 버려 하늘이 무너질 것 같은 실의에 빠져버렸다. 난 앞뒤 가리지 않고 백남욱이란 사람을 찾아 나섰다. 천신만고 끝에 그를 찾는데 성공했다. 나는 다짜고짜 그에게 눈물을 흘리면서 하소연했다. 500원은 차치하고 2백원이라도 돌려줄 수 없겠느냐고 사정했다. 그는 내 말을 듣고 눈물을 흘리면서 어떻게 하든 주선해보마고 했다. 그가 나에게 광주에 내려가서 마련해보자고 해서 그와 나는 광주에 갔다. 나는 광주 여관에 두문불출하고 들어앉아 있고 그는 밖으로 쏘다녔다. 나 혼자 매일 매일을 여관에 틀어박혀 있는 것이 여간 고역이 아니었지만 참고 하루하루를 견디어나갔다. 그럭저럭 한 달이 다 되었으나 돈이 해결될 기미는 보이지 않았다. 그 동안 여관비는 계속 쌓여만 갔다. 점심 사먹을 돈이 없어서 군고구마로 끼니를 이었다.

나는 더 이상 가망이 없다고 단념하고 그녀를 유괴했던 청년을 찾아 나섰다. 황해도 재령에서 여관 하는 집 아들이라 했다. 베이징서 그녀는 나더러 그 청년과는 접촉하지 말라고 신신당부했었다. 힘이 장사고 성질이 불량하니 봉변만 당할 것이라 했다. 나는 이것저것 가리지 않고 무작정 재령에 가서 그를 만났다. 나는 그를 만나자마자 다짜고짜 위협조로 유괴죄로 고발하겠다고 을러댔다. 그 청년은 의외로 순순히 사과하고 돈을 돌려주겠다고 했다. 그러나 당장은 가진 돈이 없으니 돈이 마련될 때까지 기다려 달라고 했다. 나는 백남욱을 따라 광주에 가서 한 달 동안 고생했던 일이 있었기 때문에 이곳에서 또 무한정 기다린다는 것이 끔찍하게 느껴졌을 뿐 아니라 그가 내 위협에 못이겨 임시응변으로 위기를 모면하기 위해 기다려달라고 한 것쯤으로 생각했다. 그래서 돈이 마련되면 기한 내에 서울 나의 주소로 송금해 달라고 이르고는 재령을 떠났다.

지금도 이때의 일을 생각하면 분을 삭일 수가 없다. 황해도 재령의 그 청년이 내가 정해준 기한 내에 정말로 돈을 송금했던 것이다. 그런데 설상가상으로 재종 동생 병수가 그것마저 가로채 탕진해버린 것이다. 병수는 아편중독자가 되어 폐인이 되어 있었다. 이제는 돈 200원을 만들어 그녀를 구출할 길이 막혀 버렸다. 경찰에 고발을 한다 해도 돈 회수는 틀린 일이고, 친척간의 송사는 인륜에 어긋나는 일이라 생각해서 참을 수 밖에 없었다. 베이징 누각 주인에게서는 독촉장이 자꾸 왔다. 그는 나를 업무방해죄로 고소한다고 으름장을 놓았다. 차라리 고소를 당해서 벌을 받았으면 하는 생각마저 들었다.

물에 빠진 놈이 지푸라기라도 잡는다는 격언처럼 쥐꼬리만 한 일말의 기대를 가지고 고향 강진으로 갔다. 당시 우리집은 폐가가 되어버린 후였지만 동생에게 사정을 해볼까 하는 생각이었다. 그러나 그것도 헛꿈에 지나지 않았다. 동생 재산도 형님이 가로채서 낭비를 해버린 뒤였다. 나는 사방을 둘러봐도 하늘을 우러러봐도 하소연할 곳도 없고 하여 알거지가 되어서 서울로 되돌아왔다. 당장에 오갈 곳도 없을 뿐만 아니라 당장에 끼니를 이을 도리도 없었다. 백남욱군에 붙어서 여관 생활을 같이 했으나 여관비도 없었고, 점심은 주린 배를 움켜쥐고 참아야 했다. 나는 백남욱군의 돈 심부름을 하게 되었다. 그는 친지가 많아서 그의 명함을 가지고 다니면서 돈 구걸을 해 날랐다. 그중에 불교전문학교 김동헌 교수에게 여러 번 갔는데 길 때 마다 빈손으로 오지는 않았다. 너무나도 궁할 때는 백남욱군의 양복을 저당 잡히기 위해서 백남욱군을 이불 속에 파묻어 놓고 전당포에 가서 돈을 얻어온 일도 있었다. 나는 이때 이 일련의 사건들에 대해서 일기를 썼는데 두툼한 노트가 이내 꽉 차게 되었다. 백남욱군도 그 일기를 보고 눈물을 흘렸다.

10
나락

여관에서 외상 숙박을 해도 한 달 두 달이지 무기한으로 있을 수도 없고, 일자리라도 구해 볼 심산으로 산지사방을 쏘다녀 봤지만 나를 기다리는 일자리는 없었다. 백남욱군과 나는 연희전문학교 백남운교수를 찾아 갔다. 당시 백교수는 연희전문학교 상과 과장이면서 실권을 가지고 있었다. 그의 저서 『조선사회경제사』(일본 개조사 판)는 책 값이 일원인데 매진되고 고본 값이 십오원까지 나갔다. 보통 개조사 판 고본이면 오십 전에서 팔십 전 정도에 거래가 되던 시절인데 그만큼 전 일본에서도 인기가 대단했던 책이었다. 교토제대(京都帝大)의 가와가미 하지메(河上肇)교수의 『경제원론』과 같이 품귀한 서적이었다. 그러니만큼 백교수는 조선 내 학계에서도 권위가 있을 뿐만 아니라 교내에서도 인사권까지 휘두를 만큼의 실권을 가지고 있었다. 나는 그에게 강사나 조교나 아무 것이나 좋으니 한자리만 구해달라고 청탁을 했다. 그러나 그것은 내 상식으로 생각해도 당장에는 불가능한 일이었다. 백교수는 나에게 기회를 봐서 초빙해주겠다고 확실하게 다짐하였다. 그 뒤로 나는 백교수를 사택으로 가끔 찾아갔다. 나중에는 백교수 부인하고도 지면이 생겨서 내가 가면 반겨주었다. 그 부인은 아주 인자한 분이었다. 그 분은 나에게 지금 당장은 방이 없는데 방이 비게 되면 자기 집에 묵으라고까지 했다. 그러나 내 사정은 하루 이틀이 급한 사정인데 언제까지나 기다릴 수 없고 당장에 끼니가 걱정이었다. 신문에 난 모집광고를 찾아 다녔으나 허사였다. 대개는 외판원이나 보증금을 내라는 조건이었다. 공모시험을 치르는 데로 가서 시험을 쳐보았으나 번번이 낙방이었다. 공모시험은 다 형식이었다. 한 번은 《사해공론(四海公論)》이란 대중잡지사에서 공모시험이 있다고 해서 응시했다. 다른 문제는 기억에 남지 않지만 논문을 제출하라는 시험문제가 있었다. 그때 일제는 전쟁 준비에 광분하고 있던 중이라 공공기관이나 언론기관에서 '비상시국' 이란 문구를 자주 대서특필하던 때였다. 나는 이 문제를 포착해서 "비상시국의 정상화" 라는 제목 아래 논술을 전개했다. 확실히 기억은 나지 않으나 일본은 지금 전쟁 준비에 광분한 나머지 비상시국에 처해 있으니 정상화하려면 전쟁준비를 철회하고 평화정책으로 전환해야 한다고 논술하였다. 그 당시 이런 논술은 반전주의자로 몰려 중형을 당할 각오를 해야 할 것이었기 때문에 이 논문이 문제가 되지 않을까 조마조마했다. 그러나 한편으로는 누가 감히 나처럼 그런 논문을 쓸 수 있겠느냐고 자위하며 내가 합격할 것을 은근히 기대하고 있었다. 그러나 결과는 허사였다. 그때 나는 옷도, 신발도 없어서 입사 시험을 보러 갈 때면 정동원군의 옷이며 구두를 빌려서 신고 가곤 했다.

정동원군은 휘문고보 동기생인데 나보다 6세 아래였다. 즉 나는 19세 때 입학했고 정군은 13세 때 입학했다. 그는 재동보통학교를 졸업했다. 그의 집은 관훈동 네거리 현 종로경찰서 맞은편에 있는 130칸이나 되는 거대한 저택이었다. 고향은 전북 고창 출신으로 3천석 외작을 했다. 내가 1차 검거될 때도 그의 집에서 검거됐는데 항상 그 집을 무상출입했다. 휘문고보 1학년 때부터 그는 나를 따랐고, 나도 그를 사랑했다. 그는 나이가 어린 관계로 운동권에는 들지 않았으나 항상 우리를 따라다녔다. 그의 집이 넓고 해서 우리 모임 때 그 집을 많이 이용했다. 그는 우리의 1차 검거 사건이 터지자 어린 나이(당시 17세)로 베이징으로 망명했다. 그 후로 그의 친척들이 베이징까지 가서 그를 데려다가 도쿄 니혼대학(日本大學) 창작과에 편입시켰다.

정동원군은 나더러 자기 집에 와서 아이들의 공부나 돌봐주고 있으라 했다. 그때 그 집에는 법학전문학교를 졸업하고 고등고시 준비하는 사람이 가정교사로 있었다. 나와 그 사람과 합하면 가정교사가 2명이 되는 셈이다. 아이들이 4명이 있었으므로 한 사람이 2명씩을 맡게 되었다. 나는 그 집에서 먹고 자고 하면서 비로소 생활의 안정을 찾게 되었다. 한 달에 월급은 10원씩을 받았다. 그때 당시의 보수로는 넉넉한 편이었다. 그래서 나는 공부를 계속 할 수 있었다. 그때 경성제대에서는 청강생 모집을 하고 있어서 청강생으로 들어갔다. 주로 법률, 경제 강의를 들었는데 미지마(三島)교수의 경제 강의는 좋았다. 미지마교수는 얼마 후에 일본인으로 〈조선공산당재건사건〉에 연루되어 체포되었다. 나는 그 후부터 청강에 흥미를 잃고 잘 나가지 않았다. 나는 내가 맡은 아이들의 학습 지도를 열심히 했으나 동원군이 도쿄에서 방학이라도 하여 돌아와서 집에 있는 동안은 정군과 외출이 잦았다. 주로 밤이면 요릿집과 카페를 돌아다니며 가끔 밤을 지새우기도 했다. 그러니 정군 부모들이 나를 못마땅하게 생각한 것은 당연한 일이었다. 그러나 그 부모들도 정군의 비위를 맞추느라고 내색을 하지는 않았다. 우리들의 요릿집 행각은 연일 계속되었다. 고양이도 낯짝이 있다고 나는 그 집에 머무를 면목이 없게 되었다. 정군이 도쿄로 떠나기가 바쁘게 가정교사 생활을 접고 하숙집으로 옮겨갔다. 덜렁 하숙으로 옮기기는 했으나 하숙비를 마련할 계책은 없었다. 설상가상으로 몸이 아파서 자리에 눕게 되었다. 의학전문학교 부속병원에 가서 아는 의사에게 부탁해서 무료로 진단을 받았더니 폐결핵이었다. 그러나 나에게는 약 한 봉지 사먹을 돈이 없었다. 친구 의사들은 나의 하소연을 듣고 약쟁이들의 위협에 넘어가지 말고 용기를 내라고 격려해주었다.

나는 극단 〈신건설〉에 입단을 했다. 그때 연극 단체로는 우익 진영의 〈극예술연구회〉와 좌익 진영 카프 산하의 〈신건설〉 두

단체가 있을 뿐이었다. 〈신건설〉은 좌익작가가 총망라된 단체였다. 뒤에 전향한 최정희, 백철, 김기진까지 망라되어 있었다. 사무실은 연건동에 있었는데 연출가 나웅(뒤에 월북해서 연극동맹위원장이 되었다고 함), 감독 임화가 주로 활약하고 단원이 백여 명이 되었다. 나는 처음에 재정부 일을 했는데 연기부 배우로도 활동했다. 내가 처음 입단했을 때는 독일 연극 레마르크 원작의 "서부전선 이상 없다"라는 작품을 연습 중이었다. 이 작품은 제1차 대전을 배경으로 반전사상을 고취하는 작품이었다. 당시 일제는 제 2차 세계 대전을 준비하는데 광분하고 있는 터이라 이 작품을 공연한다는 것은 일제 정책에 어긋나는 것이었다. 연극공연을 하기 위해서는 대본 검열을 경찰에게 받아야 했는데 허가를 받기는 했지만 중요한 대목이 잘려서 이대로 공연했다가는 김빠진 맥주 꼴이 될 것이 뻔했다. 연극 공연 중에 전쟁이 빚어낸 인간의 참상을 군데군데 난도질한 것 까지는 그럭저럭 봐줄 수 있었으나 종말에 전쟁을 저주하는 대사조차 못하게 잘라버린 것은 작품을 통째로 망가트려 버리는 것이나 다름없었다. 그래서 연출부에서는 그 장면을 커버하기 위해서 대사 대신에 몸짓으로 표현하기로 하고 무기를 내동댕이치는 연기를 하는 것으로 연출했다. 나는 재정부 부원인 동시에 출연도 했다. 그때 내 예명은 '효성(曉聲)'이라 했다. 그때 동료들 중에 내 본명을 아는 사람은 드물었다. 나의 맡은 역할은 하급병사였다.

그때 회비는 1인당 1원씩을 받았는데 도무지 회비가 걷히지 않았다. 사무실 임대료는 15원인데 몇 달이 가도 임대료를 내지 못했다. 사무실은 2층인데 1층은 주인네 살림방이었다. 날마다 5~60명이 모여서 연습한다고 소란을 피우고 월세는 내지도 않으니 집주인은 사무실을 내어놓으라고 매일 성화였다. 단원들은 대부분이 무직이어서 한 달이고, 두 달이고 돈 한 푼 만져보지 못하는 사람들이었다. 직업 가진 사람이 몇 사람 있었는데 그 사람들이 가끔 참이나 먹으라고 먹거리를 대주었다. 신문 잡지에 투고하여 원고료를 받으면 잔치를 하듯 했다. 나는 하숙집도 못들어가고 날마다 전전하면서 동료 집에 기식했다. 회비를 받으러 다닌답시고 단원들 가정을 방문하여 끼니를 얻어먹은 적이 한 두 번이 아니었다.

연극 연습을 4개월이나 해야했다. 그러나 공연비가 없어서 공연이 막연했다. 아무리 적게 잡아도 공연비는 3백원이 있어야 했다. 극장도 일류 극장은 어림도 없고 하류 극장일 경우에야 그런 계산이 나왔다. 궁리 끝에 직장 가진 사람, 학생(전문학교 학생이 많았다)에게 기부금을 희사 받고 동조자들에게 구걸을 하여 어렵사리 3백원쯤을 모았다. 극장으로는 서울 사람들에게는 잘 알려지지도 않은 일본인 촌에 있는 경성극장을 헐값에 빌렸다. 선전비도 없고 극장도 알려지지 않은 곳에서 공연을 하니 관객이 몰려들 리가 없었다. 무대장치는 유명한 이상춘이란 사람이 했는데 조선 초유의 2층 무대를 만들었다. 그때는 경찰이 임석해서 자기들이 허가해준 대본과 다른지를 검열하고 있었다. 말이 한 구절이라도 틀리면 대번 문제를 삼곤 했다. 관객이 없는 공연은 참으로 맥이 빠지는 일이었다. 공연 도중에 2층 무대가 무너져서 큰 소동이 일었다. 그러나 저러나 2일간 공연을 했는데 들어간 비용의 절반도 건지지 못한 채 막을 내려야 했다. 그렇다고 해서 극운동을 포기할 수는 없고 하여 다음 레파토리를 선정해서 연습에 들어갔다.

한편 〈극예술연구회〉에서는 연일 신문광고를 내고 거리 요소마다 벽보를 붙이는 등 선전에 열중하고 서울의 번화 거리인 태평로 부민관에서 공연을 가졌는데 대성황을 이루었다. 이 극단의 대표는 유치진이라는 극작가인데 인기가 대단했다. 우리도 이 공연 때 소도구, 분장 같은 것을 거들어주어서 우의를 표했다. 이 극단에서는 가끔 밤참도 주었는데 우리 극단에는 끼니를 굶고 온 사람이 태반이었다. 연출가 나웅씨 집을 방문했더니 노모와 둘이서 살고 있었다. 나웅씨는 사십이 되도록 미혼이고 노모가 끼니를 꾸려가는데 시레기에다 가끔 쌀알이 섞인 죽으로 끼니를 때우고 있었다. 연출가는 출연자 보다 비교할 수 없을 정도로 무척 힘이 드는 자리인데 안타까웠다. 나도 끼니를 굶고 나간 일이 태반이었다. 간혹 작가들이 원고료를 받아 몇 푼이라도 내놓게 되면 오전짜리 호떡 한 개씩이라도 얻어먹는 게 행운이었다.

그러던 중에 라디오 방송국에서 라디오 드라마에 출연해 달라는 부탁이 왔다. 반가운 일이었다. 자동차로 우리를 데리고 가서 응분의 출연료를 지급할 것이었다. 그때는 녹음방송이 아니고 생방송 밖에 없어서 우리 연극을 방송으로 들을 수 없는 것이 안타까웠다. 1차 방송 때는 4~5인(숫자 확실히 기억 안 남)이 갔는데 방송이 끝난 뒤 현금 접시에 곱게 포장한 현찰 봉투와 자동차를 내주었다. 돌아와 봉투를 뜯어보니 일금 15원이 들어 있는 것이 아닌가. 이 금액은 우리에게는 거금이었다. 그것을 가지고 극단에서 큰잔치를 벌였다. 그 뒤 3회에 걸쳐서 했는데 5원도 주고 10원도 주고 점점 줄어들었다. 보수 기준을 어디에 두고 있는지 아마도 출연자 인원, 소요 시간에 맞춰 주었으리라 짐작한다.

우리 극단으로서는 다음 공연은 생각조차 할 수 없는 처지였지만 레파토리는 "수전노"(작가미상)로 정하고 연습에 들어갔다. 이 작품에는 내가 주인공인 수전노 역을 맡았다. 작품의 줄거리는 수전노 마틴 루터라는 노인이 자기 딸을 늙은 백만장자에게 억지로 결혼시키는 것이었다. 수전노의 딸 역은 임화의 부인 이귀례가 맡았다. 그런데 내가 주인공을 하는 데에는 두 가지 어려운 점이 있었다. 그 하나는 나의 말씨에 전라도 사투리가 많았고, 둘째 문제는 내가 노래를 잘 부르지 못하는 것이었다. 극 장면에는 자기 딸을 늙은 백만장자에게 정략 결혼시키기 위해 자기 멋대로 결혼 날짜를 정해가지고 신랑 맞을 준비를 하면서 흥에 못이겨 춤을 추며 무대를 돌아다니며 웨딩마치 노래를 부르는 장면이 있었다. 그래서 나는 노래 공부를 열심히 했으나 아무리 해도 노래가 잘되지 않았다. 그래서 하는 수없이 무대뒤에서 노래를 불러주고 나는 입만 벙긋거리기로 했다. 그마저도 그 노래는 최옥희라는 여자가 부르게 되었으니. 여자 목소리에 남자가 입만 벙긋거리면서 립싱크 한다는 것은 쉬운 일이 아니어서 우스운 장면이 되고 말았다. 그럭저럭 연습은 끝났으나 공연을 할 형편이 못되었다. 다음에는 이기영 작 〈수리조합이사회〉라는 작품을 연습했다. 이 작품에도 내가 주역을 맡아서 갓을 쓴 노인의 이사장 역을 맡았다. 이 극의 줄거리는 농민을 착취하는 음모극이었다. 이 극의 연습이 끝나갈 무렵 우리 극단에 검거 신풍이 불어 닥쳤다. 전수경찰서에서 우리 극단에 대규모 탄압을 가하고 우리 연극단원들을 모조리 검거하여 전주경찰서로 이송하였다.

1930년대 중반 카프가 각계 각층을 대상으로 하는 민족문학운동을 통하여 항일운동을 발전시키려 한다고 판단한 일제는 이 운동을 탄압할 목적으로 모략극을 꾸몄는데 이것이 세칭 〈극단 신건설 삐라사건〉이란 날조극이다. 이 시기 카프계의 연극단체인 〈신건설〉은 지방을 순회하며 연극 활동을 맹렬히 전개했다. 〈신건설〉의 연극운동이 지방 각지로 확대되자 탄압의 구실로 고안한 것이 〈극단 신건설 삐라사건〉이었다. 이 삐라사건은 일제 경찰이 학생 한 사람을 매수하여 그의 가방에다 저들이 조작한 삐라를 넣어 전북 금산으로 가게 한 다음 이 학생이 금산에 오자 학생을 불심 검문하여 저들이 조작한 삐라를 압수하고 극단 〈신건설〉이 불온 정치 단체라고 뒤집어 씌운 것이었다. 〈신건설〉은 정치단체가 아니었고 진보적인 연극단체인지라 정치운동을 한 일도 없고 극장 무대를 통해 진보적인 연극 활동만 하던 단체였는데도 말이다. 이 날조극에 따라 1934년 2월부터 12월 사이에 80여 명의 카프 작가들과 예술인이 체포되었다. 이

여파로 1935년 5월 진보적 예술창작운동을 해온 극단 〈신건설〉은 해산하게 되었는데, 〈신건설〉은 짧은 기간 동안 진보적인 연극인이 모여 근로 대중을 계몽하고 계급적 자각을 높여주기 위한 투쟁을 해온 연극단체로서 의의가 있었다.

나는 이 사건에서 공교롭게도 본명이 드러나지 않고 주소가 불분명해서 검거를 모면했다. 그때 종로경찰서 고등계 형사 백형곤은 휘문고보 2년 선배인데 그가 나를 찾아 다닌다는 소문을 듣고 그 자를 피하느라고 무진 애를 썼다. 전주로 끌려간 사람은 무슨 죄목을 뒤집어 씌웠는지 최고 2년까지 선고받았다. 재판이 끝난 뒤에는 나를 더 추적하지는 않았다. 그래서 도피생활을 끝내고 버젓이 공개적으로 활동했다. 동료들은 나더러 전과자의 경력이 있어 잡혔으면 큰일 날 뻔 했다며 용케도 도피하여 무사했다고 한 마디씩 거들었다.

그 뒤 백형곤이란 형사하고는 명월관이란 요릿집에서 같이 술자리를 하게 되면서 만나게 되었다. 영화계의 동태를 살필 겸 영화계에 침투하기 위해서 왔으리라. 이 모임은 돈푼이나 있는 사람들이 영화주식회사를 창립할 목적으로 준비 위원회를 명월관에서 한 것인데 출자자들이 의욕이 없어 창립을 보지 못하고 흐지부지 무산되고 말았다.

11
가정

나는 15세 때 강제로 장가를 갔다. 상대는 나보다 4세나 연상인 19세 처녀였다. 우리집에서 50리나 떨어진 마을 처녀인데 일자무식이었다. 형이 15세에 장가를 갔으므로 나도 15세가 되자 장가를 보내지 않을까 공포에 떨고 있던 참이었다. 장가를 간다는 것은 죽기보다 싫은 일이었다. 매파가 가끔 우리집에 드나들었고 매파가 올 때 마다 나는 욕지거리를 퍼붓고 쫓아버렸다. 혼사에 관한 서한이라도 온다 치면 몰래 가로채어 없애버리곤 했다. 동네 친구들이 장가간다고 놀려대는 데는 더욱 아연실색이었다. 생전 처음 보는 처녀와 같이 자야 되고, 어린애라도 낳으면 아버지 노릇을 해야 되고, 친구들에게 놀림을 당해야 되고, 처가에나 집안에서도 어른 행세를 해야 되고, 사회에서나 가정에서나 기혼자로서 행세해야 할 여러 가지 도덕적 제약을 생각할 때 장가에 대한 공포는 이만저만이 아니었다. 집을 훌쩍 뛰쳐나가 어디론가 숨어버릴까 생각했으나 갈 데가 생각나지 않았다. 매파를 쫓아 보내고 편지를 없애버린 것이 들통이 나서 어머니에게 매를 무수히 맞았다. 나는 어려서부터 부모에게 절대 복종해야 한다는 교육을 철저히 받아왔기 때문에 어머니에게 항거한다는 생각은 해보지도 않던 아이였다.

하루는 숙부님들을 비롯하여 친척들이 몰려들어 나에게 사모관대를 입히고 선영에 절을 하게 했다. 그리고 가마에 태워졌다. 자세히 기억은 나지 않으나 가마가 여러 채였다. 그리고 가마를 맨 사람 외에도 앞뒤로 소리를 지르며 따라 오는 사람이 많았다. 혼례식이 끝난 뒤 나는 안방으로 안내되었는데 밤이 되자 색시가 들어왔다. 나는 느닷없이 배가 아프기 시작했다. 변소에를 몇 번이나 들락거리고 나니 몸이 축 늘어졌다. 그렇지 않아도 50리 길을 가마에 시달려 왔으니 지칠 대로 지친 데다 설사를 몇 번 하고 나니 정신이 어지러웠다. 문밖에서는 사람들이 웅성거리며 문을 뚫고 방안을 들여다보며 방안에서 무슨 일이 일어나는지를 지켜보고 있었다. 나는 옷을 입은 채 누워서 자버렸다. 이것이 나의 혼례의 첫 날이었다. 색시를 데려오기는 했으나 색시 방에는 얼씬도 하지 않았다. 어머니는 나를 못마땅해 하시며 화를 내셨고, 자연히 어머니와의 사이가 멀어지게 되었다.

그 이듬해 나는 강진 읍내 당숙 댁에서 기식을 하면서 학교를 다니게 되었고, 집에 가지 않게 되었다. 그래도 어머니는 보고 싶었고, 간절히 뵙고 싶을 때는 간혹 집에 가서 절을 올렸으나 받지도 않으시고 외면을 하셨다. 나는 울음을 터뜨리며 어머니를 끌어안았다. 어머니는 나를 끌어안고 함께 우셨다. 그러나 그때 밖에서 색시 소리가 들려오면 가슴이 무너지는 듯한 충격을 느꼈다. 그녀가 이런 비극을 낳게 하는 장본인이라고 생각하니 원수 같았다. 나는 그녀와 잠도 함께 지지 않고 동네 친구들과 어울려 잤다. 친구들이 내가 잠든 사이 나를 떠메고 우리집으로 옮기려 하다가 내가 반항해서 실패한 적도 몇 번이나 있었다.

그 후 나는 서울로 유학을 가게 되었다. 서울 와서 자태가 어여쁜 여학생들을 보니 내 불행한 신세타령이 절로 나왔다. 그때는 시골 부잣집 자식이 아니면 서울 유학을 시키지 못할 때라 서울 딸 가진 집에서는 서울 유학생들을 환영했다. 하숙집에서는 장가를 가지 않았다는 내 거짓말을 믿고 나한테 관심을 가졌다가 거짓임이 들통 나자 실망하는 기색이 역력했다.

나의 결혼 생활을 어찌할 것인가. 시작부터도 잘못된 줄은 알았지만 서울에 유학을 오니 더 끔찍하게 느껴졌고, 감옥에 갇혀서 홀로 생각할 시간이 많아지자 이혼 생각이 점점 더 간절하게 되었다. 형무소 독방에서 앞으로의 가정생활을 생각했다. 일생동안 부부가 반목한 가운데 무미건조한 생활을 할 일을 생각하니 한숨이 절로 났다. 이혼! 이혼을 하면 한 사람의 인간을 비참한 수렁으로 몰아넣는 것이 아닌가. 그러나 당 간부들이나 세계의 명사들은 본부인과 이혼한 사람이 얼마나 많은가. 그러나 혁명에 몸을 바친 사람으로서 이혼을 하면 대중으로부터 부도덕한 사람으로 지탄을 받을 것이며 인격에도 상당한 손상을 받을 것이 아닌가. 그렇게 되면 대중으로부터 유리되고 신임을 잃을 것이며 내 혁명운동에 악영향을 초래할 것이 아닌가. 그러나 다른 한편으로 생각하면 조혼, 강제결혼 등 이 사회의 악습을 타파하는 것이 혁명가적 의무라는 측면에서 볼 때 일생동안 부부가 반목하며 사는 것은 나에게도 불행이 되겠지만 그녀에게도 이혼 못지않게 불행한 일이 아니겠는가. 나는 고민에 고민을 계속했지만 갈피를 잡을 수 없었다. 결국 우리들을 위해서 애를 태우신 어머니를 위해서라도 이혼을 않기로 결심을 하고 출옥을 했다. 그래서 정을 붙이려고 달밤이면 동구 밖으로 동부인하여 산보도 가고, 여행도 같이 하곤 했다. 그러나 하나도 즐겁지 않았다. 나는 속으로 울고 있었다. 마침내 이혼을 선언하고 서울로 올라왔다. 그녀는 바로 재혼을 했고, 나는 1년 뒤인 1936년 1월 15일 신여성 김숙자와 재혼했다.

아내의 학창시절의 이름은 김봉수(金奉守)였다. 대구 경산의 자인 보통학교를 졸업하고 대구여고보(현재 경북 여고)를 졸업한 후 대구기예전수학교를 거쳐 중앙보육전문학교(현재 중앙대학교)를 진학했으나 학비난으로 중퇴하고 타이피스트 양성 학원에서 타이프를 배웠다.

공교롭게도 타이피스트로 취직한 곳이 백남욱이 설립한 중앙이재사였다. 손위 처남 김강호는 1911년생으로 아내보다 4세 위였는데 역시 자인 보통학교를 졸업하고 대구 사범학교를 나온 수재로 김천 보통학교 교사로 근무하고 있었다. 그는 1937년 일본 도쿄의 니혼대학(日本大學)으로 진학했는데 졸업 후 일본 철도청 고시에 합격하여 철도청 전차과로 보직을 받았다. 장모님은 25세에 남편과 사별하고 청상과부가 되어 오직 오누이를 교육시키는데 열중하였다. 1940년 아들을 찾아 일본 도쿄로 갔다가 1945년 도쿄에 공습이 시작되자 종전 직전 5월에 홀로 귀국하셨다. 이것이 아들과 생이별이 되이 외로이 아들을 그리다가 아들의 사진을 가슴에 품은 채 1977년 영면하셨으니 사람의 만남과 헤어짐이 이렇게도 무상한 것인가.

각설하고 나도 취직을 못해 백방으로 밥자리를 구해 동분서주하던차에 유령회사인 중앙이재사에 출판부장으로 취임하게 되었는데 여기에서 내가 찾아 헤맸던 신여성 배우자를 만나게 된 것이다. 중앙이재사는 월간잡지 《신아동》를 출간했는데 몇달도 채 되지 않아 백남욱은 사기죄로 검거되고 회사는 도산했다. 나는 또다시 무직 상태, 무일푼의 처지에 결혼을 하게 되었다. 그때는 이미 가산(家産)이 기울어 우리집에서는 도와주고 싶어도 도와줄 형편도 못되고 더군다나 이혼 문제로 나하고는 등이 져서 도와달라는 말도 꺼낼 수 없는 때였다. 나의 딱한 사정을 잘 아는 정동원군이 2백원을 들여서 일본인이 경영하는 경성호텔에서 호화스런 결혼식을 올리게 해주었다. 그때 주례는 정백이라는 사람이 맡았는데 그는 해방 후에 장안파 공산당 거두가 되었으나 6 · 25 한국전쟁 때 전향해서 공산당을 탄압하는데 앞장선 보도연맹 위원장이 되었다가 인민군에 의해 처형된 사람이다. 그때는 서울 시내에는 결혼예식장이란 것이 없고 대개 요릿집에서

식을 올리고, 피로연이라 해서 1인당 80전 내지 1원 정도의 식사를 접대하는 것으로 되어 있었다. 그런데 우리 결혼식 피로연은 1인당 3원짜리 양식이었다. 거기에다가 2차 피로연은 강진 김창식군(훗날 강진여중 교장)이 시내 모처에서 치러줬으니 결혼식은 성대히 한 셈이었다.

신혼살림은 돈화문 앞 수하동에 월셋방을 구해서 시작했다. 그러나 무일푼으로 살림을 꾸려나간다는 것은 여간 벅찬 일이 아니었다. 그래서 아내가 어느 일본인 상점에 타이피스트로 취직해서 겨우 끼니를 이었다. 그것도 얼마 가지 않아서 임신을 하게 되어 배가 불러오므로 직장을 그만두게 되었다. 이제는 끼니도 문제지만 출산할 문제가 더 큰 문제가 되었다. 그래서 장모님을 모셔오게 되었다. 장모님은 김천 보통학교에서 재직 중인 아들하고 단둘이서 살고 계셨다.

장모님까지 오셔서 우리 식구는 셋으로 늘었고, 끼니를 이어가기가 더 힘들게 되었다. 아침을 먹고 나면 점심은 어떻게 해서 때울 것인가가 문제였다. 거리를 오가는 행인을 바라보며 저 사람들은 다음 끼니 걱정이 없는 사람들이겠거니 생각하면 내가 세상에서 제일 불쌍한 사람인 것처럼 느껴졌다. 점입가경으로 집주인은 방을 비우라 했다. 처는 만삭된 몸으로 방을 구하러 서울 시내를 헤맸다. 며칠 돌아다닌 끝에 수표동에 방을 구해서 이사를 했다.

1937년 1월 21일 출산이 시작되었고 나는 겁이 났다. 초산이라 병원에라도 가야되는데 그럴 형편도 못되고 〈신건설〉 극단에서 같이 일하던 이정애라는 여인에게 사정했다. 그는 산파 면허를 가지고 있었다. 그이가 봐 준 덕택으로 무사히 출산할 수 있었다. 그런데 또 문제가 생겼다. 집주인이 집에서는 출산을 못하게 되어 있으니 삼일 안으로 나가라는 것이었다. 그때 아기는 셋방을 구하러 며칠을 헤맨 후에 조산을 한 터라 아기가 여물지 못하고 손으로 만질 수 없을 정도로 약한 상태였다. 그런 피투성이를 데리고 어떻게 또 이사를 한단 말인가. 눈앞이 캄캄했다. 그때 수표교 다리 밑에는 수많은 거지들이 모여서 자고 먹고 놀고 있었다. 그 다리를 지날 때는 저 거지들이 나보다 더 안정된 생활을 하고 있지 않을까 하는 생각마저 들곤 했다. 결국 아기를 낳은 지 며칠 되지 않아 팔판동 101번지 허름한 함석집으로 이사를 했다. 내가 이 집 번지까지 똑똑하게 기억하는 까닭은 서대문형무소 번지가 현저동 101번지이기 때문이다. 이 집은 총독부 뒤 총독관저(지금은 청와대) 입구에 있었다. 그때는 총독관저를 짓기 이전이어서 공원으로 사용하던 중이라 자주 그곳에서 소일을 했다. 그 집은 몹시 좁을 뿐만 아니라 겨울에는 춥고 여름에는 견딜 수 없이 더웠다. 그곳에서 둘째 아들 승균이를 낳았다. 승균이가 101번지에서 출생했기 때문에 현저동 101번지를 자주 드나드는가보다.

식구는 늘어나고 벌이는 없고, 막막하기 짝이 없었다. 그때 나의 동료들 중에서는 나와 비슷한 처지에 있는 사람이 많았다. 그 사람들은 그때 삼청공원 공사장에 날품팔이로 가서 하루 1원씩을 받아 오는데 나는 오전 한나절 모를 뽑다가 평생 병인 비염을 얻어서 육체노동을 못하는 처지라 그런 공사장에는 갈 수 없고, 노동 숙박소에 가서 잠을 자면 쉬운 일 하는 일군을 모집하러 온다기에 노동 숙박소에 갔다. 노동 숙박소 숙박비는 하룻밤 자는데 5전이었다. 방은 그리 크지 않은데 기억이 잘 나지 않지만 10여 명이 꼭꼭 끼어서 자게 되어 있었다. 모두들 거지 차림이었다. 내가 입은 옷은 그런 곳에는 어울리지 않게 신사 차림이었다. 차림새가 달라서 그런지 그들은 나를 힐끔힐끔 곁눈질로 유심히 바라보았다. 그들은 중년이 넘고 노경에 가까운 사람들이었다. 침구는 아무 것도 없이 꼭꼭 끼어 자는데 도무지 잠을 이룰 수가 없었다. 더구나 온통 이 투성이라 몸이 가려울 뿐 아니라 이로 만들어진 방석 위에 내가 누워있다는 생각조차 들었다. 해수병 환자의 기침소리, 코고는 소리, 이빨 가는 소리, 헛소리 등등. 또, 이런 등쌀에 서로 시끄럽다고 싸우는 소리. 지옥이 따로 있는 것이 아니었다. 이런 가운데 잠을 못이루고 뜬눈으로 밤을 새웠다. 새벽이 되자 인부 모집하는 사람이 왔다. 어느 집 장례에 갈 사람을 모집한다는 것이었다. 하는 일은 만장을 들고 가는 것인데 품삯은 50전, 아침 점심은 먹여준다는 것이었다. 나는 아침을 얻어먹고 만장을 들고 상여 뒤를 따랐다. 50전을 받아 집에 들어오니 지난 밤 내가 행방불명이 되어서 걱정하는 중이었다. 처의 입장에서는 내가 무사히 돌아와서 다행이긴 하였으나 내 옷에 잔뜩 옮겨 온 이 때문에 걱정이었다. 옷 전체를 삶아서 빠는 수 밖에 도리가 없었다.

그때는 직장을 구하기가 무척 어려운 때였다. 게다가 나는 전과자였다. 사람들은 나를 불러주지 않았다. 신문사에도 방송국에도 많이 다녀봤으나 허사였다. 강진 김상현이란 사람이 멸치젓을 보내줄 터이니 팔아보라고 했다. 그래서 소달구지를 세내어서 멸치젓을 싣고 상점마다 돌아다니면서 위탁을 했다. 그때만 해도 서울 사람들은 멸치젓을 먹지 않았으니 팔릴 리가 없었다. 나는 일과 삼아 멸치젓 맡겨 놓은 상점을 돌아봤으나 팔리는 것은 없었다. 나중에는 내가 나타나기만 하면 멸치젓을 치워달라고 아우성이었다. 멸치젓을 어디로 어떻게 옮겨놓을 것인가 난감하기 그지없었다.

나는 지독히도 재운이 없는 사람이었다. 정동원군이 내 사정이 하도 딱해서 도렴동에 식료품 가게를 하나 사주었다. 상당히 큰 가게였다. 그때 돈으로 3백원을 주었다. 전화도 있고, 설비도 잘 되어 있을 뿐만 아니라 판매장도 상당히 넓었다. 점원으로는 오승윤이라는 친구의 동생을 고용했다. 나는 오랜만에 구한 직업이라 필사적으로 매달렸다. 새벽 4시면 남대문시장에 자전거를 타고 손수 다니며 물건을 구입했다. 그러나 물건은 잘 팔리지 않았다. 워낙 경기가 나쁜 때였기 때문이었다. 때마침 무직 동료들이 몰려 있던 관철동 동일여관에서 내가 식료품 가게를 한다는 것을 호기로 삼고 매일 외상으로 물건을 가져가고 외상은 갚지 않았다. 가게 물건은 줄어들고 구입할 자금은 바닥이 났다. 석 달 만에 완전히 파산이 되어버렸다. 때마침 평안남도 한병선이란 친구가 여나무살 먹은 아들을 데리고 떠돌아 다니면서 잘 곳도 없다기에 가게를 비워주고 팔판동 집으로 되돌아왔다. 가게 잔고품은 계산해서 갚으라고 일렀으나 말 뿐이었다.

정동원군이 정릉에 배밭을 사서 그리 이사를 하고 주택을 신축하게 됨에 따라 나는 날마다 공사장으로 감독을 겸하여 소일하러 다녔다. 얼마 되지 않아 정군의 도움으로 방이 셋이나 있는 집 전체를 세내어 정릉으로 이사를 하게 되었다. 그때 정군은 집안 살림을 나에게 맡기고 인감까지 나에게 주었다. 경성방직회사 주주총회까지 내가 다니고 정군의 인감으로 돈을 빌릴 수도 있었다. 그때는 2차 대전이 터져서 모든 물자는 통제가 되고 물자거래라든가 운반은 당국의 허가를 받아야 했다. 하루는 어떤 친구가 찾아와서 무명이 300필이 있는데 그것을 사두면 큰 이익이 될 것이라며 나에게 무명을 사둘 것을 권했다. 기억은 못하겠으나 무명 300필이면 엄청난 돈이 필요했다. 나는 경성방직회사를 찾아가 돈을 빌려 무명 300필을 사서 비밀리에 운반해다가 창고에 쌓아두었다. 그러나 판로를 구하지 못해 애를 먹고 있었다. 때마침 고보 동기이고 경성의전을 나온 평안북도 최경식이란 친구가 자기 고향 강개에 금광을 하는 친구가 있는데 광부들 작업복으로 만들어 납품하면 될 것이라고 권했다. 그래서 무명을 국방색으로 염색해서 작업복을 만들어 가지고 그 견본을 가지고 강개 최경식군을 찾아갔다. 강개는 미인이 많고 암소 불고기로 유명한 고장이라 최군이 주선해서 미인기생에다 암소 불고기를 실컷 대접받았다. 강개까지 가는 중에 여러 번 검색을 받았으나 형사들은 다행히 그냥 지나쳤다. 최군의 주선으로 광산 직원(해당 간부직원인 듯)을 만나게 되었다. 상담 결과 제품을 전부 인수하기로 하고 납품을 마쳤다.

그때 정릉리는 경성부에 속해 있지 않고 고양군이었다. 집에 가려면 전차가 돈암동까지 밖에 가지 않았기 때문에 전차에서 내려서 고개를 걸어서 넘어야 했다. 그 고개를 우리는 '아리랑고개'라고 불렀다. 돈암동도 그때는 집들이 드문드문 있을 뿐이었다. 정릉리는 시골 냄새가 풍겼다. 나는 동네 사람과 어울려 성릉리 골짜기에서 흘러내리는 물에서 물고기를 잡아 매운탕을 끓여서 회식을 하곤 했다. 하도 회식을 자주 하다 보니 동민들과 친해졌다.

나는 정동원군 배밭 한 귀퉁이에 돼지우리를 짓고 돼지 10여 마리를 길렀다. 돼지 밥은 정군 집 김동영이란 고용인을 시켜서 정릉리 골짜기에 있던 청문각이란 큰 요리집에서 음식물 찌꺼기를 운반해 와서 먹였다. 돼지는 영산포 사는 장홍염군이 보내주어 공짜로 얻었고 먹이도 공짜로 먹였는데, 문제는 돼지가 자꾸 죽어간다는 것이었다. 돼지새끼 수놈은 거세를 해야 한다고 해서 손수 거세를 하고 불알을 안주삼아 동네 친구들과 회식을 하고 술에 취해 동네를 시끄럽게 한 일이 있는데 그로부터 동네 어린이들은 나를 '돼지불알 깐 아저씨'라고 불렀다. 결국 양돈사업도 실패로 끝나고 말았다.

12
생활전선

그때쯤 옛 동지들은 광산사업에 휩쓸렸다. 김약수, 정백, 유병근 등은 금강산 텅스텐 채굴에 열중하여 룩색을 메고 헤매고 다녔다. 김약수 같은 이는 술에 취해가지고 종로 네거리를 휩쓸고 다니며 "마사니 오꼰노 아메가 후란도스(장차 황금의 비가 내리려 한다)" 라고 큰소리치고 다니곤 했다. 그 시절은 사람을 만나기만 하면 광산 이야기로 꽃을 피우는 때였다.

그때 일본 고주파회사 지점이 지금 을지로에 있었다. 그 회사의 만강광산이 강원도 금화군 원남리에 있는데 강모란 사람이 하청을 맡기로 했으나 자본이 없으니 함께 동업하자는 제안을 해왔다. 소개인은 정동원군의 당질 되는 정운용군이었는데 자기와 같이 투자해서 동업을 하자고 하였다. 그래서 나도 광산사업에 손을 대게 되었다. 강원도 산골은 경치 좋고 인심 좋고 사람 살기 좋은 고장이었다. 처음엔 촌집에 하숙을 했으나 회사 사무실을 개조하여 방을 들이고 회사에서 파견 나온 직원 2명과 우리 하청인 3명과 우리가 고용한 감독 1명 등 6명이 합숙하게 되었다. 회사 측에서 도우미를 두라고 해서 서울 우리집 아랫방에 살고 있던 20세 가량 된 딸과 50세 가량 된 어머니 모녀를 데려다가 도우미를 시켰다. 광업이란 재미있는 사업이었다. 만강맥이 큰 것이나 나타나면 횡재를 하는 기분이었고, 무(無)에서 유(有)를 창조하는 기분이었다.

그때는 2차대전이 치열한 때였다. 일본군이 싱가폴을 기습 점령하자 일본인들은 전승에 도취되어 날뛰었고, 독일군은 프랑스를 점령하고 소련을 침공했다. 총독부는 조선 사람들을 못살게 굴었다. 조선에는 없던 징병제도를 새로 만들어 젊은이들을 전쟁터로 끌어가고, 고등학교 이상 학생들은 학병으로, 장년들은 보국대라는 노무자로 일본 남양군도 등지로 끌어가고, 심지어 여자는 정신대라 하여 군인들의 위안부로 만들어 끌어갔다. 조선 백성들이 지어놓은 농산물은 공출이란 명목으로 모조리 몰수해서 조선 사람들은 굶주리게 하고, 밥 먹는 식기, 숟가락까지 몰수해 갔으며, 침구인 이불까지 빼앗아 갔다. 그들은 '가정에서 광맥을 찾아라' 라는 구호 아래 제사 지내는 촛대까지 가져갔다. 하다못해 조선 사람 성(姓)까지 자기들 식으로 고치게 했다. 소위 창씨개명이다. 유부녀는 정신대로 끌고 가지 않는다는 바람에 갑자기 결혼이 성행해서 마음에도 없는 상대하고 결혼하는 일이 많았다.

우리 광산에 도우미로 있는 처녀는 스무 살이 채 안 되는 이종옥이란 처녀였다. 그녀는 이원구라는 회사 주재원하고 동거생활을 시작했다. 나는 주책없이도 회사 주재원의 비위를 맞출 겸 이들의 동거생활을 도와줄 겸 전남 강진 큰집에 가서 이불을 한 채 가져다 선사했다. 그때 큰집에도 이불이 여유가 있는 터도 아니고 이불을 운반한다는 것은 큰 위험이었다. 주재원의 비위를 맞추는 것이 별 다른 의미가 없는데도 나는 어리석은 일을 한 것이다.

강원도 생활은 풍성했다. 경사가 가파른 화전을 소 두 마리로 갈았다. 간혹 소가 낭떠러지로 굴러 떨어져서 죽는 일도 있었다. 그것을 부락민들과 나누어 먹었다. 가끔 개나 돼지를 잡아먹기도 하고 메밀국수를 만들어서 회식을 하기도 했다. 그 외에도 굵은 고등어만큼이나 큰 물고기를 다이너마이트로 천렵하여 매운탕을 끓여 먹기도 했다. 그리고 거기서 가까운 춘성(春城)술집에도 자주 다녔다. 금강산에도 가끔 가서 절경을 구경하곤 했다.

다시 광산이야기를 하자면, 나와 정운용군은 회사와는 직접 관계가 없고 하청을 맡은 강씨에게 자본을 꾸어 주고 이익을 배당 받기로 한 것이었는데, 강씨란 사람은 날마다 술에 만취하여 춘성술집에만 누워 있고 가끔 회사에 가서 이익금 분배를 받으면 우리에게는 알리지도 않고 혼자 낭비해버렸다. 그래서 우리는 강씨가 회사에만 가면 따라가서 돈을 강탈하다시피 했다. 그 일도 어려운 일이었다. 그래서 2년 가까이 하다가 손을 끊고 집에 돌아 왔다.

집에 돌아와서 날마다 허송세월하고 있으니 할 일이 없었다. 그때는 모든 물자가 통제가 되어서 관계기관의 허가 없이는 손도 댈 수 없는 시기였다. 날마다 할 일 없이 헤매던 중 하루는 청량리 장작시장을 얼씬거리게 되었다. 거기서 최인택(조선공산당 간부, 뒷날 6 · 25 때 서울인민위원장)을 만났다. 그 사람이 청량리 시장 신탄(薪炭)조합장이었다. 그 뒤 가끔 그의 사무실을 찾았다. 거기에는 옛 동지 하필원, 온낙중 등 거물들이 자주 모였다. 우리는 시국에 대한 이야기만 하였지 우리가 할 일에 대해서는 일체 말이 없었다. 그러던 중에 나는 나무 장사에 대해서 지식을 얻었다. 그때 마침 장홍염군 중형 장병준이 나무 집산지 전남 화순 이양 역장으로 있는 것을 기화로 장군에게 장작을 사 보낼 것을 부탁했다. 장작이 도착하자 이내 팔렸다. 한 차만 팔면 우리 식구 한 달 생활비로 쓰고도 남았다. 그래서 선금을 보내면서 장작을 선매해서 확보하라고 부탁했다. 그러나 장작은 그전보다 자주 오지 않았다. 화차가 없느니 장마가 져서 그러느니 하면서 물건은 점점 올라오지 않았다.

그러던 중 사상 보호 관찰소에서 호출이 왔다. 사상 보호 관찰소는 전과자나 그들이 위험시 하는 인물들을 무기한 구치하기도 하고, 거주지를 제한하기도 하는 일을 하는 곳이었다. 나에게는 서울을 떠나라는 명령을 내렸다. 그래서 나는 선금 내려 보낸 것도 받고 내가 직접 장작을 생산하고 수집하는 것이 낫겠다는 생각도 들고 해서 가족을 데리고 화순군 이양으로 이사했다.

이양에서 나는 우선 목재, 신탄 생산자를 규합해서 신탄조합을 구성했다. 조합장에는 장홍염, 상무이사에는 큰 상인으로 알려진 이담(금융조합 출신으로 경리에 밝았다), 서기에 나, 그리고 임종윤으로 했다. 그때는 기름이 없어서 자동차와 모든 기관은 기름 대신 목탄으로 에너지를 대신했기 때문에 총독부에서는 산림을 마구잡이로 벌채해서 숯을 굽고 장작과 목재를 만들기를 권장했다. 그래서 군청에서는 신탄 생산자에게 생활필수품을 특별히 배급해 주어서 생활에는 궁핍을 면할 수가 있었다. 신탄조합사무실은 기차역과 경찰관 주재소와 근접해 있어서 경찰관의 특별한 간섭을 받지는 아니 했지만 가끔 내 동태를 살피는 기색이 역력했다. 나는 날마다 경찰지서장과 상면하고 술자리도 했지만 내가 지서장을 대접한 적이 없어 조합장 장군으로부터 지적을 받은 적이 있었다. 지서장이 나를 의심의 눈초리로 주시하고 있으니 술이라도 대접하면서 친근감을 표하는 것이 유리하지 않겠느냐는 것이었다. 그러나 순경 김두천이란 사람과는 늘 테니스도 치고 가깝게 지냈으나 지서장과의 술자리는 선뜻 내키지 않았다.

나는 조합에서 월급도 받고 소생산자가 가져온 물건도 사고 내가 직접 산을 사서 생산도 하고 해서 그럭저럭 생활을 꾸려가고 배급도 충분히 받아 여유가 생겼으므로 쌀을 위장하여 포장해서 강진 어머니에게도 가져다드렸다. 그리고 화순에 집도 새로 지었다. 집터는 부락민들이 서로 준다는 것을 마다하고 부락 뒷산 중턱에다 지었다. 오랫동안 도시생활에 지쳐서 한가한 생활을 하고 싶었기 때문이었다. 산 중턱에 집짓기란 여간 힘든 것이 아니었다. 특히 우물을 파는 것이 힘들었다. 산을 1정보를 사서 감나무를 심고, 수박을 심고, 닭도 기르고 했다. 그러나 닭은 여우가 물어가 버려서 기르지 못했고, 감나무나 수박도 제대로 자라지 않았다.

그 당시 총독부의 모든 기관장은 모두 일본인이 독차지하였다. 이양면 경찰주재소 주임도 물론 미나가와(皆川)라는 일본인이었다. 이양 역장은 드문 일이지만 장병준이란 장홍염군 중형이었다. 그 사람은 수 년 동안 차장으로 있다가 겨우 역장 자리를 얻은 것이었다. 당시에 조선사람 성은 전부 일본식으로 바꾸라는 명령이 내려졌다. 바꾸지 않으면 강압수단으로 보복을 가하였다. 그런 강압 속에서도 성을 바꾸지 않는 사람도 더러 있었다. 나도 바꾸지 않기로 결심했는데 내가 가장이 아닌 관계로 우리 문중에서 결정하여 호적에 이미 성이 바꾸어져 있었다. "가네야마(金山)"로.

모든 관공서에 가서 일본말을 쓰지 않으면 민원을 봐주지 않았다. 기차표도 물론 일본어를 쓰지 않으면 팔지 않았다. 모든 남자는 머리를 빡빡 깎고 녹색(소위 국방색)으로 이른바 국민복을 입어야 했고, 개도루(각반)를 차고 지까다비를 신어야 했다. 술과 고기도 특수층이 아니면 구할 수가 없었는데 우리는 다행히 신탄조합을 하고 있어서 만족하지는 않지만 어느 정도 구해 먹을 수 있었다. 특히 도살장은 우리 사무실을 지나가야 하기 때문에 소를 끌고 도살장을 가려면 으레 우리에게 알리고 갔다.

소 잡는 도살장에 갈때면 언제나 술을 가지고 가서 쓸개며 간을 얻어먹고 고기를 사가지고 왔다. 나는 서울서 이사 올때 김장을 가지고 올 수가 없어서 김장을 하지않고 왔으므로 고기는 그런대로 만족하게 먹을 수 있었으나 김치없는 식탁은 곤란이 막심했다. 그래서 광주까지 채소를 사러 다녔다. 이양면에도 5일마다 재래장이 서기는 했지만 채소는 잘 나오지 않았다. 나는 그럭저럭 살림의 궁핍도 면했기 때문에 가끔 집에서 식사 파티를 열어서 객지에 와서 고생하는 사람들을 위로하기도 했다. 궁핍을 면한 생활을 2년 가까이 하고 있던 어느 날 정동원군이 찾아왔다(그러니까 1943년으로 기억된다).

정군은 자기 집 앞에 바다수면을 매립해서 간척사업을 하려고 하는데 이 사업을 돌봐 달라는 부탁이었다. 그의 사정이 간곡할 뿐 아니라 내 평생 정군의 신세를 많이 진 터라 거절할 수가 없어 응낙하고 이양 사업은 대개 청산하고 새로 지은 집은 1년도 채 살지 못하고 버려둔 채 정군에게 갔다. 그 곳은 전북 고창군 부안면 봉암리라는 곳이었다. 그 곳은 내가 전부터 몇 차례 가본 곳이고 정군 집안과는 평소 친척같이 지냈을 뿐 아니라 그 고장 사람들과도 서울 등지에서 상면이 잦아서 고향에 온 기분이었다. 정군 집은 본래 3천석의 외작을 했는데 그의 아버지가 별세하고 정군은 일본에 유학중이라 가산에 대해서는 무관심했다. 농장 이름은 '해익사(海益社)'라 했는데 소작료 수입에는 관여치 않고 공사 사업만 맡기로 했다. 그때가 1943년이니까 2차대전이 한창일 때다.

일본군은 조선 농민이 지은 곡식을 한 톨도 남기지 않고 전부 빼앗아 가면서도 식량이 부족해서 혈안이 되었다. 조선농민에게는 식량 대신 콩깻묵, 해초 같은 것을 배급해주어서 이것들을 먹고 배탈이 나서 애를 먹곤 했다. 이 간척사업도 식량증산책으로 장려하고 있었기 때문에 돈이며 모든 물자를 원조해 주었다. 인부 동원도 그들이 강제 동원하다시피 해주었다. 관청 직원이 항상 주재하며 인부 동원 책임을 맡고 있었다. 모든 생필품도 넉넉히 주었다. 생필품은 인부 몫까지 주어서 남아돌아갔다.

공사는 산을 헐어서 바다를 막는 것이었는데 운송기관이라고 깔아놓은 레일이 전부였다. 이 레일을 이용하여 흙상자에다가 삽으로 흙을 채워서 밀고 당기는 것이었다. 하구언 둑 중심에는 물이 새지 않도록 진흙을 넣어서 작대기로 다지는 일이 큰일이었다. 인부는 많을 때는 2~3백 명씩 동원됐다.

그 곳은 부유한 농촌이라 나를 돌아가며 식사 초청을 했다. 정씨 외에는 모두 정군 집과 관계하여 생계를 유지하는 사람들이어서 나도 상전 대접을 받았다. 그러던 어느 날 내 동생이 배에 김을 싣고 와서 식량과 교환하자고 했다. 꺼림칙하기는 했으나 쌀 한 가마만 교환해줄 수 없느냐고 하는데 박절하게 안된다고 할 수도 없고하여 창고 직원에게 지시하여 쌀 한 가마와 김을 교환했다. 이것이 인부들에게 발각되어 배에서 쌀은 끌어내려지고 소동이 벌어졌다. 나는 정군에게 면목이 없게 됐다. 정군은 그 현장을 보고 낯을 찡그릴 뿐 아무 말이 없었다.

흥덕면 사천리 신(愼)씨네 집안이나 성내면 황씨, 이씨네 집안, 그리고 정씨네 집안은 고창에서는 유수한 가문으로 재산도 비슷비슷하고 인물들이나 세력이 비슷했다. 가풍들도 높고 해외 유학생수도 비슷했다. 이 세 집안은 창씨도 하지 않고 버티어 갔다. 지방 고관군수나 경찰서장이 자주 방문하는지라 주재소 순사 따위는 고개를 들지 못했다. 우리는 이들 청년과 자주 어울려 뱃놀이도 하고 선운사나 명소를 찾기도 하고 회식도 자주 했다. 흥덕읍 진씨나 박씨도 어울렸다. 한 동네를 찾아가면 돌아가며 식사 초대를 했다.

장남 광균은 봉암보통학교에 입학하고 다음해에 승균도 봉암보통학교에 입학시켰다. 봉암보통학교는 내가 사는 봉암리 전속 학교나 다름없는 아주 작은 학교였다.

13
8 · 15 해방

그때 2차대전의 종말이 다가오는데도 불구하고 일제 관리들은 일본군이 승리하고 있다고 허장성세를 하고 다녔고 신문이나 라디오는 일본군이 승승장구한다는 보도만 할 뿐이었다. 그러나 우리는 일본군이 패전할 것이란 것을 확신했다. 부안면 주재소 송명호라는 순사는 나에게 가끔 실토를 했다.

1945년 봄부터는 연합군이 실지를 모두 회복하고 물밀듯이 추축국들을 압박해 들어가고 있었다. 소련군은 침공한 독일군을 축출하는 한편, 일본에 대해 선전포고를 함과 동시에 만주를 거쳐 조선으로 진군하였다. 그 해 8월 8일 미국은 일본 히로시마와 나가사끼에 원자폭탄을 투하하여 일본을 공포에 몰아넣었고, 나아가 세계를 깜짝 놀라게 했다. 미국 비행기 B29는 조선 상공에 나타나 우리를 전율케 했으나 피해를 입히지는 않았다.

부안면 경찰주재소 송명호 순사는 은밀히 나에게 중학교 이상 학력 소유자는 모두 일본군 당국에서 학살한다는 계획을 세워놓고 있다는 말을 귀띔해 주었다. 그래서 나는 피난갈 일을 궁리하고 있었다. 하나 갈 곳이 마땅한 곳이 없고 우선 식량을 운반해 갈 일이 큰 문제였다. 그때는 식량이 없으면 단 한 끼라도 얻어먹을 곳이 없었기 때문이었다. 망설이던 중 8월 15일 동료들과 뱃놀이를 떠났다. 위도 근해로 갔다. 그날 정오쯤 일본 천황이 항복했다는 소식을 지나가는 배에서 들었다. 우리는 하도 뜻밖의 일이라 우리의 귀를 의심했다. 동시에 이제 살았구나 하는 안도의 숨을 쉬었다. 어디 그 뿐인가. 천하를 얻은 기분이었다. 얼마나 바라고 열망하던 해방인가. 이것이 꿈인가 생시인가

나는 이 날을 위하여 내 일생을 깡그리 다 바쳐 투쟁하지 않았던가! 그 화려하던 청운의 꿈을 접고 철창행을 택했으며 가문을 일으킬 재목으로 각광을 받았으나 과감히 민족해방투쟁의 길을 선택하지 않았던가! 학교로부터 퇴학처분을 당하여 학업의 길이 막혀 버린 것도 오직 이 날을 맞이하기 위한 투쟁이었기에 감수한 것이다. 이제 조국을 건설하자. 단순한 왕정복고로 나라를 되찾는 것이 아니고 백성이 주인이 되는 민주주의 조국, 만민이 평등하게 사는 경제적 평등주의 세상, 사회주의 세상을 건설하자. 이렇게 생각하자 절로 웃음이 나오고 어깨가 으쓱거렸다. 맥없이 아무나 붙들고 울고 싶었다. 우리 민족이 생지옥에서 벗어나는 엄청난 환희의 찰나였다. 일본이 항복했다는 소식에

사람들은 만나는 사람마다 얼싸안고 기쁨에 도취되었고 더구나 일본군에 징병을 당한 가족들은 살아 돌아올 자식들을 생각하며 환호작약했다. 세상이 갑자기 밝아오는 듯 했다. 더구나 소련군이 들어왔으니 사회주의 국가가 건설될 것은 분명한 일이었다.

이제까지 독립운동을 앞장서서 줄기차게 해 온 것도 우리 사회주의자들이 아닌가. 투쟁경력으로 보나 능력으로 보나 우리 사회주의자들이 새나라 건설에 앞장서야 한다. 이런 생각을 하니 절로 흥이 나고 안될 일이 없을 것 같았다. 내가 이런 감흥에 도취되어 있을 때 우리와 같이 뱃놀이 간 사람 중에 정군의 매부나 군청의 무슨 과장은 해방 소식을 듣자 얼굴빛이 잿빛이 되었다.

우리가 기쁨에 도취하고만 있을 때가 아니었다. 우선 면민회의를 열어서 질서를 바로잡아야 했다. 건국준비위원회를 열어서 치안대를 조직해서 치안을 맡게 하고 면사무소를 접수해서 면행정을 맡게 했다. 그리고 일본 사람의 물건을 일체 사거나 얻거나 하는 행위를 금지하여 손도 대지 못하도록 했다. 그 다음에 면 인민위원회를 조직하고 면 농민위원회, 청년동맹, 부녀동맹, 소비조합을 조직했다. 소비조합은 운영자금으로 나의 전 재산(액수는 기억 안 남)을 희사해서 일인 상점을 인수해서 송모씨를 조합장으로 선출하여 운영토록 했다(그러나 소비조합 상품을 미군이 몰수하는 바람에 문을 닫을 수밖에 없었다). 그리고 각 부락단위로 건국준비위원회, 인민위원회, 농민위원회, 부녀동맹, 청년동맹을 조직했다. 그래서 내가 살던 부안면은 부락단위까지 조직을 완비했다. 이 일은 정동원군과 내가 불철주야 활약한 결과였다.

나는 이 때 정군에게 그간 2년 동안의 보수는 한 푼도 받지 않은 상태였다. 그래서 정군은 나에게 보수 겸 퇴직금으로 5천원을 내밀었다. 그러나 나는 받지 아니 하였다. 이제까지 정군에게 그 이상의 신세를 져 온 터이고 이제부터는 돈 없이도 사는 세상이 왔다고 생각했기 때문이다. 그때 경북 경산서 장모님이 찾아오셨다. 경산에 논까지 낀 큰 과수원(일인 소유)이 있는데 50원이면 산다고 그것을 사라고 권유하러 오신 것이었다. 나는 농촌에 엎드려 있을 처지가 아닐 뿐 아니라 일인 물건은 조선을 착취해서 만든 적산 이므로 국가에서 몰수해야 한다는 것이 나의 정치철학이므로 단호하게 거절했다.

정군과 나는 군 단위 조직에 착수했다. 홍덕 사천리 신씨, 성내 황씨, 이씨가 주체가 되어 학병동맹부터 시작해서 인민위원회, 건국준비위원회, 청년동맹, 부녀동맹, 농민위원회를 조직했다. 군 인민위원장에는 김명환이란 사람을 선출했다. 그 사람은 사상관찰소에서 해방과 동시에 출감한 사람이었다. 이 조직들의 영도적 역할을 할 사람은 모두 부유한 계층의 자제였다. 나는 새로운 사상의 선구적 역할은 중산층 지식인이 하게 된다고 했던 마르크스의 주장을 떠올렸다.

우리가 지방에서 조직을 하고 있는 사이에 중앙에서는 이영, 정백, 오영을 중심으로 한 조선공산당이 조직되었다(장안빌딩에 근거를 두었다고 해서 장안파라 했다). 한편, 박헌영, 이현상을 중심으로 한 공산당이 생겼다. 이것은 재건파라 했다. 나 뿐만 아니라 고창 동지들은 재건파를 지지했다. 장안파는 이제까지 운동을 포기했다가 갑자기 모인 사람들이고, 재건파는 이제까지 지하에서 꾸준히 운동을 계속한 사람들이었기 때문이었다. 그러던 참에 재건파 공산당에서 '오르그(조직자)'가 고창에 당도했다. 그래서 우리는 조선공산당 고창군 당을 조직했다. 위원장에는 이천우, 부위원장에는 내가 당선되었다.

그때 중앙의 건국준비위원회에서는 내각 명단을 결정, 발표하였다. 대통령에는 이승만, 국무총리에는 허헌이었다. 그때 정국은 좌우의 구별 없이 건국 준비에 바쁠 때라 인민들에게 잘 알려진 이름난 인물들로 구성한 모양이었다. 그러나 이승만은 건국준비위원회에서 추대한 대통령을 거부하고 자파들만 모여서 독립촉성회 중앙협의회를 조직했다. 그래서 건국준비위원회에서는 수차 공동전선을 펴자고 종용했으나 불응해서 정국은 좌·우파로 갈라지게 되었다.

그때 정국은 정당이 우후죽순처럼 생겨나서 정당 숫자를 헤아릴 수 없을 지경이었다. 정당은 대부분 사회주의 이념을 가미한 정당들이었고, 보수당을 표명한 정당은 한국민주당, 김구 씨의 독립당 정도였다.

소련군은 서울까지 진주했다가 38선 이북으로 후퇴하고, 38선 이남은 미군이 진주하게 되었다. 그해 9월 8일 요란한 폭음과 함께 미군 비행기가 인천상공을 선회하는 가운데 미 제 24사단 병력이 상륙했다. 그 다음날 9월 9일 하지가 거느린 일련의 병력이 조선총독부에 들이닥쳐 38선 이남지역의 일본군과 조선총독부의 항복문서 조인식을 가졌다. 항복문서는 9월 2일 미주리호 함상에서 서명된 일본대본영의 항복문서에 따라 38선 이남지역의 일본 군적으로 되어 있는 모든 군사시설, 병기, 선박, 그리고 군사자재 군 소유물을 미군사령관에게 무조건 이양한다는 것이 골자였다.

미군이 상륙한다 해서 전 국민이 환영대회를 열고 미군 환영 채비에 나섰다. 그래서 우리는 해방 후 처음으로 서울 길에 나섰다. 그때는 운송기관이라고는 기차 밖에 없었는데 기차는 대혼잡이었다. 객차 짐 얹는 곳에도 타고, 사람 위에 사람이 타고, 남녀구별 없이 껴안고 밀고 당기고 아수라장이었다. 그러나 한 사람도 불평하는 이 없이 서로 웃는 얼굴로 그 곤욕을 이겨냈다. 그때는 열차시간도 없고, 기차가 가다가 쉬고, 쉬었다가는 한참만에 떠나고 해서 며칠이 걸려서야 서울에 당도할 수 있었다. 그러나 인파에 갇혀서 미군은 정작 보지도 못하고 며칠간 쉬고는 고창으로 돌아왔다.

서울서 쉬는 동안 고모의 딸 차수덕이라는 누이 되는 사람을 찾았다. 각별히 친해서 서울 살 때 배가 고프면 곧잘 찾아가곤 했던 누이였다. 그녀는 이발관을 하며 착실히 살고 있었는데 그 집은 일본촌에 있었다. 누이는 그 이웃에 일본 사람 집이 있는데 2층에 성업 중인 서점이 60원만 주면 살 수 있다고 사라고 권유했다. 60원이란 돈은 푼돈에 불과하지만 일본 사람 물건을 사서는 안된다는 내 철학에 어긋나는 것이었으므로 거절했다.

차수덕 누이 남편은 김연수라 하는데 해방 후로 이웃집 청년들에게 불려나간 다음 행방불명이 되어 버렸다. 아마 친일파로 몰려서 피살당한 듯 싶었다. 지금은 그 아들이 치과의사가 되어 명륜동 어디에서 개업하고 있다는데 죽기 전에 한 번 만나보고 싶은 생각이 간절하다.

차수덕 누이 생각을 하다 보니 길삭순이라는 누이동생이 생각난다. 그녀도 고모의 딸로 나와 비슷한 나이 또래로서 친하게 지냈다. 그 누이는 지금 광주에 산다는 말을 들었는데 현 교통부장관 손수익이 그의 아들이라 한다. 얼마나 늙었는지, 건강하게 살고 있는지 궁금하다.

14
정당 생활

그해 10월에는 교동 천도교회관에서 전국 인민대표자대회를 열었다. 회의 기간은 2일이었는데 해방된 기쁨에 회의는 화기애애하게 진행되었다. 각 대표자들의 지방 정세 보고 요지는 인민위원회 산하에 대동단결되었다는 것이었다. 회의는 준비위원회 원안대로 만장일치로 진행되었다. 점심으로는 골미떡 한 개씩을 나누어주었다. 또한 거기서 일제 때 항일전선 감옥에서 고생하던 옛 동지들을 만날 수 있었는데 눈물이 펑펑 쏟아질 정도로 반가웠다. 그 동안 지내온 이야기들을 주고받으면서 내가 겪은 가난과 역경은 비교도 되지 않을 만큼 모두 엄청난 고생들을 한 것을 알았다. 민강창군(제일고보 출신)은 시흥군에서 사는데 전차비가 없어서 서울까지 걸어 다닌다고 했다.

그때 회의결과에 따르면 중앙위원회 구성원은 조선공산당원이 핵심을 이루었다. 인민대표자대회에 38선 이북 대표도 참석했는데 그 사람들의 보고에 의하면 미군정 하에서는 공산당 활동이 방해를 받고 있는 반면에 이북에서는 절대 후원을 받고 있는 대조적인 보고였다. 따라서 인민위원회 당면과제는 미군정으로부터 행정권을 인수받는 것이있다. 그러나 미군성에서는 완강히 거부하고 있었으며 그들은 상해임시정부 또한 인정하지 않고 있었다. 김구 선생을 수반으로 하는 상해임시정부는 미군정으로부터 환국을 거절당하고 있어서 결국 개인 자격으로 환국을 할 수밖에 없었다.

국내 정국은 우익진영에서는 상해임시정부를 우리나라 정통 정부로 해야 한다고 주장하고 있는 반면에 좌익진영에서는 절대다수 인민이 지지하고 있는 인민위원회가 정권을 인수해야 한다고 맞서고 있었다. 미군정은 과거 총독부 밑에서 고관을 지내던 친일파를 그대로 기용하여 행정을 수행케 했다. 그러니 해방 전이나 후나 우리 생활은 별로 달라진 것이 없었다. 다만 각 정당이나 사회단체가 우후죽순처럼 생겨난 것이 다르다고나 할까.

이런 중에서 우리나라 젊은이들은 국군준비대라는 것을 조직해서 자주국방에 대비하고 있었다. 그들은 일제 때 건설해 놓은 지원병 훈련소를 차지하고 구걸을 하다시피 하면서도 훈련에 몰두하고 있었다. 그래서 우리는 인민위원회의 회의가 끝난 뒤 국군준비대 사열을 하러 갔다. 그때는 교통기관이 불비해서 우리는 트럭에 분승하고 갔다. 훈련하고 있는 젊은이들의 모습을 보니 우리나라 앞날이 믿음직스럽고 가슴이 벅찼다. 그리고 사열을 받고 있는 내 자신의 위치를 생각하니 적어도 나라의 일부분을 담당하는 위치에 서 있다는 자부심과 호연함을 느끼는 동시에 어깨가 무거워졌다. 우리는 강당에 모여서 여운형선생의 인사말을 들었다. 여운형선생의 풍채하며 목소리와 말의 흐름은 청중을 압도하고도 남았다. 회의장에서도 목도했지만 회의장이 극도로 소란해졌을 때 선생은 일갈로 청중을 순식간에 잠잠하게 했다. 그는 대인관계에 있어서는 퍽 부드러웠다. 특히 젊은 층을 좋아했다. 그의 동생 여운홍은 그 형님이 젊은 층과 노는 것을 못마땅하게 생각했다. 그는 감옥에 있을 때도 간수들로부터 존경을 받았다. 그가 상해임시정부 요인으로 있을 때 일제는 체포하지 않기로 약속하고 초청연설을 시켰다. 일본의 계산은 임시정부의 전투력을 완화시키는 데 있었다. 그런데 그때 그는 일본에서 조선 민족은 해방되어야 한다고 열변을 토했다 한다.

조선총독부는 연합군에 항복할 당시 온건한 송진우에게 전후 치안을 요청했으나 거절당하자 2차로 김준연에게 요청했다. 김준연 역시 불응하자 여운형에게 요청하였다. 그러자 그는 즉시 쾌락하고 건국준비위원회를 조직하였다. 여운형은 대전 중에 건국동맹이라는 지하조직을 준비하고 있었기 때문에 치안을 유지하는 일을 신속히 진척시킬 수 있었다. 그는 특히 스포츠를 좋아해서 어떤 운동경기든지 빠짐없이 참관했다. 그래서 여운형이 나타나지 않으면 운동경기가 안된다는 유행어가 생길 정도였다.

이 날 국군준비대 사열에서의 여운형의 연설은 청중을 무아지경으로 몰아넣었다. 특히 이 젊은 대원들이 재정적 지원이 없어 구걸을 해가면서 생활하고 있다고 웅변을 토할 때 청중은 울음바다가 되어버렸다. 오로지 희망을 먹고 사는 젊은이들! 우리가 흥분하고 있는 동안 어느덧 해는 지고 사방은 어두워졌다. 그러나 우리가 타고 갈 트럭에는 전조등이 없었다. 무질서한 때라 정비공장도 없고 해서 할 수 없이 전조등도 켜지 않은 차를 탔다. 조심조심 운전했지만 허사였다. 트럭은 낭떠러지에서 전복되어 버렸다. 함흥 대표(한재덕?)가 즉사하고, 나머지는 천만다행으로 무사했다. 그러나 비록 경상이었으나 무논에 전복된지라 옷이 말이 아니었다. 객지에서 졸지에 갈아입을 것도 없고 난감했다. 게다가 그 뒷날에는 죽은 동지 장사를 지내야 했다. 우리는 종로장의사를 출발해서 망우리까지 상여를 메고 갔다. 나는 남보다 키가 커서 허리를 펼 수 없어 이중고통을 당해야 했다. 우리는 적기가(혁명가)를 부르며 전진했고 시가지에서는 시민이 도열하여 묵도를 올리고 만세를 불렀다. 이것이 건국운동의 행렬이었다.

이어서 전라북도 도 인민위원회 대표 대회가 열려 참석하고 곧 중앙에서 농민위원회 대표 대회가 천도교 교당에서 열려서 고창 대표로 참석하였으며, 곧이어 전국 노동자평의회가 같은 장소에서 열려서 거기에도 참석했다. 그때 제일고보 재학생이면서 한방에서 하숙 생활을 함께 하고 서울서 고향까지 천리길 도보여행을 함께 했던 문은종이 평의회 부위원장이 되어서 눈부신 활약을 하고 있어 놀랐다. 학생 때는 항일운동에 몸담지 않았던 인물이었기 때문이었다.

그때 각 정당이 난립했다는 것은 앞에서도 말했거니와 한 나라 안에 공산당이 두 개나 존재한다는 것은 공산주의 원리에 부적절한 것이었다. 따라서 소위 장안파 공산당과 재건파 공산당 사이에서 치열한 공방전이 벌어졌다. 이영을 중심으로 한 장안파 공산당은 일제의 탄압이 심하자 운동을 포기했다가 해방이 되자 갑작스럽게 조직된 당으로서 하부 조직이 전혀 없었던 반면에 재건파 공산당은 박헌영을 위시해서 일제하에서도 꾸준히 공산당 재건 운동을 해 온 인물들이 망라된 당으로서 지방의 각 부락마다 세포조직을 갖추고 있었다. 그래서 결국 장안파 공산당은 해체되고 재건파 공산당은 중요한 민주주의 제 정당을 흡수해서 남조선노동당으로 재창당하게 되었다.

그 무렵 송진우, 장덕수 암살사건이 잇달아 일어났다. 상해임시정부 요인들도 속속 귀국했다. 미군정은 그들을 임시정부 요인이 아닌 개인자격으로의 귀국만을 허용했다. 군중들 사이에서는 상해임시정부에 정권을 이양하는 것이 옳다는 주장과 인민위원회에 정권을 이양하는 것이 옳다는 주장이 데모와 집회 때마다 백가쟁명이었으며 이 속에서 좌·우익은 점점 갈라지게 되었다. 그때쯤 정판사 화폐위조사건이 터졌는데 우익에서는 남로당의 짓이라고 덮어씌웠다. 하부에 있는 우리로서는 정치적 모략극이라는 의심을 지울 수가 없었다.

이승만은 독립촉성중앙협의회를 조직하고 민족의 대동단결을 호소하면서 자신 중심의 세력 구축에 혈안이 되어 있었다. "덮어놓고 나를 따르라 뭉치면 살고 헤어지면 죽는다"라는 슬로건을 외치며 미군정의 옹호 아래 좌익에 맞서고 있었고, 임시정부파에서는 좌우합작공작에 몰두하고 있었다. 임정 요인 중에도 김약산 기타 몇 명은 좌익에 가담했다. 김구, 김규식, 조소앙 같은 이는 순수한 민족주의자로 민족의 존경을 받을 만한 인물이었다.

1945년 12월 모스크바에서 미국, 소련, 중국 3국 외상회의에서 조선 문제를 논의함에 있어 5년간 미소공동위원회를 조직해서 신탁통치를 한 연후에 조선 사람에게 정권을 이양한다는 결의안이 통과되었다. 아직 조선 사람들이 독자적인 통치력을 갖추지 못했기 때문이란 것이었다. 나는 이 소식을 들었을 때 몹시 분개하고 실망했다. 우리 당에서도 금방 반대 성명이 나왔다. 그러나 곧바로 찬성 성명으로 방향을 바꾸었다.

사실 신탁통치안은 1943년 5월 영국 외상 이든과 미국무장관 코델 헐간의 회담에서 싹트기 시작하여 1943년 11월 12일 열린 테헤란 회담에서 미국의 루즈벨트 대통령이 40년 신탁통치안을 주장했었다. 1945년 얄타회담에서도 적어도 20~30년 간의 신탁통치가 필요하다고 미국은 주장했었다.

미국은 해양세력으로서 대륙진출의 교두보로서 조선반도가 필요했던 것이다. 그러나 38도선을 중심으로 소련과 대치하게되자 신탁통치를 통하여 조선사람에게 자주 독립을 허용하게 되면 필경 좌익 정권이 들어서게 되고 소련의 영향력하게 놓이게 되므로 미국의 국가이익에 큰 차질이 생길 것이었다. 이러한 상태에서 미국은 모스크바 3상회의에서 명분에 밀려 신탁통치안에 찬성하였으나 내심 와해시킬 것에 골몰하였다. 행정공백을 메운다는 미명하에 친일파들을 결속시키고 갈 곳 없는 그들을 친미파로 탈바꿈시켜 그들의 뒷배를 보아주면서 이승만을 내세워 신탁통치 반대 운동에 적극나서도록 추동하였다.

이 결정은 얼핏 보면 조선 사람에게 불리한 결정으로 보일 수도 있었다. 36년간 일제 식민지 강점을 거쳐 온 터라 5년간의 신탁통치도 외세의 지배를 받는 기간으로 느껴질 수가 있었다. 미국과 소련이 38선을 사이에 두고 점령해 있는데다가 크게는 좌 · 우로 나뉘어져 있는 상태에서 그냥 독립하게 된다면 이대로 가다가는 결과는 뻔했다. 남북분단이 될 수밖에 없었다. 냉정하고 합리적인 시각으로 보면, 좌 · 우가 힘을 합하고 단결하여 우리나라 제반 행정제도를 만들고 성숙시킬 기간이 필요하다는 것이었다. 그러나 우익 진영에서는 신탁통치 결사반대를 외치고 나섰다. 민족의 장래에는 관심도 없고 우선 해방에 들뜬 민족감정에 영합하여 남쪽만의 단독정부 수립에 혈안이 되어버린 매국 행위에 지나지 않는 행동이었다. 소련은 미소공동위원회 사업을 적극 추진하는 입장이었으나 반대로 미국 측은 마지못해 참석하는 냉담한 상태였다. 실제로 미소공동위원회가 열려서 국내 정당 및 사회단체를 참여시키자는 의제가 나왔을 때 좌익계열에서는 적극적으로 참여했다. 그러나 우익계열에서는 참여를 회피했다. 그래서 소련 측은 이 회의를 찬성하고 참여하는 세력만으로 회의를 진행하자고 주장하는 반면에 미국은 이에 불응하여 회의가 여러 차례 결렬되었고 회의가 겨우 열린다 해도 아무 성과 없이 끝나고 말았다. 우리는 지방에서 끊임없이 주민에게 홍보활동을 하고 공동위원회에 격려 메시지를 보내고 시위운동을 계속 했다. 그러나 우익 측은 공동위원회 결정을 완강히 거부하고 있어서 우익 세력을 기반으로 하고 있는 미국은 공동위원회 자체를 와해시키고 말았다.

당시 미군정에는 친미파 고문이 많았고 경무부장에 조병옥, 경찰국장에 장택상 등 친미파 일색이었다. 조병옥은 나중에 민주당 대통령 후보로 병 치료차 미국 갔다가 갑작스럽게 죽은 사람인데 해방 전에는 마작 판에 돌아다니면서 소일했고, 장택상은 대구 부호의 아들로서 화류계에서 기생 수렴을 일삼고 있던 인물들이었다. 이 두 사람을 정점으로 좌익 탄압이 점점 심해지고 마침내 남로당 해산 명령이 내려졌고 검거선풍이 불었다. 그래서 남로당의 거물들은 체포되거나 월북하고 남쪽에 남은 당원은 지하로 들어갔다. 이북에서는 1군에 한 사람씩 군 대표를 선출해서 파견하라는 지시가 내려왔다. 그래서 고창군에서는 남로당 고창군당위원장 이천우를 군 대표로 추천해 보냈다. 정동원은 그 많은 재산과 가족을 뒤로한 채 월북해버렸다. 뿐만 아니라 내가 아는 내로라 하는 유명인사, 학자, 예술가들이 거의 모두 월북해버려서 졸지에 무능한 사람만 남쪽에 남게 된 것 같았다. 나는 위원장이 없는 당을 이끌고 갖은 고생을 했다.

항일독립운동의 선두에서 주도적으로 투쟁해오던 우리가 해방정국에서 정당활동의 자유마저 빼앗긴 채 지하당을 건설해야 한다는 이 기막힌 사연. 미국은 우리의 해방자가 아니고 일제를 대체한 우리의 지배자 점령세력이란 말인가. 지하당을 건설하고 비합법 투쟁을 한다는 것은 말처럼 그리 쉬운 일이 아니다. 경찰의 습격은 날로 우심해지고 밤마다 우리집은 경찰의 습격을 받았다. 경찰서를 위시해서 각 기관에 프락치를 침투시켰으나 얼마가지 않고 적발되고 말았다. 중앙에서는 군사 행동까지 예상하고 거점을 확보하라는 지시가 매일같이 내려왔으나 거점 확보라는 것은 퍽 어려운 문제였다. 군 당 아지트는 적어도 아지트 장소를 아는 당원 한 사람이라도 검거되면 바로 옮겨야 했다. 그러고 보니 아지트를 며칠마다 옮겨야 했으며, 장소를 계속 물색하기란 여간 어려운 일이 아니었다. 주로 인가가 먼 외딴집으로 사람의 왕래가 없는 당원 집을 고르자니 산골 집을 택해야 했다. 경찰의 눈을 피하려니 우리는 주로 밤에 외출을 하고 낮이면 아지트에 틀어 박혀야 했다. 한 때는 아지트를 못 정하고 선운사 골짜기 노천에서 유숙하게 된 적이 있었다. 그때마침 폭우가 쏟아지는 바람에 우리는 그 폭우를 맞으면서 꼬박 밤을 새워야 했다. 선운사 골짜기에는 바닷물이 흘러들어오는 긴 강이 있었는데 칠흑 같이 어두운 밤에 그 강을 끼고 오르내리기란 참으로 힘겨웠다. 개펄이라 발을 옮겨 놓을 수 없이 미끄럽고 큰 바위가 첩첩이 싸여서 바위 사이사이로 돌아다녀야 했다. 옆에는 깎아지른 듯한 층암절벽이 가로 놓였고 숲이 우거진 산 속에서 자동차 전조등 같은 불빛이 나를 향하여 내려오고 있었다. 선운사 골짜기에 멧돼지가 많다던데 멧돼지가 아닌가 하는 생각이 들었다. 한 번은 우뢰와 벼락이 동반된 폭우가 쏟아지는데 번개가 번쩍 칠 때 마다 간드러진 여자 웃음소리가 들려왔다. 귀신의 웃음소리인가 싶어 모골이 송연했다. 나중에 알고 보니 그 곳에 상여집이 있었는데 상여집에 은거하고 있던 미친 여자가 번개 칠 때 마다 박장대소를 한 것이었다.

그때 아지트를 제공한 집은 대개 산골 외딴집으로 끼니를 걱정하는 어려운 처지의 사람들이었다. 그렇다고 우리가 식량을 제공할 형편도 못되고 주인과 같이 굶으며 먹으며 했다. 뜨끈뜨끈한 깡보리밥 한 그릇에 열무김치, 고추장과 비벼서 먹던 맛이 자꾸 기억이 나서 요즈음도 가끔 그렇게 먹기를 좋아한다. 대변을 볼 때면 휴지가 없어서 지푸라기로 대충 닦아내고 종이로 마무리 작업을 했다. 밤에 외출하다가 경찰의 추격을 받아서 인근 숲속에서 피신하고 난을 면한 적이 한두 번이 아니었다. 그런 때면 경찰은 으례 총을 쏘며 달려왔다.

경찰은 또 아무데서나 느닷없이 불심검문을 해서 보통 행인들도 괴롭혔으며 곳곳에서 경찰과 육박전이 벌어져서 사상자가 속출했다. 그 무렵 전라북도 남로당부에서는 각 군 책임자회의를 소집했다. 나는 가기는 가야겠는데 걸어서 밤에만 갈 수도 없고 해서 고민 끝에 여당원과 위장부부행세를 했다. 기밀문서는 물론 여당원이 간직했다. 여당원은 40대 부인으로 보통학교 교사였다. 전주까지는 걸어서 가야 했다. 도중에 하룻밤을 묵고 가야 했는데, 미리 연락해두었던 관계로 우리 두 사람을 친절하게 맞이해 주었다. 그런데 그 집에 마저 우리 사이가 위장부부라는 것을 밝히지 않았으므로 진짜 부부로 행세해야만 했다. 따라서 우리에게는 숙소가 자연히 하나만 제공되었다. 하는 수 없이 우리는 부부를 가장하고 한 방에서 자게 됐다. 거기가 장성 땅인 것 같은데 확실히 기억은 나지 않으나 고창서 거기까지 걸어오면서 각자의 내력 이야기며 집안이야기를 주고 받았는데 그때 그녀는 자기는 가정생활이 의미가 없고 인생을 산다는 것이 무미건조하며 사랑과 행복에 목말라 하고 있다는 것을 누누이 털어놓았다. 나는 신사회가 건설되면 모든 가정이 건설적으로 움직일 터이니 희망을 가지라고 타이르면서 닭 한 마리라도 길러보면 가정에 대한 애착이 생겨나는 법이라고 덧붙였다. 그날 밤은 나도 그랬거니와 그녀도 잠을 이루지 못하고 엎치락뒷치락하는 듯 했다.

내가 연극운동을 하던 때 광주 출신으로 최옥희라는 여회원이 있었다. 그녀는 우리 집안과는 사돈뻘 되는 집안 규수로 광주 명문가 출신이며 미모에다가 일본대학을 나온 재원이었다. 그녀는 해방 직후에 월북해서 허정숙 밑에 가서 선전책을 맡고 있다고 한다. 강진을 가는 길에 광주에 들러서 그녀를 방문했다. 내가 강진을 간다니까 덮어놓고 나를 따라 나섰다. 이왕이면 동행이 생긴 김에 장홍염군도 동행키로 하고 3인이 목포로 갔다. 목포에는 최양의 종매 되는 분이 있어서 그 집을 찾았다. 그녀는 30세쯤 되어 보이는 여자로서 아담한 집에 살고 있었다. 그녀는 우리를 반갑게 맞아 주었고 목포 앞 바다 무인도 섬으로 유람가자고 우리를 인도했다. 거기서 우리는 노래를 부르고 춤도 추고 마음껏 놀았다. 내 일생에 맛보기 힘든 향락의 하루였다. 그날 밤 장군도 자기의 본가 장산으로 돌아가고 나 혼자 여관에 투숙하고 있는데 최양은 자기 종매집이 있는데도 불구하고 내가 투숙하고 있는 방으로 찾아 왔다. 우리는 이 이야기, 저 이야기 하느라고 시간이 가는지 날이 밝아오는지도 몰랐다. 이야기 도중 그녀는 나에게 호감을 가졌노라고 실토했으나 나는 유부남이었을 뿐 아니라 일시 감흥에 도취되어 선을 넘을 수는 없어서 한계선을 지키느라 진땀을 뺐다. 그녀는 세브란스 전문학교를 나온 장병창과 사랑하던 중 장군이 사망하자 미혼인 채로 월북했다. 이 위장 부부 여성 동지와 하룻밤을 함께 지내게 되니 진땀이 나면서 문득 지난날의 이러한 아련한 추억이 겹쳐서 떠올라 감상에 잠기게 되었다.

한편, 그때 우리집은 사흘이 멀다 하고 밤중에 경찰의 습격을 받았다. 나는 가끔 옷도 갈아입을 겸 밤이면 집에 들렀는데 경찰은 내가 벗어놓고 간 헌 옷을 발견하고는 나더러 홍길동 같은 존재라고 탄식하고 돌아갔다 한다. 그러나 저러나 가정생활이 큰 문제였다. 정군조차 월북하고 자식들을 넷이나 데리고 객지에서 허덕이는 아내의 생활은 말이 아니었다. 정동원이 자기 집에 살면서 논밭에 농사를 지어먹으라고 했지만 당장에 살아나갈 일이 문제였을 뿐 아니라 평생 지어보지 않은 농사를 짓는다는 것은 너무나 어려운 일이었다. 농사일은 마을 청년들이 거들어 주어서 짓기는 했으나 그것 가지고는 생활을 지탱할 수가 없었다. 뿐만 아니라 밤마다 경찰의 습격을 받았기 때문에 공포증 때문에도 살 수 없을 지경이었다. 그래서 처는 네 아이들을 데리고 대구 근처 달성군 해안면 둔산동으로 이사했다. 그때 운송수단은 변변치 못한 데다 올망졸망 어린애만 데리고 살림도구를 이고지고 고창에서 그 곳으로 가는 광경을 상상하니 몸서리가 처질 정도의 처참한 모습이 떠올라 가슴이 아팠다. 해안면 둔산동 집은 면에서도 멀리 떨어진 산골 중에서도 산골 마을에 있었다. 막상 거처는 옮겼지만 먹고 살 일이 막막했다. 목구멍이 포도청이라 할 수 없이 처는 돈 몇 푼을 밑천 삼아 대구에서 사과를 사서 이고 전라도까지 갖다 파는 사과 행상을 시작했다. 나 또한 가족들이 보고 싶고 우선 빨래해 줄 사람이 없어져서 이만저만 고생이 아니었다.

"대구 10월폭동", "여순반란" 같은 큰 사건 외에도 각 처에서 일어난 방화, 살상 같은 사건은 국민의 군정에 대한 반항이요 민의의 표출이었다. 세상은 점점 요란해져갔다. 나는 아지트를 잃고 헤매던 중 전라남도 장성 땅에 들어섰다. 도경을 넘으면 다소 낫겠지 하는 안도감이 들었다. 장성역에서 목포행 열차에 몸을 실었다. 목포 종매 집에 가서 휴식도 하고 옷이라도 빨아 입을 생각이었다. 목포 종매 집에서 쉬는 동안 목포 경찰서 형사들에게 붙잡혔다. 이웃의 고발인 듯 했다. 경찰서에 들어서니 화순, 이양 있을 때 이양주재소 순사로 있던 김두천이 과장 자리에 앉아 있는 것이 아닌가. 이양 있을 때 그와는 가까이 정구도 치고 술도 마시고 한 처지였다. 목포 경찰서장은 보성 출신으로 국회의원 출마했다가 낙선된 고모의 아들인 김성복이었다.

그러나 나는 전혀 모르는 체 하고 아무 말 없이 유치장으로 끌려갔다. 나는 완강히 과거를 숨겼다. 전라북도 고창 사건을 알리가 없으리라 믿었다. 그리고 내 이름 대신으로 나의 고향 친구인 김용운이란 이름을 댔다. 그 친구는 오래 전에 고향을 떠난 친구였다. 형사들이 강진경찰서에 신분 조회를 한 모양이었다. 마음이 조마조마했다. 첫째, 김두천이 나를 알고 있고, 종매 집으로 가서 내 이름을 알아내기라도 하면 거짓말이 탄로날 것이 뻔했기 때문이었다. 그러나 강진경찰서에서는 좋은 회답이 온 모양이었다. 나는 사흘 후에 풀려났다. 그러나 고창 사건의 추적, 탐문이 계속되어 나는 그 곳으로 갈 용기가 나지 않았다. 간신히 인천으로 가는 화물선을 교섭해서 승선하게 되었다. 화물선 종업원들은 나의 본색을 알고 친절히 대해 주었다. 그들은 나에게 온갖 것을 물었다. 대단한 호기심을 가진 모양이었다. 사회주의 사회가 오면 무엇이 어떻게 달라지느냐고 물었다. 그래서 나는 새로운 사회주의 사회가 오면 여러분들은 한낱 노동자 신분을 벗어나서 이 배의 공동 주인이 되고 그렇게 되면 이 배를 아끼고 능률을 더욱 더 높이게 되어서 여러분들의 생활이 부유해지고 나라가 부강해진다고 설명했더니 그들은 고개를 끄덕였다. 며칠 만에 인천에 당도하여 서울에 잠입했으나 오갈 데가 없었다. 정동원군 집은 정군이 월북한 뒤라 경찰의 눈초리가 날카로웠고 다른 집은 다 나를 꺼려했다. 이 집 저 집 헤매던 중에 중앙당부와 접선이 되었다. 중앙당부에서는 나를 전북도당 농림부 책임자 겸 제5지구당 책임자로 임명하고 귀임하라는 명령을 내렸다.

그때 강진에서는 내 종형 김병규가 군 농민위원장으로 있다가 경찰에 붙들려 살해되었다. 그 후 1주기 제사 때 나는 조문을 작성하여 내가 직접 읽어 바치고 제상 위에 놓아두었는데 그 가족들이 겁이 나서 그의 무덤 앞에 묻어버린 일도 있었다. 전북 제5지구당은 당국의 탄압이 극심하므로 전투력을 분산시켜 점조직을 확립하자는 전법에 따라 전북 북부의 5군을 망라한 것으로 나는 우선 지구당 내의 각 군 책임자 회의를 소집하고 아지트를 확보하고 전투 준비를 갖출 것을 지시했다.

15
피검

1948년 봄 어느 날 밤 전주경찰서 서원 일당의 습격을 받고 체포되었는데 그들은 트럭에 경찰을 가득히 분승시키고 와서 집을 포위하고 권총을 겨누고 습격해 들어왔다. 내가 묵고 있다는 정보를 어떻게 입수했는지 지금도 궁금하다. 나는 경찰서에 끌려가서 전북도당과의 관계는 일체 함구하고 고창사건은 자백했다. 그들은 고창경찰서와 연락했음인지 나를 고창경찰서로 끌고 갔다가 곧 부안면 봉암리 파출소로 이송시켰다. 그때는 1면에 주재소가 1개소씩 있는 형편인데 특히 봉암리는 좌익세력이 강하다고 해서 봉암리에도 특별히 파출소를 설치해 놓고 있었다. 그 파출소는 정동원군의 소유로 전에 내가 살던 집이었다. 정동원군이 월북했다 하나 집주인의 승낙도 없이 무단 점령하고 있는 것이었다. 거기서 나는 무수한 고문을 당하였다. 일제 때도 고문을 당해 봤지만 해방된 조국에서 그들은 나에게 일제에 못잖은 악랄한 고문을 가했다. 온갖 종류의 고문을 당했는데 그때 얼마나 맞아서 몸이 부었던지 입고 있던 한복이 벗겨지지 않을 정도로 퉁퉁 부었다. 지금도 그때 맞은 골병으로 온몸이 쑤시고 아프다. 그들은 나에게 총기를 내어 놓으라고 협박하고 방화 살인 건을 모질게 추궁했으나 나는 모조리 부인하였다. 나는 드디어 전주지방법원에 넘겨져 무허가 집회, 방화 살인죄 혐의로 기소되었다. 나는 경찰서에서 방화 살인을 지시한 일이 없다고 극구 부인하였으나 그때 고창군 내에서 방화 살인사건이 몇 건이 있었을 뿐 아니라 그때는 피고인의 권리를 옹호하는 법리는 무시되고 무조건적인 좌익탄압정책 아래 추리 재판이 성행하던 때라서 걱정이 되었다.

강진의 동생들은 변호사로 김대용 변호사를 선임해 주었고, 광주지방법원에 있는 조카사위에게 청탁하여 면회를 주선하고 담당 판사하고도 술자리를 같이 해서 선처를 쾌락받았다. 그때 외인과는 면회가 금지된 상태인데 조카사위 조기성이 왔기에 틀림없이 친사위로 가장하고 왔으리라 짐작하고 나도 사위 대우를 했더니 뒷날 나더러 눈치가 빠른 사람이라고 이구동성으로 평했다. 조카사위 조기성은 전에 한 번도 본 적이 없는 사람이다. 나의 담당변호사는 고창군 당위원장과는 동기생으로 친하다고 했다. 김대용 변호사는 나를 면접하고 나더러 집회에 참석만 했지 내가 직접 방화 살인을 지시한 일이 없다고 진술하라고 일렀다.

그 당시 군 당위원장인 이천우는 고창군 대의원으로 이북으로 파견되었고, 내가 위원장 대리 노릇을 하고 있었던 때였다. 그래서 나는 변호사에게 실제로 고창군에 없는 사람에게 모든 책임을 전가한다고 해서 그것이 인정되겠느냐고 반문했더니 덮어놓고 그렇게만 해달라는 것이었다. 나는 공판 때 판사에게 우리당 조직 원리를 설명하면서 나는 부위원장으로서 위원장이 궐석 시에만 위원장 권한을 행사 할 수 있었고, 그 회의 때는 나는 지시할 권한도 없었고 실지로 한 일도 없다고 잡아떼었다. 그때 내가 있던 감방에는 십여 명의 피고인들이 있었는데 전부가 남로당원이었다. 거의가 살인 방화사건으로 내가 맡은 지구당 출신이 많았다. 그 중에는 사형, 무기 구형을 받고 감방 안에서 수갑을 차고 있는 사람도 있었다. 사형 구형을 받은 피고인은 감방 안에서도 수갑을 채워 놓는 것이 일제 때부터 내려오는 관례였다. 나의 죄명도 사형, 무기의 구형 선고를 받을 수도 있는 살인방화 혐의였다. 사형, 무기 등 중형을 구형 받은 피고인들은 생을 단념한 듯 묵묵히 앉아 있고 가벼운 죄명으로 기소된 사람들은 석방될 날을 조바심하면서 기다리고 있었다. 이 동지들을 대할 때 내가 이 동지들의 원한을 풀어주어야 한다는 의무감과 무거운 책임감을 느꼈다. 가벼운 죄명으로 기소되어 석방을 손꼽아 기다리고 있는 동지들에게 한 사람 한 사람 물어보았다. 석방되어 나가면 무엇을 할 것이냐고 물었더니 앞으로 당 사업에 더욱 열중하겠다는 사람은 한 사람도 없고 과수원이나 경영하며 일생을 보내겠다고 대답하는 사람이 대부분이었다. 그들의 마음

가짐은 벌써 투쟁전선에서 이탈하여 있었으므로 나의 실망은 컸다. 그러던 내가 과수업자가 되어 오늘날까지 36년간 과수원을 경영하고 있으니 내 자신을 매도하고 싶은 심정이다.

구형 공판에서 검사는 나에게 10년 징역을 구형했다. 구형 10년을 받은 나의 심정은 담담했다. 사형, 무기 구형이 많은 데 비하면 무거운 구형이 아니었다. 나는 징역 10년을 각오하고 있던 터였다. 그러나 선고공판에서는 살인 방화죄는 혐의가 없어 무죄이고 무허가 집회죄만 적용해서 징역 8개월이 선고되었다. 상상도 못할 가벼운 형량에 나는 어리둥절해져 재판장에 머리 숙여 고마움을 표시하고 재판정을 나섰다. 그때 징역 10년을 받았더라면 어떻게 되었을까. 선고를 받은 지 얼마 안 되어 6·25 한국전쟁이 터졌고 전쟁이 터지자 재소자는 모조리 총살을 당했다. 나도 짧은 형기를 마치고 석방이 되지 않았더라면 물론 죽임을 당했을 터이고 그것이 혁명가로서 명예로운 길이 아니었을까. 구질구질하게 생을 80고개를 넘어서까지 연명하다 보니 오점 투성이의 인생을 살게 되고, 이러한 내 모습이 처절하고 부끄럽게 느껴져 견딜 수가 없다.

복역 중에 아내는 대구에서 전주까지 사과행상 하러 차 전주에 들러서 가끔 면회를 왔다. 나는 어린 자식들과 가족들이 걱정되었다. 그 다음 정동원군의 이모님이 나의 숙모라고 가장하고 가끔 면회 왔다. 그 분의 연세는 지금 94세이다. 작년까지만 해도 편지 왕래가 있었는데 금년 들어서 편지 한 장 못 보내고 있다. 지금 살아 계시는지 건강은 어떠신지 궁금하다. 이 글을 여기까지 쓰고 보니 이 아주머니 생각이 간절해서 우선 아주머니께 편지를 써 보냈다.

내가 복역하고 있는 그 즈음엔 이승만 일파가 남쪽만의 단독정부를 수립한다고 나섰고 미군정에서도 그를 지원하고 있었다. 아니 반대로 미국이 남쪽만의 단독정부를 획책하고 이승만이 동조하고 있는지도 모를 일이었다. 전 국민은 반대해 나섰고, 상해 임정파에서는 좌우합작운동에 몰두하고 있었다. 드디어 그 해 5월 10일 남한 단독의 국회의원 총선이 실시되고 7월 17일 헌법이 제정되었다. 헌법 기초는 유진오가 했는데 내각책임제가 골자로 되어 있던 것을 이승만이 그런 제도 하의 대통령은 하지 않겠다고 고집해서 대통령중심제로 하룻밤 사이에 바뀌었다 한다. 그해 8월 15일 남한은 단독정부 수립을 선포하였다.

나는 1948년 겨울에 출감했다. 출감한 날 처는 대구에서 전주까지 와서 마중해 주었다. 옷을 챙겨온 것은 물론이다. 우리 둘이는 전주 여관에서 하룻밤을 묵었다. 하지만 대구로 동행해봤자 방도 없고 식량도 없이 굶고 있는 형국이어서 갈 형편이 못되므로 처와 헤어져 강진 큰집으로 갔다. 강진 큰집은 그때만 해도 큰집을 그냥 가지고 있고 우선은 식량 걱정은 없는 처지였다. 그때만 해도 강진 내가 살던 마을도 예외 없이 소란스러워 밤마다 군중들이 구호를 외치고 반동분자로 지목되는 집을 습격하기도 했다. 나는 한동안 보약을 먹으면서 휴식을 취하고 있었으나 가족들이 궁금했다. 처는 이따금 거기까지 찾아와 아이들의 소식을 전해주었으나 자식들 생각에 견딜 수 없을 만큼 괴로웠다. 결국 나는 일상 입던 한복에 다 낡은 외투자락만 걸치고 대구로 향하였다. 동촌 해안면 둔산동이란 말만 기억하고 찾아 나섰는데 해안면 길거리에서 둘째 아들 승균을 만났다. 나는 그를 몰라봤는데 그는 나를 보고 왈칵 달려들면서 "아버지!" 하고 외치면서 품안에 안기지 않는가. 그는 몹시 깡말라 있었다. 어려서 그 곱던 얼굴이 흔적도 없이 사라지고 뼈만 앙상한 채 이빨이 튀어 나오고 몰라보게 되어 있었다.

나는 아들을 따라 우리가 살고 있는 집으로 갔다. 집에 가보니 낡은 집의 한 칸을 얻어 살고 있었는데 자식들 넷과 처 그리고 장모님까지 여섯이 조그마한 방에서 끼어 살고 있었다. 장모님은 외출해 안계시고 나까지 여섯 식구가 끼어서 하룻밤을 새웠다. 끼니는 멀건 나물죽에 가끔 쌀알이 보일락말락한 죽이었다. 나는 목이 메이고 울음이 복받쳐서 죽을 먹을 수가 없었다. 우리 아이들은 개천가에 내버린 사과를 주어 먹고 있었다. 마당에는 큰 장닭이 돌아다녔는데 장모님이 외출하시면서 내가 오면 잡아주라고 했다 한다. 나는 그 닭을 도저히 먹을 용기가 나지 아니하였다. 그 닭 한 마리 값이면 우리 식구가 양식을 사서 며칠이나 연명할 수 있을 터이라 도저히 목이 메어 잡아먹을 수가 없었다. 그런데 더욱 기가 막히는 일은 둘째딸 일우가 영양실조에 걸려 사경을 헤매고 있던 차였던 것이었다. 몰골은 무덤에서 갓 튀어나온 미이라처럼 뼈만 앙상하고 거기에 얇은 종잇장을 덧발라 놓은 것 같았는데, 그런데도 바가지를 엎어놓은 듯 배만 불룩 튀어 나와 있었다. 그렇게나 먹고 싶어하던 아이가 곡기를 끊었고 한의원에서도 도저히 회생시킬 수가 없다는 진단을 내렸다 했다. 회생시킬 방법은 없지만 마지막 수단으로 등이 누우런 개구리를 잡아 두 다리를 구어서 먹여보라는 것이 마지막 처방이었다고 했다. 그래서 아이를 살리는 것은 단념하고, 아이가 죽은 방에 둔 메주로 장을 담그면 장맛을 버린다 하여 장모님은 메주를 밖으로 끌어내었고, 따뜻한 아랫목에 시체를 두면 빨리 부패한다고 하여 아이는 차가운 윗목으로 밀어놓고 죽음을 기다렸다고 한다. 그러나 모진 것이 생명이라 이내 죽지는 않았다. 한의사가 처방한대로 아이들이 개구리를 잡아 와서 숯불에 구워주니 다른 곡기는 일체 안 먹겠다던 아이가 그것만은 맛있게 받아 먹었다 했다. 그것으로 용하게도 살아났다. 편작이 따로 없었다. 어떻게 이렇게까지 처참하게 되었을까.

나는 바로 다음날 서울로 갔다. 막상 서울에 도착해보니 갈 데가 없었다. 내 집 같이 생각되는 정동원군의 집이 있다 하나 정군은 벌써 월북해서 없고 형사들이 매일같이 찾아오기 때문에 있을 곳이 못되었다. 별 수 없이 날마다 동가숙 서가식 하면서 이 집 저 집 기웃거리며 하루하루를 보냈다. 동지들은 모두 피신했거나 옥중에 있고, 있을 만한 곳도 없고, 친척들은 본척만척할 뿐만 아니라 싫어하는 눈치가 역력했다.

나는 여러 군데 돌아다니면서 취직 부탁을 했다. 그러나 가서는 안 될 곳들 뿐이고 아는 사람도 별로 없어서 청탁을 넣을 만한 곳도 없었다. 단지 할 수 있는 일이라고는 나와 같은 동료들을 만나 신세타령이나 하는 것 뿐이었다. 야당 국회의원은 몇 사람 아는 사람이 있었으나 나하곤 동떨어진 세계의 사람들로서 접촉조차 할 수 없었다. 여당 국회 부의장 김약수며 김준연 같은 이도 있지만 그이들에게는 취직 같은 것은 아예 부탁할 처지가 아니었다. 나의 종숙 정식씨가 김준연에게 부탁한 모양인데 김준연 말이 경찰서장으로 가려면 당일이라도 발령해 주겠다고 했다고 한다. 김정식과 김준연은 동서관계였다.

김준연은 전남 영암 사람으로 강진으로 장가를 들었고 도쿄제국대학(東京帝國大學)을 거쳐 베를린대학에서 헌법학을 전공한 사람이다. 귀국해서는 동아일보 주필로 있으면서 마르크스 · 레닌당을 조직하여 그 당수로 있다가 1928년 2월에 검거되어서 최고형인 6년형을 받고 서대문형무소에서 나와 함께 수형생활을 하였다. 내가 그 보다 먼저 출소해서 그의 집에 하숙하면서 그 가족들을 위로해주었다. 그는 평소에 의지가 강하지 못하다는 정평이 있어서 경찰서에서 문초를 받을 때 고문에 못이겨 조직을 낱낱이 불어버렸다는 소문이 있었다. 그가 출옥한 뒤 만나보았으나 본시 말이 없는 성격이어서 그런지는 모르겠으나 내가 묻는 말에 도무지 대답이 없었다. 그는 재소 중에 김성수의 재정적 지원을 받은 것 같았다. 그는 김성수 농장 지배인으로 있다가 해방을 맞았다. 그가 농장 지배인으로 있을 때 세평이 그리 좋은 편은 아니었다. 그는 해방 후 사상적으로 180도 전향해서 김성수와 더불어 지주계급당인 한국민주당을 결성해 그 간부로 있다가 법무부장관까지 지냈다. 그가 나에게 경찰서장 자리를 주겠다는 것은 그로서는 손쉬운 일이고 나를 전향시키려는 목적이었을 것이다. 그러나 내가 경찰서장이 된다는 것은 180도 전향하는 것이고 조국과 민족을 배반하는 자살행위나 다름없었다. 굶주린다고 하여 혁명가의 기개를 꺾을 수는 없는 일이었다.

나는 올 데 갈 데 없이 방황하다가 고창 출신 진의종을 찾았다. 그는 당시 주택공사 사장으로 있었다(후에 국무총리). 주택공사 사장쯤이면 건설 회사들과 관계가 많을 것 같아서 일자리나 구해볼 겸 찾아갔다. 나는 고창서 2년 밖에 살지 않았어도 고창 사회에는 내 이름이 널리 알려져 있고 특히 진의종은 우리 운동에 은근히 호의를 가지고 있었다. 그러나 나를 도와줄 용기는 없었던 듯했다.

하루는 동대문시장에서 고창 사람이 경영하는 상점에 들렀다. 그 주인은 진의종의 매부 되는 사람으로 정동원군 사업을 함께 도왔던 관계로 친한 사이였다. 그래서 나도 그 상점에 가끔 들리곤 했다. 어느 날 고창군당에서 같이 일하던 노씨(성명은 잊어버림)를 만났다. 그는 군당 농민부 책임을 맡고 있었다. 고창서 같이 일하던 사람 중에서 처음 만난 사람이었다. 그래서 퍽 반가웠다. 그는 중앙당에서 일을 하고 있는 것 같은 인상을 주었다. 그러나 비밀을 엄수해야 하는 당의 규칙상 그의 직책이 무엇인지를 묻지는 않았다. 그는 마침내 나에게 월북하라는 지령을 내렸다. 그때 당 간부들은 대개 월북하고 나에게도 머지않아 월북하라는 지령이 내릴 것으로 각오하고 있는 터이라 그 자리에서 지령에 따를 것을 약속했다. 내가 바라던 바가 이루어진 셈이다. 그러나 그날 밤 가족들과 헤어질 생각을 하니 걱정이 앞섰다. 그렇지 않아도 가족들이 굶주리고 있는 것을 보고 왔는데 내가 월북해 버리면 누가 돌봐준단 말인가. 가족들과 영영 헤어진다는 것은 참을 수 없는 비극이었다. 그날 밤을 뜬 눈으로 새웠으나 나에게 떨어진 당의 명령이니 어찌하랴. 그리고 내가 그 명령을 얼마나 고대했던가. 가족을 버릴지언정 내 주의 사상을 버릴 수 없었다. 그 다음 날 월북할 채비(월북할 채비라야 아무 것도 없었다. 여비가 있나. 옷의 여유가 있나. 단지 마음의 준비뿐이었다)를 하고 연락원과 만날 장소에 시간을 맞춰서 갔다. 그러나 이상하게도 그 시간, 그 장소에는 연락원이 나타나지 않았다. 그래서 무슨 사고가 생겼거니 생각하고 며칠을 계속해서 그 시간 그 장소에 나가 보았으나 그 사람은 영영 나타나지 않았다. 1949년에 있었던 월북 불발에 대하여 37년이 지난 오늘까지도 연락원이 나타나지 않은 이유를 곰곰이 생각해봐도 알 길이 없다. 월북이 무산되고 형무소의 수형생활로 조직과 연계가 끊어진 관계로 나의 혁명운동은 어려운 고비를 맞이하였으며 곧이어 6 · 25전쟁이 일어나 삶을 이어가는데 급급한 낙오자가 되고 말았다. 이로써 나의 월북의 꿈은 영영 좌절되고 말았다.

16
국회

월북이 좌절되어 실망 속에 서울 시내를 방황하던 끝에 하루는 국회 구경을 갔다. 그때 국회는 중앙청(구 총독부) 내에 있었다. 그때만 해도 국회의원 수준은 별로 높지 않았다. 남쪽만의 단독 정부 국회의원들을 국민들은 그렇게 우러러 보지도 않았고 민족적 양심이 있는 사람은 국회의원을 원치도 하지도 않았다. 지방에 양반 행세나 하고 명예나 바라는 사람이 정치 이념이야 어떻든 정치라는 것이 무엇인지 알지도 못하는 사람이 돈을 써서 국회의원에 당선되는 일이 많았다. 중앙청에 들어서자 복도에서 장경근과 마주쳤다. 장경근은 나와 휘문고보 동기동창으로 나보다 서너 살 아래인데 나를 무척 따르고 내 팔에 매달리며 어리광을 부리던 친구였다. 그의 성적은 그리 좋은 편은 아니었으나 학년이 올라가면서 성적이 점점 나아지더니 일본 도쿄 제3 고등학교에 합격하였고 이어서 도쿄제대(東京帝大)를 졸업하고 이내 고등고시에 합격해서 일제 때 서울지방법원 판사가 되었다. 그때 가끔 길거리에서 그를 만났는데 일제의 판사를 부끄러워 하기는 커녕 자랑스러운 듯 거드름을 피웠다. 일제로부터 해방이 되었다고는 하지만 이승만 정권이 일제시대의 고관들을 중용하는 정책을 폈기 때문에 장경근은 대뜸 내무부차관으로 임용되었다. 그는 좌우로 경호원들에 둘러싸여 복도를 걸어오고 있었다. 나는 그의 시선을 피해서 지나치고 말았다. 그는 나중에 자유당을 휘어잡고 온갖 비리를 저지르던 끝에 4·19혁명이 일어나 일본으로 도망갔다가 그 곳에서 세상을 하직하고 말았다.

의사당에 들어서니 부의장 김약수가 사회를 보고 있었다. 그는 1차 공산당 사건에 중요 간부로 피검되어 수감 생활을 하였고 해방 후에는 전향하여 국회 부의장까지 되었으나 나중에 공산당 프락치로 국회에 침투한 것이 탄로나 세칭 '국회프락치 사건'을 일으킨 장본인이다. 그런 줄도 모르고 전향한 것으로 알고 있던 우리 동지들은 그를 몹시 비겁한 인사로 치부했다. 나도 길거리에서 마주치기라도 하면 "정치 잘 좀 해주시오" 하고 빈정거렸는데 그는 그럴 때마다 그쪽에서나 잘들 하라고 대꾸하곤 했다. 그때 무슨 의제를 가지고 논란했는지 기억이 나지 않으나 토론이 갑론을박 어지러웠다. 마침내 장홍염군이 등단을 하려고 단상을 향해 걸어가는데 다른 의원들이 장군을 단상에 올라가지 못하게 가로막았다. 장군은 속된 욕설과 함께 뭇사람들이 가로

막는 것을 뿌리치고 단상에 올라가더니 "국회라는 곳은 언론에 제한을 두어서는 안된다"고 고함을 질렀다. 장홍염은 나와 동기 동창으로 학생 때 같이 학생운동을 했고 내가 "ㄱ당"사건으로 체포됐을 때 같이 피검됐다가 무혐의로 풀려났던 사람이다. 나와 강계 출신 이천산과 장홍염 이렇게 셋은 결의형제를 맺은 사이이다.

해방 당시로 거슬러 올라가 보면 나는 고창에서 8 · 15 해방을 맞았고 장홍염은 광주에서 해방을 맞았다. 해방이 되자 맨먼저 그를 만나고 싶었다. 그러나 고창 일을 수습하느라고 당장 뛰어가지 못하고 차일피일하다가 짬을 내어 그를 찾아갔다. 그는 천만 뜻밖에도 우익진영에 가담해 있었다. 그는 베이징에 있을 때는 무정부주의자들과 가까이 어울려서 무정부주의자가 아닌가 의심케 하더니 결국은 이렇게 되고 말았구나 탄식했다. 그와 나는 이날 밤이 새도록 사상논쟁을 했다. 날이 밝도록 언쟁을 했으나 결론을 내지 못하고 말았다. 그의 백형(장병창)이 전라남도 한국민주당 도당위원장이고 그의 중형이 한민당 고급 당원이며 그도 한민당에 입당하여 제헌국회의원선거 때 무안군에서 출마하여 국회의원에 당선되었다 한다. 국회의사당에서 그를 처음 보았을 때 나의 마음은 착잡했다. 나는 그를 만나지 말고 그냥 돌아갈까 하고 생각했다. 왜냐하면 그가 나를 보면 이단으로 생각하고 서먹서먹하게 대할 것 같았고, 그런 대우를 받는 것 보다는 그냥 돌아서는 것이 낫지 않겠는가 하는 생각이 들었기 때문이었다. 그러나 의형제까지 맺고 있는 처지여서 차마 돌아설

수가 없었다. 그래서 국회가 폐회되기를 기다려 나는 그를 만나러 복도로 나갔다. 그때의 나의 심정은 복잡했다. 만나면 인사나 하고 헤어지리라고 마음을 굳혀 먹고 있던 참에 우리는 극적으로 만나게 되었다. 그는 나를 보더니 깜짝 놀라면서 이제까지 찾아주지 않은 것을 몹시 서운해 했다. 그리고 그의 처소로 납치하듯 끌어갔다. 그의 처소는 '도라실호텔'인데 명색이 호텔이지 국회의원 9명이 방 두 칸씩을 얻어가지고 합숙하고 있었다. 가족 동반한 사람은 하나도 없고, 모두가 경호원 한 사람씩을 거느리고 식사는 외식을 하며 홀로 지내고 있었다. 정문에는 경호실이 있어서 출입자를 통제하고 있었다. 밤에는 대개 한자리에 모여서 그날 국회에서 있었던 이야기며 잡담을 하고 지내고 있었다.

나는 호텔방에서 국회의원들을 설득했다. 우리나라가 봉건적 굴레를 탈피하고 자본주의 국가로 발전하려면 먼저 공업을 진흥시켜야 한다. 공업을 진흥시키려면 공산품의 국내 수요를 늘려야 한다. 우리나라 인구의 8할 이상이 농민인데 그들의 생활수준을 향상시켜야만 공산품 수요를 늘릴 수 있다. 그래야만 우리나라 공업이 발전되어 다른 선진국의 대열에 참여할 수 있다. 다음으로 우리나라 민주주의를 발전시키려면 먼저 지주 계급과 소작인 계급을 철폐해야 한다. 지주 계급과 소작인 계급의 관계는 일종의 상전과 노예의 관계와 흡사하다. 나는 이 말을 하면서 내가 어려서 우리 소작인 동네를 지나갈 때 각 집에서 나를 모셔 대접을 하려고 서로 데려가려는 것을 뿌리치고 도망간 일이며, 명절 때면 소작인들이 닭이며 생선, 기타 귀한 농산물을 가져오고 하던 것을 회상했다.

그때 국회의원들 중에는 사회생활이나 단체생활도 못해보고 촌 사랑방에 앉아서 재떨이에 곰방대나 털던 이도 더러 있었다. 내 고향 강진 출신 국회의원은 갑부인 내 종숙 사랑방에 늘 모여서 허송세월 지내던 사람인데 내 종숙의 동생 김정시을 권유해서 후보로 출마시켜놓고 자기가 경쟁자로 또 출마한 사람이었다. 내 종숙 김정식은 세력 기반이 전혀 없고 단지 소작인들을 기반으로 하고 있을 따름이었다. 후문에 들으니 '그렇게 권세 좋은 사람을 또 국회의원을 시켜 놓으면 우리는 평생 그들의 종노릇만 하게 된다'는 악성 루머가 떠돌았다 한다. 경쟁자 차씨는 장날이면 장에 나가서 소 매매하는데 거간붙이는 것이 직업이라서 사람들을 많이 접촉하고 재산은 그리 없으나 청년들을 운동원으로 삼아 바닥을 파고들었다. 내 종숙은 도쿄 상과 계통의 대학을 나온 학벌이었으나 경쟁자 차씨는 보통학교 밖에 나오지 않은 사람이었다. 선거 결과 차씨가 당선되었다. 그 후에 차씨는 국회의원 임기 중에 발언을 한 번도 하지 않은 기록을 남기게 되었다. 그것으로 미루어볼 때 그당시 국회의원의 자질은 짐작하고도 남음이 있으리라. 내가 국회를 방청할 때 보니 회의 진행 방법을 모르는 사람이 수두룩했다. 동네 사랑방식 회의와 비슷했다.

그때의 농림부장관은 조봉암이었다. 조봉암은 모스크바에 유학한 마르크스주의자로, 1차 조선공산당 사건 때 간부로 투옥되어 장기간 옥살이를 하다가 전향하여 농림부장관이 된 사람으로서 농림 정책에 진보적인 색채가 농후했다. 그는 농지 개혁안을 내놓았다. 농지 개혁안 대략 골자는 농지를 지주로부터 유상으로 몰수해서 24년 동안 매년 갚아나가고 24년 만에 토지 값을 완불한다는 안이었다. 그때의 공산당 안은 지주로부터 무상으로 몰수해서 농민에게 무상으로 분배한다는 것이었다. 공산당 안보다는 보수적이었으나 그 당시로서는 깜짝 놀랄만한 진보적 정책이었다. 지주 계급으로 구성된 한국민주당 출신 국회의원들은 결사반대하고 나섰다. 그들은 이런 정책은 공산당이나 하는 일이라고 반발했다. 21세기를 바라보는 시점에서 국민을 대표하여 국정 운영에 나선 국회의원들이 토지개혁의 의의를 망각하고 자기의 이익, 지주 계급의 이익에 급급해하는 모습은 가관이었다. 서양의 앞선 자본주의 국가들도 토지개혁을 다 하고 있지 않은가. 조봉암은 결국 대통령 이승만과 뜻이 맞지 않아 농림장관직을 사임하고 〈진보당〉이라는 당을 조직해서 2차 대통령 선거 때 이승만과 맞서 싸우다가 관권에 밀려서 낙선하고 뒤에 북한 스파이로 몰려 형장의 이슬로 사라졌다. 그러나 그가 제안한 토지개혁안은 전 국민의 호응을 받고 국회마저 지지하는 방향으로 서서히 움직이고 있었다.

그때 〈농민당〉이란 당이 있었는데 아이러니하게도 당수는 지주출신 국회의원이었다. 그는 끝까지 반대 입장을 굽히지 않았고 지주 계급을 대표하는 정당인 한국민주당은 유상몰수 유상분배를 하되 4년 동안에 전부 상환한다는 개정안을 내놓았다. 이

제안은 전 국민의 광범한 반대에 부딪쳤다. 4년 동안에 논 값을 다 갚으려면 지금의 소작제도 보다 더 가혹하고 실제로 4년 동안에 논값을 다 갚을 수도 없는 것이 현실이었다. 그때 국회의원들은 지주 출신이 대부분이어서 토지개혁의 의의조차 몰랐고 정부 측과 농민층의 압력 속에서 우왕좌왕하다가 결국 토지 개혁안은 한국민주당의 주장대로 1950년 3월 10일 유상몰수 유상분배 5년간으로 낙착되었다.

이야기가 엉뚱한 곳으로 흘렀다. 내가 국회에 간 것은 취직자리라도 알아보기 위해서 간 것이다. 굶주리고 있는 가족들을 생각할 때면 한시가 급한 형편이었다. 취직은 아예 단념하고 다른 돈벌이를 찾기로 했다. 자본이 없어 장사는 못하지만 설령 자본을 구한다 해도 장사 수완이 없어 엄두를 낼 수 없는 처지였다. 때마침 시중에는 맥주가 품귀해서 공장도가격과 시중가격이 엄청난 차이가 있었다. 그때 동양맥주회사 사장 민덕기는 잘 아는 사이고 한국민주당 간부 김준연과도 가까운 사이여서 동양맥주회사 티켓을 얻어내면 큰 이익을 볼 수 있다는데 생각이 미쳤다. 그래서 김준연에게 부탁해서 민덕기 사장에게 보내는 메모를 얻어 냈다. 민덕기 사장은 물론 한민당 당원이었다. 나는 그 메모를 가지고 민덕기 사장을 만났다. 민덕기 사장에게는 당에서 필요하다고 꾸며댔다. 티켓을 구매하는 자금은 걱정할 것이 없었다. 내가 티켓을 가지러 간다는 소문이 브로커들에게 알려지자 나의 주위에는 브로커들이 운집하여 티켓쟁탈전이 벌어지고 나를 음식점으로 서로 모시려고 실랑이를 벌이며 비싼 값의 티켓

값을 제시했다. 티켓을 받아서 나오자 브로커들에게 납치되듯 어느 장소에 끌려갔고 나는 큰 이익을 붙여서 그들에게 티켓을 팔았다. 그 티켓을 소비자에게 팔았으면 더 큰 이득을 볼 뻔 했다. 나는 그 돈을 가족에게 송금했다.

다음으로 돈벌이를 궁리한 끝에 쌀장수를 생각했다. 당시에는 식량이 엄격히 통제되어 있어서 산지에서 소비지까지 식량 운반이 엄격하게 규제되었다. 단 한 가마니의 쌀을 수송하려 해도 경찰의 허가가 필요했다. 나는 궁리 끝에 장홍염의 비서 신분증을 얻어냈다. 비서증만 있으면 기차도 2등차에 무임승차할 수 있고 지방에 가면 특별대우를 받았다. 나는 동시에 국회 사무총장의 신임장도 얻어냈다. 이러한 조건 하에서 자금 구하기는 쉬운 일이었다. 그때 쌀값은 기억에 없는데 우선 50만원을 구했다. 그때 지폐는 10원 권이어서 50만원 부피는 큰 상자(채소장수들이 채소 운반하는데 쓰는 큰 대나무 상자)로 가득했다. 그 돈을 서대문우체국에 가서 전북에서 제일가는 쌀 집산지 신태인우체국으로 우편 송금했다. 우체국원이 그 돈을 헤아리는데 한나절이나 걸렸다. 그때 돈뭉치는 일정하지가 않아서 한 뭉치가 5~6매가 모자라는 것은 보통이었다.

나는 처음으로 호남선 기차 2등칸에 몸을 싣고 기차 열차원들의 극진한 대우를 받으면서 신태인역에 도착해서 우선 여관으로 들어갔다. 여관을 정한 다음 그 곳 경찰서 지소를 찾아갔다. 지소에 가서 내 신분증과 신임장을 제시하고 국회에서 식량이 필요해서 그러니 알선해 달라고 부탁했다. 지소에서는 귀하신 손님이 왔다고 당황하여 부산을 떨었다. 그러면서 자기들이 쌀을 구입해서 보내겠다고 약속하고 그날 밤에는 여관까지 찾아와서 경호하겠다고 나섰다. 나는 그럴 필요는 없다고 굳이 만류하고 돌려보냈다. 이튿날 쌀을 사서 경찰의 반출 허가증을 얻어 기차에 싣고 서울로 돌아왔다. 나는 물표를 가지고 시내 쌀가게로 쌀을 팔러 다녔다. 쌀가게 주인들은 쌀을 가져오라 했다. 그래서 마차를 빌어 쌀을 싣고 쌀가게로 갔다. 쌀가게 주인은 쌀이 나빠서 정상적인 값을 쳐줄 수 없다고 하면서 값을 후려쳤다. 나는 하는 수 없이 쌀가게 주인이 쳐주는 값에 응낙하고 쌀을 되기 시작했다. 나중에 들은 이야기지만 쌀장수하려면 쌀을 되는 방법부터 배우라는 말이 있는데 이는 쌀을 될 때 한 가마에 으레 한두 말씩 쌀의 양을 교묘하게 모자라게 되는 기술을 터득하라는 뜻이다. 역시나 이 쌀가게 주인들도 기술을 부려 쌀을 더 많이 가져갔다. 하는 수 없이 주인이 쳐주는 대로 쌀값을 받고 나니 산지 쌀값과 서울 쌀값 차이가 엄청난데도 별로 큰 이득을 보지 못했다. 나중에 다른 행상들에게 들으니 물표만 서울도매시장에 갖다 주면 그 상회에서 찾아다가 공정하게 팔아준다고 했다. 나는 쌀장수를 다시 한 번 더 해볼 생각으로 궁리 끝에 김제 출신 국회의원 김종문을 찾았다. 김종문은 원래 지주 출신으로 보성전문학교 재학 중 공산당에 입당해서 서대문형무소에서 같이 옥살이를 한 경력의 소유자로서 그 뒤 국회의원에 당선된 사람이다. 마침 동생이 김제경찰서 서장으로 있었기 때문에 그 아우에게 보내는 소개장을 얻어냈다. 김제경찰서 서장에게 그

메모를 내밀었더니 당장에 경찰서의 간부들을 불러서 제일 유력한 쌀장수를 불러오라 명했다. 서장은 그 상인에게 내가 건네준 돈을 맡기면서 쌀을 구하라고 일렀다. 그리고 나는 여관에서 하회만 기다리고 있었다. 며칠을 기다려도 연락이 없기에 다시 서장실을 찾았다. 서장은 부하들을 시켜 어떻게 되었는지 알아보라 했다. 그랬더니 그 상인이 행방불명이라는 보고가 들어왔다. 서장은 당황해서 부하들에게 그 상인을 찾으라고 호통을 쳤다. 그 상인은 4~5일 뒤에야 찾을 수 있었고, 그 후 경찰서에 출두시켰다. 그때 김제 시중에는 그 상인이 돈을 횡령하고 도주했다는 소문이 나돌았다. 쌀은 결국 사들이지 못하고 현금으로 다시 받아냈다. 쌀을 사지 못한 이유는 기억이 나지 않는다.

이런 저런 뜨내기장사는 내 성미에 맞지 않고 해서 다시 서울로 올라와서는 허송세월을 하고 있었다. 그럭저럭 나의 배경이 알려지자 브로커들이 내 주위에 몰려들었다. 그러나 그들의 허황된 소리는 내 귀에 들려오지 않았다.

당시의 내무부장관은 김효석이었다(6 · 25때 월북). 그는 장홍염을 통해서 지리산에 있는 남로당 총사령관인 이현상을 만나고 오라고 했다. 만나고 오기만 하면 나를 경무 과장으로 임명하겠다는 것이었다. 도대체 이현상을 만나서 어쩌라는 건지 납치하라는 것인지, 귀순시키라는 것인지 조건도 분명치 않고 그저 만나고 오기만 하면 된다는 것이다. 조건 없이 경무 과장을 주어도 하지 않을 판인데 조건을 붙이기까지 하다니 황당할 따름이었다. 아무리 혁명가의 꿈이 좌절되었을지언정 배신자가 될 수는 없었다. 나를 전향시키려는 음흉한 흉계가 있는 것 같았다. 그때의 남로당 전술은 지하로 깊이 들어가서 점조직을 통해서 만일의 경우에 대비하라는 것이었다. 그래서 주력부대는 깊은 산에 거점을 두고 있었다. 그때는 미국 트루먼 대통령이 극동정책에 변화를 시도하던 시기였다. 조선의 38선 이북에 있던 소련군은 이미 철수했고, 북조선 김일성 세력은 아직 미약하다고 판단하고는 극동의 방위선을 에치슨 라인 밖 오키나와와 일본으로 후퇴시키고 남쪽에서 일부 미군을 철수했다. 그러는 한편 이승만은 북쪽으로 진입하여 점령을 시도하면서 줄기차게 북진통일을 주장하고 있었다. 그러나 국군지휘권은 도쿄에 있는 맥아더 사령부가 가지고 있어서 국군의 북한진격을 억제하고 있었다. 이러한 상황임에도 불구하고 일부 군인들은 때때로 38선 경계선을 넘어서 북진하곤 하다가 맥아더사령부의 명령에 따라 후퇴하곤 했다. 들은 바에 의하면 서부전선의 사령관인 김석원(일제때 대좌)은 이승만 앞에서 북진을 만류하면 이 칼로 자살하겠다고 하면서 칼을 빼 들었다 한다. 그때 국회의원 다수는 북침을 하자고 주장했고 북녘을 완전 점령하는 데는 1주일도 채 걸리지 않는다고 장담하는가 하면 일반 시민들도 그렇게 믿고 있었다.

그 무렵 온 국민에게 충격을 준 김구선생의 암살사건이 일어났다. 그렇게도 통일정부 수립을 주장하면서 김규식선생과 단신으로 평양에 가서 남북협상을 하는 한편 이승만과 맞서서 단독정부 수립을 완강히 반대하던 그이가 살해된 것은 우리 국민에게 큰 비운이 아닐 수 없었다. 그 살해범이 정부의 특혜로 형집

행정지로 석방되어 고위 장교로 특채된 것만 봐도 그 살해범의 배후세력이 누구인지 짐작할 수 있었다.

나는 목포세무서장으로 취임하라는 권유를 받았으나 국민을 쥐어짜서 혈세를 거둬들이는 곳이 세무서이기 때문에 썩 마음에 내키지 않았고 맞서서 싸우던 정권의 공무원으로 간다는 것이 탐탁지 않았다. 마음에 갈피를 잡지 못하고 있던 중에 지금 이름은 기억이 나지 않으나 덕천에 유명한 광산을 불하받는 일이 생겼다. 이 광산은 일본인이 경영하던 것인데 적산으로 처분하게 되었다. 이 적산광산을 불하받는데 수많은 희망자가 몰려들었다. 특히 국회의원 중에 희망자가 많았으나 국회의원이 이권사업에 개입한다는 국민의 눈초리가 무섭고 또 국회의원끼리 힘겨루기도 할 수 없어 30명에 달하는 희망자 모두가 참여하기로 담합을 했다. 30명이 공동으로 운영하기로 합의는 하였으나 대표는 한 사람 뽑아야 했다. 국회의원 중에 누구를 뽑을 수도 없고 하여 어부지리로 내가 대표로 뽑혔다. 그러나 대표로 뽑히긴 했으나 실권은 없었다. 우선 상공부의 허가를 받는 것이 문제였다. 그때 상공부장관은 임영신이었는데 국회의원이 30명이나 연명으로 청탁을 하니 쉽게 허가가 나왔다. 우리는 경영방법과 광산운영기구 구상에 몰두했다. 나는 큰 광업회사의 대표가 된다는 꿈에 부풀어 있었다. 이 소식이 외부에 전해지자 주위에는 수많은 사람들이 몰려들었는데 취직희망자, 건설업자 등이었다.

그러나 이 꿈은 순식간에 물거품이 되었다. 우리 30명이 광산 경영방법을 놓고 설왕설래 하는 중에 이승만 대통령은 임영신

장관의 건의를 묵살하고 국영으로 할 것을 명령했다. 이승만으로서는 국회의원 무리들에게 대가 없이 공짜로 주고 싶지 않았을 터이고 배후에 또 다른 모리배의 농간이 있는 듯 했다. 그래서 광업회사 대표로서의 화려한 꿈은 백일몽으로 끝나고 또다시 길고 긴 허탈에 빠졌다.

2대 국회의원 선거일이 다가왔다. 나의 고향에서는 친지들이나 친척들이 나를 찾아와서 국회의원에 출마하라고 권유했다. 나는 유권자들에게 "여러분의 대표로 국정에 참여하여 여러분을 위하고 나라를 위해서 일을 할 터이니 나를 대표로 뽑아주시오" 하고 주제넘는 소리를 할 처지도 아닐 뿐 아니라 자진해서 국민 대표로 나서겠다고 사정하고 애원하는 행위 자체가 나의 체질에 맞지 않고 그럴 염치도 명분도 없었다. 나는 20대부터 온갖 유혹을 뿌리치고 오로지 조국의 해방을 위하여 몸 바쳐 싸워 왔는데 친일파 매국 역적들이 중심이 된 이 정권, 지주, 자본가가 중심이 되어 있는 이 정권에 어떤 명분으로 참여한다는 말인가. 더구나 나는 이승만의 단독정부 수립에 반대하고 마르크스주의자로 비밀결사운동을 해왔는데 어떤 근거로 대중정당운동에 참여할 수 있다는 말인가. 분단국가의 정치에 참여한다는 것은 분단된 정부를 승인하는 셈이 되는 것이어서 절대로 참여해서는 안 된다는 결론이었다. 그래서 모든 권유를 물리쳐버렸으나 내 종제 병렬은 완강히 권유하면서 자기 재산을 다 바쳐서 선거자금을 조달하겠다는 것이었다. 나는 그 정성 어린 권유도 끝끝내 물리치고 말았다.

그 무렵 장홍염으로부터 양병일의 선거운동을 도와주면 수고료로 일금 50만원을 주는 것과 동시에 내가 제안하는 모든 정강정책 심지어 선거 연설문까지 내가 작성한대로 하고 운동원 조직도 내게 일임하겠다는 제안을 해 왔다. 양병일은 강진보통학교 동창생으로, 나이는 나보다 두 살 아래이고 학년은 2학년 앞섰다. 그는 어려서부터 웅변에 소질이 있어 각종 회합 때 마다 웅변을 했고, 똑똑한 어린이로 강진소년단을 조직할 때 단장으로 뽑히기도 했다. 그는 홀어머니 밑에서 몹시 가난하게 살았기 때문에, 상급학교 진학은 엄두도 내지 못하고 보통학교 졸업 후에는 강진군청에 급사(도우미 일시고용직)로 들어갔다. 나중에 급사에서 정식 군서기가 되어 결혼을 했는데 그의 처가는 부유한 가정이었다.

처가에서는 그를 도쿄 니혼대학(日本大學)으로 유학을 보냈고 졸업 후 변호사 시험에 합격하여 광주에서 변호사 사무소를 열어 변호사로 활동하고 있었다. 나중에 광주변호사 회장이 되어 호남 법조계를 대표하는 인물로 성장했다. 호남 법조계에서는 그의 말이 통하지 않는 곳이 없었고, 경찰에도 막강한 발언권을 가지고 있었다. 나는 그의 막강한 위치를 아는지라 선거운동원을 조직하려면 먼저 구속되어 있는 동지들을 석방시켜줘야 한다고 건의했다. 그는 나의 건의를 쾌히 승낙하고 경찰과 검찰에 구속된 사람을 석방시켜 달라고 교섭한 끝에 당시 좌익운동 하다가 구속된 사람은 거의 석방되었다. 나는 그들을 모아놓고 이번 국회에 양병일을 선출해 내보냄으로써 우리에게 어떠한 이득이 돌아오는가를 차근차근 설명하자 모든 참석자들은 고개를 끄덕였다. 다음은 강진에 있는 대학생들을 모아놓고 정치교양을 겸하여 우리의 당면과제 및 양병일의 적격성을 강론했다.

그때의 유력한 상대 후보는 동양통신 사장 김승식이었다. 강진의 유식층은 대부분 김승식을 지지했다. 나의 사견으로도 김승식이 유리한 것 같았다. 재력으로나 학력으로나 심지어 정치경력과 중앙무대에서 활약한 경력 등 모든 면에서 양병일을 앞지르고 있어서 강진 유식층의 지지를 받을만 했다. 반면 양병일은 재력이 부족하고 확고한 정치적 기반이 없었다. 게다가 그는 근래 유년시절의 그 달변은 어디가고 법정에 나가면 천정만 쳐다보고 웃고만 나온다는 것이 강진 사람들의 평가였다. 나는 그 원인을 밤낮없이 주색 잡기에 골몰하고 있기 때문이라고 단정했다. 그는 한시도 맑은 정신이 아니고 언제나 취해 있었다. 그것이 그의 생명을 단축시키는 원인이 됐을 것 같다.

양병일 선거후원회를 조직하였다. 회원 중에는 좌익운동 하다가 구속 중 양병일의 주선으로 석방된 사람이 다수 있었다. 나는 그 사람들을 중심으로 후원회를 조직하였다. 나는 그들을 모아놓고 우리가 왜 이번 국회의원선거에서 양병일을 반드시 당선시켜야 되는지를 설명했다.

그 이유는 첫째, 그는 빈민출신으로서 빈민층을 대표하고 있고, 둘째, 우리의 진보운동을 이해하고 있으며, 우리를 감옥에서 많이 구출해준 은인이며, 그가 대통령 선거에서 이승만을 지지하지 않기로 한 것을 들었다(당시는 국회에서 국회의원이 대통령을 선출하는 간접선거였다).

운동원 대표로는 이선웅을 선출했다. 그는 국회의원 출마 물망에 오른 사람으로, 강진군민 중에 널리 알려진 인물로, 군 선거 관리위원회 같은 데 나가서도 당당히 맞설 배짱을 갖고 있었다. 나는 조직부장을 맡았다. 그래야만 다른 부서를 마음대로 요리할 수 있고 하부 조직도 내가 원하는 대로 만들 수 있었기 때문이었다. 나는 정보와 선전에 주력을 두고 면단위 리단위 까지 조직을 대강 마치고 양병일 본인을 대신하여 가가호호 호별 방문을 하러 나섰다. 김승식의 강점을 약화시키고 양병일의 약점을 보완하려면 조직력으로 파고들지 않으면 안된다고 판단했기 때문이다. 조직에 있어서는 점조직을 원칙으로 하고 한 운동원에게 주민 10명을 배당하고 그들을 관리하여 그 동태를 파악한 후 본부에 보고하는 체계를 갖추었으며, 그 반의 성적이 불량하면 책임자를 교체하는 방식으로 개개인을 포섭해 나갔다.

내가 그에게 제시한 정책은 대부분 사회주의에 기초한 정책이었다. 토지 재분배, 공업 육성, 중요 산업 국유화, 탁아소 설치, 금융조합을 폐지하고 농업협동조합 창설 등등 . 지금은 잘 기억이 나지 않으나 대강 이런 것들을 양병일에게 제시한 바 순순히 받아들였고, 선거 유세 연설문도 내가 작성해 주는대로 그대로 읽었다. 그리고 선전부에는 빈농의 대변자라는 것을 알리기 위해서 양군의 어릴 때의 생애를 소설로 읽듯이 스피커를 통해서 방방곡곡에서 방송했으며, 우리 운동원들은 자동차를 사용하지 않기로 했다.

합동연설회에는 박수부대를 요소요소에 배치해놓고, 양군이 등단하면 "구세주가 나타났다" 하고 아우성을 치게 했다. 그러나 양군이 등단할 때 마다 나는 이맛살을 찌푸릴 수밖에 없었다. 양군의 선거 연설이 어떤 다른 후보자보다도 제일 못했기 때문이었다.

그런데도 개표 결과 양군이 당선되었다. 선거가 끝나고 며칠 후에 양군과 같이 서울로 올라왔다. 그 사이 양군은 대구에 있는 나의 가족에게 50여만원을 송금했고, 아내는 경산군 압량면 갑제동에 7천여평의 과수원을 매입했다.

선거가 끝나고 6월 20일에 새로 매입한 과수원을 구경할 겸 경산으로 내려갔다. 과수원은 7천여평이나 되는 넓은 땅인데 마을로부터 2km쯤 떨어진 외딴 골짜기 였다. 그곳 사람들은 그곳을 통칭 야시골(여우의 경상도 사투리)이라 했는데 실제로 여우가 자주 나타나서 집짐승을 물어갔다. 낮으막한 야산을 개발하여 조성한 과원으로 계산식으로 되어 있는 다락밭이었다. 집은 산꼭대기에 있고 우물은 100여m나 되는 산기슭에 있었다. 45도 정도의 경사지에 수종은 조생종인 축(祝) 중생종인 홍옥(紅玉) 만생종인 국광(國光) 이었는데 토질은 일부는 청석밭이고 일부는 진흙이었다. 이 과수원의 전 소유주는 과수원으로서 별 쓸모가 없자 과원을 거의 폐원하고 염소를 길렀는데 염소가 사과나무를 갉아먹어 나무가 많이 죽어 있었다. 이것을 농사 경험이 전무한 우리가 사들인 것이다.

나무는 가꾸지 않아서 쇠약했고, 능금은 열리지 않는 폐원이

나 다름없었는데, 내가 보낸 돈에다가 혼수 옷감까지 팔고 장모님이 일부 보태서 88만원에 매입했다고 했다. 우리가 그리로 이사 오기 전에 아내의 6촌오빠 되는 사람에게 약간의 비료값을 주면서 관리를 부탁했다는데 비료를 준 흔적은 보이지 않았다. 가족은 많고 식량조차 없는 터에 이 넓은 과수원에 사과 열매가 하나도 열리지 않았으니 앞으로의 우리 가족이 살아갈 생계가 막막했다. 더욱 기막힌 것은 농사를 지을 농비가 한 푼도 없으니 더욱 앞길이 캄캄했다.

17
6 · 25 한국전쟁

과수원의 전망은 암담했다. 나는 서울에 일이 있어서 과수원에는 길게 머물러 있을 처지가 못 되어 과수원에서 5일간 머물다가 1950년 6월 25일 서울을 향해서 집을 떠났다. 내가 탄 기차가 대전역에 도착했을 때 갑자기 기차는 더 이상 북상하지 못한다는 역원의 통고에 할 수 없이 승객들은 되돌아오게 되었다. 나는 생각 끝에 그 길로 전주로 갔다. 전주에 형님이 서양인 병원에 병을 치료하러 와 있다는 사실을 알고 있었기 때문에 형님 병문안을 겸해서였다. 막상 전주에 가기는 했으나 형님이 어디에 있는지 알 수가 없었다. 다만 희미한 기억을 더듬어 서양인 병원 이름을 물어 간신히 찾아갔다.

내가 그 병원을 찾아간 날이 6 · 25 한국전쟁 바로 그 날이었다. 그러나 그 병원은 이미 본국으로 철수해버린 뒤였다. 나는 이상한 생각이 들었다. 6월 25일 새벽에 남침을 개시했다고 하는데 어떻게 하여 이 병원은 미리 피난을 갔을까. 후에 그네들은 예감이 있었을까. 그렇지 않으면 정보망이라도 있었을까. 뒷 날 들은 바로는 6 · 25 전쟁이 터진 그 순간 미 국무성은 초조히 모종의 중대 정보를 기다리고 있었다는데 그것은 무엇을 의미하는 것일까.

그것은 그렇다 치고 형님을 찾을 길이 막연했다. 종제 병태가 식산은행(후에 산업은행) 전주 지점 지점장 대리로 있다는 말을 들은 일이 있어 식산은행 전주 지점을 찾아 갔다. 형님은 병태군 사택에서 만날 수 있었다. 나는 곧바로 경산으로 돌아왔다. 형님은 나에게 액수는 기억나지 않으나 생활비에 보태라고 얼마간의 노자를 주었다. 나는 그 돈을 받기가 민망했으나, 식구들이 굶고 있는 것을 보고 온지라 고맙게 받아가지고 경산으로 왔다. 형님이 준 돈으로 며칠은 연명했으나 우리의 생활난은 극도에 도달했다.

땅에 뿌리를 내리고 살아오던 이 고장 사람들은 이웃이나 친척이 있어서 유무상통도 하고 생활 근거가 있어서 어려운 중에서도 그럭저럭 지내는 모양이었으나, 우리는 생면부지 타관인데다가 부락하고는 1Km 이상 상당히 떨어진 외딴집에 살고 있기 때문에 죽었는지 살았는지 부락민들이 알 수조차 없었다. 일가 친척도 없고 연고도 없는 타향살이에 오랜 세월 가난에 쪼들려 온 처지라 하다못해 가재도구라도 식량과 바꿔 먹을 것이 없었고 게다가 과수원을 무리하게 사느라고 있는 돈, 없는 돈 박박 긁다가 그것도 모자라 돈 될만한 것은 가재도구 까지 죄다 전부 처분한 끝이어서 그야말로 백수건달 신세였다.

큰 아이는 그 해 봄에 대구중학교에 응시해서 합격해서 6 · 25 전쟁이 나기 까지는 집에서 통학을 했다. 우리 집에서 경산역까지 20리, 경산서 기차를 타면 대구까지는 40리, 대구역에 내려서 대구중학교까지는 10리 이상 되었다. 그러니 우리 생활 형편에 그나마 학교 보내기가 어려워 휴학을 시켜야 할 판이었다. 둘째는 압량국민학교 6학년에 재학 중이었다. 우리 집에서 국민학교까지는 2 Km나 되는데 고무신이 없어 맨발로 다니는 처지에 학교까지 맨발로 다닐 수는 없어 학교를 쉬고 있었다. 이 소식을 전해들은 학급 아이들이 신다버린 고무신을 가져다주면서 학교에 출석하도록 도와주었다. 그때 우리 식구 7명은 주린 창자를 움켜쥐고 사과농사에 일념으로 매달려 있었다. 호미를 쥔 채 우리 부부가 쓰러진 일이 한 두 번이 아니었다. 마지막으로 장모님이 씨앗으로 간직해 둔 보리 2되가 있었는데 너무나 다급한지라 먹어치우기로 하고 껍질 채 보리를 방아에 넣고 빻았다. 우리 집에 디딜방아가 있어서 그 방아로 빻았다. 장모님은 호박구덩이 옆에 앉아 튀어나오는 보리를 쓸어 넣고 우리 부부는 방앗고를 밟았는데 몇 끼니를 굶은 끝이라 방앗고를 밟을 힘이 없었다.

과수원에는 풀이 무성한데 그 중에도 먹을 수 있는 풀이 있었다. 그것을 뜯어다가 보리 가루를 몇 숟가락씩 넣어서 멀건 나물죽을 쑤어 끼니를 이었다. 그나마도 일주일을 견디니 바닥이

나고 말았다. 7인 가족이 겉보리 2되로 1주일을 연명했다는 것은 세계 기네스북에도 오를만한 것이었다. 이런 처지에 할 수 있는 일은 아무 것도 없었다. 사과나무를 베었다. 땔나무로 팔아서 끼니를 이을 생각이었다. 그것을 팔아서 한참 동안의 식량을 장만할 수 있었다.

그때의 전황은 국군은 후퇴를 거듭하고, 인민군은 물밀듯이 남진하고 있었다. 남한은 대부분 인민군이 점령하고 점령지역마다 인민위원회가 만들어지고, 그들의 손에 의해서 행정권이 장악되었다. 남한 정부는 대전으로 수도를 이전했다가 연이어 대구로 옮기고 끝내는 반도의 끝자락 부산으로 수도를 옮겼다. 우리가 사는 경산도 언제 점령당할지 모르는 처지여서 참호를 만들었다. 구덩이를 파고 나무를 베어서 위를 덮고 그 위에 흙을 덮었다. 총소리는 사방에서 들려왔다. 우리 가족은 언제 전쟁터로 변할지 모르는 형편이어서 참호 속에서 살게 되었다. 하루는 비도 부슬부슬 오고 누기가 차서 설마 아무 일도 없겠지 하면서 방이 그리워서 그날 밤에는 방에서 자기로 하고 방에서 잠을 잤다. 아침에 일어나서 보니 아뿔사! 참호가 내려 앉아 흙더미가 참호를 메워버린 것이 아닌가. 어제 밤 우리 가족이 참호에서 잤더라면 몰사 죽음을 당할 뻔 했는데 신의 계시가 있었던 것인지 무사히 살아났다.

인민군은 남한 대부분을 점령하고 몇 고을만을 남겨 놓았다. 부산과 대구를 포함하여 몇 개 군만 남아 있는 형편이었다. 경산군은 완전히 남아 있었으나, 대구 일각에도 인민군이 들어왔으나 그 당시의 내무장관 조병옥이 대구만은 사수하겠다는 비장한 각오로 대구를 방어했다고 한다.

우리는 몇 번이고 당국으로부터 피난 명령을 받아서 피난을 갔다. 피난은 간단했다. 몸뚱이와 보리쌀 한 말 정도 뿐, 가지고 나갈 것이 아무 것도 없었기 때문이었다. 우리집 옆 산에는 미군이 주둔했다. 유엔의 결의에 따라 미군이 전쟁에 잠전하게 되어서 미군이 우리 과수원 옆 산에 주둔하게 된 것이다. 그들은 우리 과수원을 훈련장으로 삼아 과수원 경계 철조망을 끊고 사과나무 가지를 마구 잘라내고 일부는 운동장을 만들어 버렸다.

우리 집에서 1Km 떨어진 곳에 코발트 광산이 있었는데 사람을 가득 태운 트럭이 쉴 새 없이 드나들었다. 실려가는 사람들은 형무소의 기결수고 미결수고 간에 재소자들 같았는데, 사람들이 고개를 쳐들면 고개를 처박으라고 총 개머리판으로 마구 내질렀다. 아마 이들은 이승만 독재를 반대하는 인물들로, 전쟁 통에 관리하기가 어려우니까 모두 몰사 죽임을 감행하는 것이리라. 나도 조금만 형기가 길어 오늘에 이르렀다면 저 사람들과 똑같이 저 코발트 광산에 끌려가 죽임을 당했을 것이다. 이 사람들은 깊고 깊은 탄광 앞에 손과 발이 묶인 채 세워져 총을 쏘면 뒤로 넘어져 구덩이에 빠지게 되어 있었다. 영영 생매장이 되는 것이다. 날마다 그 트럭은 줄을 이었다. 억울하게 끌려온 애꿎은 양민들이었다. 그 구덩이는 깊이가 매우 깊을 뿐 아니라 물이 차 있어서 한 번 물에 빠지면 기어 나올 수 없는 구덩이라 했다. 나중에 알려진 일이지만 이 코발트 광산에서 생매장으로 죽인 양민들이 수천을 헤아린다니 이 억울하게 죽은 원혼은 누가 달래줄 것인가. 이 사건이 후세에 잘 알려진 '경산 코발트 광산 학살 사건'의 현장이었다.

경산읍부터 자인간 도로는 거지떼들이 빈틈없이 길을 메웠다. 우리 집에서 그 도로까지는 500m 밖에 되지 않아서 끝 간 데 없이 이어져 가는 그 행렬을 볼 수 있었다. 그들은 걸어가다가도 길가에 쓰러져서 죽어버리는가 하면 다시 일어서 비틀거리며 걸어가기도 했다. 그들은 '제2 국민병' 행렬이었다. 그때 군부에서 국군을 보충하기 위해서 정규군에 불합격한 허약한 사람들을 모아서 '제2 국민병'이라 하여 수용소에 수용하여 훈련을 시키고 있었다. '제2 국민병' 대장은 김윤근인데, 그는 연희전문학교 재학 시절에 씨름을 잘해서 이름을 날리던 사람으로서 군사학에는 깜깜 무식이고 군사 훈련도 받은 적이 없고 통솔력도 무엇도 아무 것도 없는 사람인데, 이승만의 비위에 맞아서 발탁된 사람이었다. 이승만은 사람을 등용할 때 사람의 자질에는 아랑곳없이 자기에게 아첨만 잘하면 중용하는 예가 허다했다. 비근한 예로 경산서 유명한 시정잡배 김종원이란 자를 경찰국장을 시켜서 그 유명한 '거창양민학살사건'을 일으킨 일도 있었다.

김윤근이란 사람은 '제2 국민병' 대장이 되자 군부에서 내려오는 예산을 모조리 착복하고 군인들을 헐벗게 하고 굶겨서 거지를 만들어 굶어 죽거나 추위에 얼어 죽게 했다. 사건이 커지자 군부에서는 하는 수 없이 '제2 국민병'을 해산하고 김윤근을 비롯한 책임자들을 총살했다. 이것이 세칭 '방위군사건'이다. 이렇게 되자 갑자기 소속이 없어진 이들은 먹을 것도 입을 것도 잠잘 곳조차 구할 수가 없게 되었다. 인민군은 쳐내려오는데 그곳으로는 갈 수도 없고, 자기 고향으로 가보았자 가족을 찾을 길도 없고 텅 빈 고향으로 갈 수조차 없었다. 일부는 차비도 없어서 남으로 남으로 내려간다는 것이 이 거지떼가 되어 인민군이 아직 점령하지 못한 경산으로 밀려오게 되기도 했다. 나는 두 아들들을 데리고 셋이서 고구마를 삶아서 경산, 자인, 압량, 안심장 등 5일장 마다 장마당을 찾아다니는 장돌뱅이가 되어 고구마를 짊어지고 팔러 다녔다. 장돌뱅이 얘기가 나왔으니 말이지만 경산장 6Km, 자인장 4Km, 압량장 2Km, 안심장 8Km가 우리의 주무대였다. 그중에 안심장은 멀기도 하려니와 그 가운데 금호강이란 큰 강이 있었는데 다리가 없었다. 팔 물건을 짊어지고 옷을 벗고 건너기란 지난한 일이었다. 그건 그렇다 치고 취급한 물건도 다양했다. 성냥, 오징어, 엿, 사과, 고구마 등이었는데 고구마 팔러갈 때 재수가 없어 '제2 국민병' 행렬이라도 마주치면 고구마를 몽땅 강탈당하고 빈손으로 돌아오는 일도 비일비재했다.

이들은 허기에 주린 창자를 메우느라고 자기 생명보다 소중한 담요 한 장마저 밥 한 그릇과 바꾸어 먹고는 길모퉁이에 주저앉아 얼어 죽었다. 도로에는 그들의 시체가 여기저기 나뒹굴었다. 군부의 지시에 따라 우리 마을에도 집집마다 이들에게 숙식을 제공하라며 4~5명씩 배당했는데 우리 집에도 5명이 배당되었으므로 이장이 이들을 인솔하여 우리 집에 찾아 왔다. 그러나 우리 집은 우리 식구도 굶고 있는 처지에 이들에게 먹일 것이 없었다. 이들에게 대접할 것이라고는 나물죽 밖에 없었다. 우리 아이들은 옆산에 주둔하고 있는 미군들이 버린 깡통이나 버린 음식가지를 주워 와서 그것을 먹었다.

이럭저럭 늦여름이 되어 조기 수확하는 파란색 사과(축이라 했다) 수확기가 되었다. 아무 것도 열리지 않은 것 같았는데 사과(축)가 몇 개씩 달려서 그것을 따내기 시작했다, 광균, 승균이는 룩색에 넣어서 짊어지고, 아내는 광주리에 넣어서 이고 경산장으로 팔러 다녔다. 그때부터 우리는 그 지긋지긋하던 굶주림은 모면하게 되었다.

전세는 미군의 참전으로 점차 인민군은 퇴각하기 시작했고, 9 · 28 인천상륙작전으로 인해 서울이 수복되었다. 그래서 서울행 길은 트였으나 차비도 문제려니와 보통 사람은 서울에 갈 수가 없었다. 때마침 한국은행이 서울로 귀환하게 되는데 화폐를 실은 트럭이 대구를 떠나 서울로 가는 편이 있었다. 나는 호송인에게 사정하여 그 트럭에 편승하고 서울로 올라갔다. 서울에 내려서 제일 먼저 내가 묵고 있던 '도라실호텔'을 찾았다. 그곳에는 내가 서울을 떠날 때 두고 온 내 소지품이 있었기 때문에 그것이나 찾아 볼까 했던 것이다. 그러나 '도라실호텔'은 폭격으로 인해 간 곳이 없어져서 나는 갈 곳이 없어져버렸다. 그래서 강병규 집을 찾았다. 강병규는 나의 처가로 인척이 되는 터여서 강병규 부자가 여름 동안에 우리 집에 피난을 하고 간 일이 있어서 한참 가까이 지내던 터였다. 그러나 며칠이 지나지 않아서 중국 인민지원군이 참전하여 전세는 또 역전되어 물밀듯이 진격해 들어오는 바람에 서울을 내주고 후퇴하게 되었다. 그 통에 강병규 일가도 나만을 남겨놓은 채 피난을 가버렸다. 나는 빈 집에서 혼자 지낼 수가 없어서 나의 종숙 양식씨 댁을 찾았다. 그이는 아이들을 데리고 삼선동 시장에서 노점을 차려 쌀장수를 하고 있었다. 나는 쌀장사를 도우는 척하며 그 집에 눌러 앉아 기식하기로 했다. 그러나 그 집마저 곧 피난을 떠나버렸다 .나는 또 빈 집에 혼자 남게 되었다. 그 집은 위채, 아래채가 있는 상당한 규모의 큰 집이었다. 그 큰 집에 혼자 있자니 적적하기도 하고 잠을 이룰 수가 없었다. 야경대가 순시하면서 집집마다 사고 유무를 살피기 위해서 대문을 두드렸다. 매일 밤 다음 날 부역 나오라는 통고였다. 매일매일 부역은 나갔으나 몇 시간 동안이나 세워놓았다가 되돌려 보내곤 했다. 길거리에는 사람 왕래가 드물었다. 길거리에서 어쩌다 사람을 만나면 서로 의심나는 듯이 쳐다보곤 했다. '저 사람은 뭐하는 사람이길래 서울 바닥에 눌러 있을까' '저 사람도 나를 그렇게 의심하고 있겠지' 등등. 길거리에서 사람을 만날 때 마다 기분이 착잡했다. 나는 피난을 가고자 해도 갈 방법이 암담했다. 어떻게 해서 기차를 탈 것인지 어디서 어떻게 하면 기차를 탈 수 있는 것인지 최소한 몇 푼의 노잣돈이라도 있어야 하지 않겠는가. 이러지도 저러지도 못하고 망설이면서 며칠을 지냈다.

한 번은 종로 충신동에 있는 종제 병주군 집을 찾았다. 병주군은 경성약학전문학교를 졸업하고 약사가 되었는데 당시는 약사가 별로 없던 시절이라 군부에서 그를 특채하여 소령으로 임관

하고 급양대장으로 발령했다. 전시 때 급양대장이란 직책은 막중한 지위였다. 군부대의 모든 식료품을 공급하는 직무인지라 막중한 직무가 아닐 수 없었다. 그 집은 전시의 궁핍한 때인데도 불구하고 오히려 식료품이 풍족해 보였으며, 소다리가 통째로 집 처마 밑에 걸려 있고, 생선이 궤짝 째로 뜨락에 뒹굴었다. 병주군은 마침 집에 있었다. 짧게나마 나의 생활 형편을 구구히 설명했더니 나에게 얼마간의 용돈을 쥐어주었다. 그 돈 액수는 잊었지만 그때 쌀 한 가마 값은 넉넉히 되는 것 같았다. 귀중한 노잣돈을 마련한 나는 뛸 듯이 기뻤다. 얼른 집에 내려가서 이 돈을 가족 앞에 내놓고 싶은 충동이 일었으므로 그때에야 비로소 나는 피난길을 서둘렀다.

동대문시장에서 건어물상을 하는 김수동군을 찾았다. 김수동군은 내가 정동원 집에서 가정교사로 있을 때 그 집 심부름꾼으로 있다가 동대문시장에서 건어물상을 차리고 있었다. 그는 전 국무총리 진의종의 매부격이 되는 사람이다. 그는 나를 반갑게 맞으면서 자기도 피난 계획을 하고 있으니 함께 피난길에 나서자고 제안하면서 막상 떠날 때 까지는 자기 집에서 묵고 지내자면서 나를 데리고 자기 집으로 데려 갔다. 그 집은 꽤 아담한 집이었으며, 그의 모친이나 그의 부인은 나를 반갑게 맞아 주면서 융숭하게 대접해 주었다. 며칠간을 머무르면서 피난길을 알아봤다. 피난열차는 용산역에서 떠나는데 날짜와 시간이 들쭉날쭉하여 일정치 않다고 했다. 다음은 행선지가 문제였다. 그는 고향이 전북 고창이므로 고창으로 가기 위해서는 대전에서 열차를 갈아

타야 하고, 나는 경부선을 타야 했다. 경부선이 따로 있는 것이 아니라 대전까지는 같은 열차에 타고 대전까지 가서 경부선, 호남선으로 분승한다고 했다. 그 때 용산역장은 장홍염군 중형 장병준씨인지라 나하고는 전부터 잘 아는 처지이나 그이를 찾아볼 처지가 못되었다.

김수동군 식구들과 나는 중요한 짐과 기차에서 먹을 밥을 꾸려 짊어지고 용산역까지 걸어갔다. 나의 짐은 종숙 양식씨가 버리고 간 자전거 하나였다. 용산역에서 며칠을 기다려 남행열차를 타게 되는 행운을 얻게 되었다. 기차라고는 객실은 하나도 없고 무개차화차였다. 용산역에 운집했던 피난민 군중이 앞을 다투어 차에 오르는데 질서도 아무 것도 없는 아비규환이었다.

사람 위에 사람이 앉고 사람 위에 짐 꾸러미가 얹어지고 짐 위에 사람이 앉고 도무지 형언할 수 없는 일대 혼잡이었다.

그것이 바로 '1 · 4후퇴'인데 우리가 서울을 떠난 것은 일년 중 가장 추운 1월 중하순 경이었다. 우리는 기차에 올라타긴 했지만 언제 떠날지는 모르는 일이었다. 철도 종업원이 어쩌다 보이긴 해도 그들마저 이 기차가 언제 떠날지 모르기는 마찬가지였다. 우리는 기차 무개차 화물칸에 올라탄 채 추위와 불안에 떨면서 모든 것을 운명에 맡기고 마음을 늦춰 잡고 기다리고 기다렸다.

승객들은 계속 늘어나서 아비규환을 이루었고 생지옥을 방불케 했다. 얼마나 오래 기다렸는지 지금으로선 기억도 나지 않으나 기차가 드디어 움직이기 시작했다. 그러나 기차는 굼뱅이처럼 꿈틀거리며 정거장마다 정거했고, 몇 시간씩을 기다리게 했다. 기차가 정거하면 언제 떠날지 모르는 터라 차에서 내려서 몸을 좀 움직여 보고 추위에 얼어붙은 몸을 좀 녹여 보려 해도 일단 차에서 내리면 다른 사람에게 자리를 뺏기고 말기 때문에 꼼짝 없이 자리를 지키고 있어야 했다. 불가피하게 대소변을 볼 때는 이웃사람에게 자리를 지켜달라고 당부하고 잠깐 내렸다가 다시 타야 했다.

역마다 음식장사들이 몰려들어 돈만 있으면 얼마든지 사먹을 수 있었다. 김밥, 팥죽, 엿 등등이 많이 팔렸다. 그러나 나는 천금 같은 돈을 아끼느라고 일체 사먹지 않고 싸가지고 온 밥만 먹었다. 밥은 돌덩이처럼 얼어붙어 얼음조각을 씹는 기분이었다. 기차가 대구역에 도착할 때 까지 그 밥 덩어리만 씹으며 지내왔다. 내가 지닌 돈은 모두 가족들의 생계비에 충당할 요량으로 한 푼도 쓰지 않고 버티고 있었다.

나는 기차에서 옆자리에 같이 탔던 내 나이 또래의 남자와 사귀게 되었다. 그는 나보다 더 남루한 복장인데 제법 아는 척 많은 말을 했다. 그는 자기가 엿을 만드는 특수한 기술을 지녔다고 했다. 어디까지 가느냐고 물었더니 갈 데 올 데가 없다고 했다. 나는 옳다구나 잘되었다 생각하며 우리 집에 같이 가서 엿을 만들어 팔자고 제안했다. 그가 쾌히 응낙하므로 그를 데리고 우리 집으로 향했다. 서울서 대구역까지는 꼬박 7일이 걸렸는데 더 밑으로 남행은 하지 않고 대구역에서 모두 내리라고 했다. 대구에서 경산까지 40리 길이었는데 나와 그는 자전거를 끌고 경산집에 당도했다. 나는 그와 합작하여 엿을 만들어 팔면 이 난리 통에 톡톡히 재미를 볼 수 있으리라는 꿈에 부풀어 집에 도착하자마자 냉골이었던 건넌방에 불을 뜨끈뜨끈하게 때고 가지고 온 돈으로 밥을 지어 융숭히 대접했다. 그러나 그는 며칠이나 하릴없이 허송세월하면서 엿 만들 생각은 꿈에도 없는 것 같았다. 너무나 황당하고 답답하여 나는 그에게 엿 만들기를 재촉했더니 엿 만드는 기구를 만들 만한 재목을 구하는 중이라 하면서 천연덕스러웠다. 나는 조바심을 하면서 이제나 저제나 그가 엿 만들기만을 학수고대하고 있었다.

그 때 처와 아들들은 15리나 되는 경산역까지의 먼 길을 밥을 지어 밥이 식지 않도록 이불로 동여 매고 머리에 이고 가서 김밥을 만들어 피난민 행렬에 파는가 하면 엿 공장에 가서 엿을 도매로 사다가 경산역에 가져다 팔았다. 처는 김밥을 말고 아들들은 기차가 도착하면 기차 꼭대기까지 올라타고 내려오는 피난민 행렬에 김밥과 엿을 팔았다. 김밥을 팔게 되자 누룽지를 얻어먹게 되고, 엿을 팔고는 엿 공장에서 엿 찌게미를 얻어 와서 곡식과 함께 밥을 해 먹을 수가 있게 되었다. 아이들의 얼굴들은 찬바람에 그을려서 볼 모양이 없었다. 이런 상인들이 하도 많아서 역 구내는 대 혼잡을 이루었고 역원들의 단속이 심했지만 막무가내였다. 우리 식구들도 예외는 아니어서 역원들에게 쫓겨 달아나다 나뒹굴어져 엿이 박살나기도 했다. 한 번은 역으로 장사를 나간 아들들이 집으로 돌아오지 않아 크게 걱정을 했는데 3일 만에 무사히 돌아온 적이 있었다. 알고 보니 역에서 무단으로 장사를 한다고 역원에게 붙들려 3일 동안 역 창고에 갇혀 있다가 청소를 해주고 간신히 풀려난 것이었다.

이런 와중에 아내가 몸져누웠는데 약 한 첩 변변히 달여 먹일 형편이 못되었다. 이런 어려운 상황에서 생활고를 벗어나기 위해 모시고 온 그 엿 만드는 기술자가 온다 간다 말 한 마디 없이 나의 신발 한 켤레를 훔쳐가지고 슬그머니 뺑소니를 쳐버렸다. 아무 것도 가져갈 것이 없는 알거지 집안이라 그 외에 훔쳐간 것은 없었지만 생활고를 벗어날 나의 꿈은 산산조각으로 부서졌다.

설상가상이라더니 장모님마저 드러누우셨다. 나는 어찌할 바를 모르고 허둥지둥 댔다. 외딴 산꼭대기에다 사고무친의 타향에서 그 누구 도움을 요청할 사람이 없었다. 나는 밥이고 죽이고 간에 아직껏 밥을 지어본 일이 없었다. 쌀밥은 보리밥 보다는 짓기가 수월하다고 들었지만 보리밥은 한 번 삶았다가 재차 다시 한 번 밥을 해야 한다는 것만 알았지 막상 하려니 자신이 없었다. 아내는 며칠이고 일어나지를 못했다. 이제까지는 나와 두 아들 셋이서 장사를 다녔는데 나는 장사를 못나가고 두 아들만 장사를 다녔다. 하루는 멀리서부터 노래 소리가 들려왔다. 그 노래 소리는 집에 가까워 올수록 커졌다. 나는 저 애들이 무슨 좋은 일이 있어서 노래를 부르고 오는가 하고 내다봤다. 그랬더니 큰 애가 큰 장닭을 한 마리 안고 오는 것이 아닌가. 큰 애는 어머니에게 해드리려고 사왔다고 했다. 그날이 마침 안심장날인데 장사가 잘되더란 이야기와 곁들여서 닭을 샀다는 자랑까지 하면서 어머니에게 고아드리자고 했다. 나는 눈시울이 뜨거워지는 것을 느꼈다. 그 때 우리는 셋이서 장사를 다녔는데 큰 아이가 제일 열심히 장사를 했다. 나와 작은 아이는 노점만 차려놓고 지켜보고만 있었는데 큰 애는 목청을 돋우어 호객을 하고 열심이었다.

장사 얘기가 나왔으니 말이지만 아이들은 산에 가서 솔방울을 따거나 풀을 베어 말려서 15리길이나 되는 경산까지 가져다 팔았다. 한 번은 1951년 식목일 날이라고 기억한다. 작은 아이는 나의 자전거 뒤에 타고 장에 가서 팔 성냥을 담은 상자곽을 등짐으로 짊어지고 언덕을 내려가고 있었다. 아이가 갑자기 자전거를 세워 달라 했다. 세워줬더니 얼른 밭둑 밑에 엎드리는 것이었다. 돌아오기에 물으니 그 날이 마침 식목일이어서 나무를 심으러 가는 동급생 아이들이 학교는 오지 않고 장돌뱅이 나간다고 놀려대서 숨었다고 했다. 그래서 그 날은 장을 일찍 마치고 돌아와서 아이를 붙들고 울었다.

그 때 정부는 임시 수도를 부산으로 정하고 부산에 피난 와 있었다. 국회 역시 부산에 와 있었다. 나는 부산으로 장홍염 의원을 찾아갔다. 장홍염은 수산조합 숙직실을 빌어 살고 있었다. 그 때는 승균이를 데리고 갔었는데 올 때는 납작보리쌀을 한 말 주어서 아이에게 지우고 돌아왔다. 그것만으로도 우리 어려운 형편으로 보면 요긴한 것이었다. 내가 부산을 떠날 때 장군은 며칠 후에 다시 오면 양병일군과 상의해서 농자금을 마련해 주겠다고 해서 약속한 날 다시 부산을 찾아갔다. 장군은 자기 연봉과 양군 연봉을 선불했노라며 확실히 기억은 나지 않지만 30

만원 정도의 돈을 마련해 주었다. 나는 그 거금을 손에 쥐고 나니 욕심이 발동했다. 부산과 경산의 고구마 값이 엄청나게 큰 차이를 보이고 있었기 때문이다. 나는 부산서 고구마를 한 트럭 사서 경산에 가지고 가면 큰 이득을 볼 수 있을 것 같아서 고구마 한 트럭을 사서 경산으로 가져 왔다. 덮어놓고 가져오긴 했으나 고구마를 어디에 놓고 어떻게 팔아야 할지 막연했다. 하는 수 없이 장날이면 내가 알고 지내는 주막집에 내려놓고 시나부로 팔기 시작했지만 잘 팔리지 않았다. 할 수 없이 장마당에 내다놓고 팔기도 하고 삶아서 팔기도 했다. 집으로 가져와 삶아서 3부자가 경산장, 자인장, 안심장, 압량장에 빼놓지 않고 팔러 다녔다. 그러나 팔리는 것 보다 '제2 국민병'에게 빼앗기는 것이 더 많은 지경이었다. 다른 한 편으로 고구마는 나날이 썩어만 갔다. 결국 대부분 썩어버렸고 고생고생 끝에 본전도 못건지고 간신히 버리다시피 처분하고 말았다.

고구마 장사가 끝난 후 마땅한 일거리가 없어 궁리하던 중 일제 때부터 비장해 온 나의 장서를 팔아야겠다고 생각했다. 일제 때부터 간직해오던 그 당시 판매 금지된 책들로, 천금 같은 책들이었다. 차마 팔고 싶지 않았지만 목구멍이 포도청이라 크게 결심하고 장날이면 길거리에 펴놓고 책을 알만한 손님을 기다렸다. 전쟁 통이라 책이 필요 없는 것인지 어려운 사회과학 서적을 읽을 자신이 없는 것인지는 몰라도 끝끝내 한 권도 못 팔고 장서 판매 사업은 종막을 고했다.

이러던 차에 하루는 부역영장이 날아들었다. 발령처는 확실치 않으나 군수 이상의 기관이었다. 행선지가 군대가 아니고 타군이었으니 전쟁이 한창 진행되고 있는 전쟁터가 분명했다. 내 나이 40대 중반에 전쟁터에 갈 기력이 없거니와 동족과 싸우러 가자니 기가 막혔다. 도피도 할 수 없고 소집에 응할수도 없던 차에 14살난 아들녀석이 가겠다고 나섰다. 이것은 안될 일이었다. 자칫 잘못하면 죽을 수도 있는 죽음의 전장에 나를 대신하여 자식을 보낼수는 없는 노릇이었다. 그래서 강력히 가서는 안된다고 만류하였다. 그는 끝내 부모들 몰래 소집장소로 가버렸다.

아이를 찾아도 없어서 걱정하던 차에 광균이가 되돌아 오는 것이 아닌가, 참으로 눈물겹고 반가웠다. 아들의 이야기인 즉 점검을 마치고 트럭에 올라탔는데 책임자인 듯한 사람이 너는 너무 어리니까 집에 돌아가라고 하여 되돌아 왔다는 사연이었다.

요즘은 능금조합이나 농협에서 영농자금도 빌려주고 농자재도 외상으로 공급해주지만 당시에는 일체 그런 것이 없고 현금이라야 농자재를 구입할 수 있었다. 개인 상점이나 지면이 있으면 외상이라도 가능했겠지만 나는 그런 처지도 못되었다. 이러한 궁핍 속에서도 비료를 몇 푸대 사서 뿌려준 것이 효과가 있어서 이듬해 나뭇잎이 제법 새파랗게 되기 시작했다. 앞날에 광명이 보이는 듯 했다. 장홍염군과 양병일군이 약간의 농자금을 보내주었다.

그 때 이승만은 자파의 세력만으로는 국회에서 대통령에 당선될 가망이 전혀 없자 대통령을 국회에서 선출하는 간접선거 대신 대통령을 국민이 직접 선출하는 직선제 개헌안을 내놓았고,

국회에서 이를 반대하자 국회의원을 전부 간첩으로 몰아, 등원하는 국회의원을 버스에 태운 채 감금하여 경찰국으로 끌어갔다. 그리하여 국회의원들을 각처로 분산 구속하고, 기소나 재판도 없이 무기한 방치해 두었다.

그 때 마침 우리 과수원에는 양살구나무가 몇 그루가 있었는데 초여름 날 탐스럽게 익었기에 양살구를 따가지고 부산으로 장홍염, 양병일 두 의원을 만나러 갔다. 이들은 어떤 여관 위층에 감금되어 있었는데 경비가 심해서 들어갈 수는 없고 그들이 내려다보는 길거리에서 말을 주고 받았다. 장군은 원래 담배도 술도 하지 않는 사람이라 별 불편을 느끼지 않았으나 양군은 술과 담배가 없이는 잠시도 견디지 못하는 성미였다. 그래서 나는 양군에게 술을 어떻게 참느냐고 대뜸 물었더니 술은 먹고 있다고 반가워했다. 나는 양살구를 경비원에게 전해주고 돌아서면서 양병일군을 국회의원이 되도록 도와준 지난날이 헛수고가 아니었다는 자부심을 느꼈다. 이 사건이 소위 발췌 개헌안 파동이라는 것인데 이승만이 다시 집권하면서 끝을 맺었다.

18
과수원 경영

8 · 15 해방 직후 경산 계신 장모님이 부랴부랴 내가 살고 있는 고창까지 오셨다. 중요 이유인 즉 경산에는 큰 과수원이 있는데 일인 소유이며 가옥도 좋고 목욕탕도 설비되어 있고 논도 딸렸는데 몇 푼(50원으로 기억됨) 안주면 살 수 있으니 그것을 사자는 것이다. 일본의 굴레에서 벗어났으니 이제부터는 민중해방운동에 열중해야 되는 마당에 이 막중한 과업을 버리고 농촌에 묻힌다는 것은 안 될 일이었다. 우리 민족의 고혈을 빨아 만들어진 적산을 명색이 항일 민족운동을 한 내가 사들인다는 것은 어불성설 안되는 일이었다. 나는 털끝하나 왜적의 재산에 손을 대서는 안된다는 것이 내 철학이어서 장모님의 말씀을 거절했었다. 앞서도 언급했지만 전주 형무소에 수감되어 있을 때 때마침

우리 감방에는 우리 동지들 뿐이었기에 장차 나가면 무엇을 할 것인가 라고 물었던 적이 있었다. 이구동성으로 과수원이나 경영하면서 여생을 보낼까 한다는 대답이 대부분이었다. 그 말을 들은 나는 크게 실망했었다. 그들은 이미 해방 전선의 낙오자였기 때문이다.

그러던 내가 옛 동료들과 외부와의 연락이 끊긴 채 산간벽지에서 초야에 묻힌 채 삶에만 허덕이고 있으니 나의 일생은 종말을 고한 듯 했다. 해방 후 대부분 동지들은 월북했고, 이번 전쟁으로 그나마 남아 있던 동지들마저 소식이 끊어지고 외부 사정과 단절된 속에서 과수나무만 쳐다보고 사는 신세가 되어 버렸다. 전주 형무소에서 나에게 과수원을 경영하고 싶다던 그 동지들은 지금 무엇을 하고 있을까. 나는 이런 가련한 신세가 될 바에야 경찰의 요시찰자 무차별 학살 때 혁명가로서 고결한 삶을 마쳤을 수도 있었으련만 하고 부질없는 삶을 개탄해본 일이 한두 번이 아니었다. 경찰은 내가 경산에 잠복한 것을 모르는 것 같았다. 정부가 부산으로 천도할 때 국회의원들도 따라 내려가게 되었는데 마침 장홍염군이 경산을 지나게 되어 경산경찰서를 찾아가서 나를 찾아 달라 부탁했더니 백방으로 찾아봐도 찾지 못했다는 것을 미루어보면 나는 옳게 피신을 하고 있었구나 하고 느꼈다.

19
단독정부 수립

이 항목은 윗글과는 문맥이 닿지 않으나 이때까지의 글에서 해방 후 단독 정부 수립이라는 중요한 사항을 너무 소홀히 다뤘기 때문에 다소 중복되는 감이 있으나 다시 써보기로 했다. 그러니 윗글에서 언급한 것이 다소 중복된 부분이 있으리라고 믿어진다.

일본의 조선 통치 중에 제정러시아에서는 혁명이 일어나 짜르정부가 무너지고 공산정권이 들어서면서 약소민족해방정책을 근간으로 하는 소비에트정권은 조선민족 해방을 적극 도와왔다. 그리하여 재정적 지원 뿐 아니라 많은 인재를 교육시켜 조선으로 보내 해방전선에 가담케 했던 것이다.

조선 말기의 조선 내 형편은 어떠하였던가. 조선 인구의 8할 이상이 농민으로서 그 중 자작농은 3할도 못되고 나머지는 소작농으로서 지주의 농토를 소작하였으며 생산량의 6할 이상을 지주에게 소작료로 바쳤고 매월 5푼 이상의 고리채로 자녀 혼례비며 경조사에 쓰이는 비용을 마련하였다. 가을에 추수가 끝나기가 바쁘게 농민들은 빈손이 되어 목숨을 연명하기 위해서는 연리 10%가 넘는 장리를 지주로부터 얻어먹게 되고 농민은 점점 더 살기가 어려워져 거지가 되어 남부여대하고 유리걸식자가 늘어났다. 이렇게 되니 지주 계급과 농민 계급은 뚜렷한 계급 차를 나타냈고, 봉건통치배의 폭정 아래 신음하는 백성들은 나라에 대한 애착보다는 호구지책이 더욱 급한 형편이었다. 그때 농민들의 초근목피 중에는 갈분이 제일 값진 것이었다. 갈분은 야산에도 없고 심산을 헤매다가 어쩌다가 칡뿌리를 캐어 와서 절구통에 찧고 맑은 물에 몇 번이나 우려낸 다음 맷돌에 갈아서 채에다 쳐 가루를 만드는 것인데 여간한 수고가 드는 것이 아니었다. 농민들은 그래도 쌀만은 못한지라 부잣집을 다니면서 쌀과 바꿔 갔다. 그 때 갈분 2되에 쌀 한 되를 주고 바꿔 갔다. 지금 생각하면 어처구니없는 교환이었다. 잘은 모르지만 지금 시세로 봐서 갈분 1되 값어치는 쌀 한 말값이 될 것이다. 그 때 우리 집에서는 특효약인 칡술을 담그기 위해 농민들이 들고 온 갈분을 자주 쌀로 바꿔 주곤 했다. 그 때 농민들이 큰 은혜나 입은 것처럼 고마워 했던 기억이 난다.

위에서는 부패 관리들이 친일, 친중, 친러로 나뉘어 싸우고, 결국엔 일본의 득세와 함께 나라를 빼앗기고 말았지만 다행히도 우리 민족에게는 애국심이 남아 있었다. 필자가 위에서 먹고 사는 데에만 매달리느라 백성에게서는 애국심을 찾아볼 수가 없다고 하긴 했으나 그 힘든 상황에서도 빈농층으로 구성된 의병이 일본군과 맞서 곳곳에서 전투가 벌어졌다는 것을 앞에서도 언급한 것처럼 애국심은 미약하나마 끈질기게 남아 있었다. 그러니 우리의 전력은 외세의 간섭과 봉건 통치배의 무능 부패한 정권의 탄압으로 힘없이 무너져가고 있었다.

일본제국주의는 이를 틈타 조일합방을 하자마자 각 관공서 심지어 경찰파출소, 보통학교 직원까지 전부 일인으로 교체하고 조선을 약탈하기 시작했다. 철도를 부설하고 항만을 개설하여 약탈의 수단을 만들고 동양척식회사를 설립하여 약탈의 발판으로 삼았다. 동양척식회사는 첫 사업으로 토지조사를 실시하였는데 이를 통하여 조선인 소유의 땅을 강탈하여 조선 전체 땅의 절반이 동양척식회사 땅이 되어 버렸으며, 조선 농민은 조선 지주의 소작농에서 일제의 소작인으로 전락하고 말았다. 그리하여 조선에서 생산되는 중요 농산물 즉 쌀, 면화, 기타 일본 사람이 필요로 하는 모든 물건은 일본으로 가져가고, 조선 사람에게는 만주에서 콩기름 짠 찌꺼기 대두박, 좁쌀들을 가져다 먹였다.

그 때의 고관들은 일제의 협박과 회유 공갈이 있긴 했지만 조선의 주권을 일본에 바친 대가로 이권과 작위(일본에서 국가에 공로가 큰 사람들에게 공작, 후작, 백작, 자작, 남작의 특수한 위계를 만들어 백성 위에 군림하게 하였다)를 부여받아 호화로운 생활을 누렸다. 백성들은 그들의 저택 앞을 지날 때면 머리를 숙이고 지나가야 했다.

그러나 조선의 민족혼은 아주 썩어 없어진 것은 아니었다. 조선 사람들은 둘이만 모여도 이들을 매국노라고 매도하고 일제에 대한 반항운동이 일어났다. 민영환 열사의 할복사건이라든지 안중근 의사의 이등박문 사살이라든지 나석주 의사의 동양척식회사 폭탄 투척 등이 연이어 일어나고 각처의 농민 반항운동은 꼬리를 물고 일어났고, 결국에는 3 · 1 운동이 폭발했다. 3 · 1 운동은 일본의 조선에 대한 식민지 차별 정책에 대한 민족의 분노가 폭발한 것으로서 조선 민족의 각계각층이 총 궐기한 사건이며 남녀노소를 막론하고 온 민족이 합세하며 항일운동에 떨쳐나선 민족혼의 발로였다.

나아가 3 · 1 운동은 식민지 통치에 신음하던 조선민족에게 민족혼을 일깨워 상해, 간도, 만주, 하얼빈 등 중국이나 연해주 등지의 러시아로 애국지사들이 몰려나가 독립운동의 터전을 마련하는데 눈뜨게 했다. 독립지사들은 상해에서 조선임시정부를 수립하고 조선독립운동의 지휘부를 창설하고자 했다. 그러나 해결해야 할 난제가 겹쳤다. 첫째가 재정문제였다. 명색이 정부인데 각 부서도 갖추어야 하고, 외교, 군사 등 엄청난 재정이 필요한데 이역만리 객지에서 의식주도 변변히 해결하지 못하는 처지에서 이 엄청난 재정 수요는 감당할 길이 막연했다. 이 재정적 수요를 감당하기 위한 수단은 특공대를 조직하여 국내에 잠입시켜 부호들을 찾아가서 자금을 염출하는 것이 고작이었다. 이 특공대들은 무장과 복면으로 정체를 가리고 가택침입을 했다. 침입을 당한 사람들은 강도나 만난 듯 공포에 떨었으나 3 · 1 운동 직후부터는 민족혼이 고조되어 오히려 일본 경찰에 발각되지 않을까 두려워하면서도 금품을 제공했다.

상해임시정부는 조선민족에게 일종의 긍지를 심어준 것은 사실이나 독립투쟁을 앞장서 이끌지 못하고 국제사회에서도 뚜렷한 자격을 인정받지 못했다. 재정이 너무도 곤궁했다. 주재국 중국으로부터도 하등의 지원을 받지 못했으며, 국내에 잠입하여 무장재정사업을 벌였으나 그것 역시 재정적 해결책은 될 수 없었고 따라서 날이 지나면 지날수록 그 힘은 더욱더 흐지부지 약해져 갔다.

당시 이승만이 미국의 승인을 받으러 간다는 명목을 내세우며 임시정부의 빈약한 재정을 몽땅털어 가지고 미국으로 건너가 버렸기 때문에(사실은 이탈) 상해에 남은 임시정부 요인들은 의식주가 곤란해서 빈궁한 생활을 면치 못했다. 미국에 건너간 이승만은 미국에 사는 동포를 포섭하여 '한인독립후원회' 라는 것을 조직하고 회비를 거두어 호화로운 생활을 했다. 그는 상해에 있는 임시정부와는 연락조차 하지 않고, 한인독립후원회 회비는 징수하는 대로 자기 사생활에 유용했다. 임시정부에서는 몇 번이나 이승만에게 돌아와줄 것을 독촉했으나 이승만은 끝내 돌아오지 않았다. 국무회의를 몇 번 연기하면서 까지 소환했으나 허사였다. 임시정부 측은 할 수 없이 이승만을 탄핵하고 김구 선생을 주석으로 하는 정부 개편을 단행했다. 이승만은 거부가 되어 궁궐 같은 저택을 구입하고 미국 여자 프란체스카 부인과 결혼 생활을 하면서 미국 고관들과 접촉했다.

한편 조선 국내에서는 농촌에서 공장에서 학교에서 항일투쟁이 꼬리를 물고 일어났다. 농촌에서는 전남 하의도에서 송내호씨가 주도한 농민항쟁 사건을 필두로 하여 암태도에서 송명호씨가 주도하는 농민항쟁이 뒤이어 일어나는가 하면 각처에서 농민운동이 요원의 불길처럼 번져갔다.

공장에서 동맹파업이 끝없이 이어졌으며 학교에서는 학생사회과학연구소가 이끄는 각 학교 항일동맹휴학이 전국을 강타했다. 그것이 모태가 되어 동맹휴학 옹호동맹이 결성되었으며, 여기서 전국의 학생운동을 총결집하고 하나의 조직체계로 묶어 학생 항일혁명의 중심체를 건설한 것이 "ㄱ"당 조직이었다. 나는 여기서 꼭 증언을 남겨야 할 의무를 느낀다. "ㄱ"당 조직에 대하여 해명하거니와 당시의 창설자는 필자인 바 명칭에 대해서는 확정한 바 없고 한글의 첫째인 "ㄱ" 또는 "CS"(COREA STUDENT 코리아 슈트던트)가 거론되었으나 확정을 보지 못했고, "당"이란 말은 거론되지도 않았다. 학생들이 "당"을 결성하리만큼 무식한 처지도 아니고 2회 이상 참석한 이현상, 최성환, 이철하 군 등은 당시의 조선공산당 휘하 조선 공산청년동맹원으로서 학생운동 지도자로 출석한 것만 보아도"당" 운운은 어불성설이고, 당시 사법당국이 "CS"를 코뮤니스트 스튜던트(Communist Student Party) 즉 학생공산주의자로 날조하여 언론기관에 퍼뜨렸고, 언론기관이 이에 편승 · 보도함으로써 세칭 학생공산당이 되고 말았던 것이었다.

이 때 사회단체로서는 민족주의자들이 주축이 된 의열단, 흥사단이 창립되었고, 청년단체로서 서울청년회, 북풍청년회, 화요청년회 등이 설립되었으며, 여성단체로서는 근우회가 건설되었다. 뭐니뭐니해도 항일단체의 주축은 코민테른(국제공산당)의 지도 아래 조직된 공산당이었다. 공산당의 조직을 발본색원하기 위하여 1차, 2차, 3차 검거와 대량 투옥 등 집중적인 일제의 탄압 만행에도 불구하고 항일투쟁의 총 지휘 본산으로서의 역할을 수행하였다. 그러나 민족주의자들과 공산주의자들의 반목이 효과적인 항일투쟁의 발목을 잡는 지경에 이르게 되자 이념을 초월한 총 항일 역량을 집결할 신간회가 조직되었고, 신간회를 통하여 항일투쟁의 면면을 잇게 되었다. 신간회에는 각계각층의 인사가 망라되었으며, 필자는 이때 청년부에 속해 있었다. 그러나 우리의 항일투쟁에는 아랑곳하지 않고 일본제국주의자들의 침략의 마수는 거침없이 커져갔다. 조선을 넘어서 중국으로까지 뻗어갔던 것이다. 일제는 먼저 만주를 점령하여 괴뢰 만주국 정부를 수립하고 악랄한 수탈을 감행하였다. 그 수탈의 전위부대로 조선 사람들이 이용되었다.

일제는 마침내 중국 전체를 집어삼키기 위해 중일전쟁을 도발하였다. 설상가상으로 이것이 도화선이 되어 마침내 제2차 세계대전이 발발하고 말았다. 전쟁 상대는 독일, 이태리, 일본 등을 일방으로 하고, 미국, 영국, 프랑스, 소련, 중국을 다른 일방으로 하였으며, 전자를 동맹국이라 칭하고, 후자는 연합군이라 칭하였다. 전쟁 초기에는 동맹군의 기습작전으로 연합군이 대거 후퇴를 당하고 동맹군은 승승장구하여 연합군의 영토를 점령하는가 하면 심지어 프랑스는 완전히 국토를 점령당하였고, 소련은 국토의 상당 부분을 점령당하였다. 그러나 연합군이 전열을 정비하고 반격에 나서 전세는 역전되었다. 그때 중국에서는 장개석군과 모택동이 이끄는 공산군이 국공합작을 성공시켜 항일전선을 확대 · 강화하였다. 이 무렵 연합군의 승리가 목전에 보이자 연합군의 수뇌들이 카이로에 모여서 세계 각처에 있는 동맹국의 식민지 해방 문제를 다루는 동시에 조선도 일본으로부터 해방시킬 것을 결의하고 선언하였다. 이것이 소위 「카이로 선언」이라 불리는 것이다.

1945년 8월 15일 일본이 무조건 항복을 했다. 일본의 항복은 8월 6~9일 히로시마와 나가사끼에 미군이 원자 폭탄을 투하하여 세상을 깜짝 놀라게 하는 위력을 보이는 한편, 한쪽에서는 소련군이 조선에 진군하여 일본군을 전멸시킨 결과였다. 드디어 일제가 물러가고 소 · 미 양군이 남북으로 각각 진주하였다. 해방을 맞은 조선 민족은 하늘을 날듯이 기뻐하였고 양군의 진주를 열렬히 환영하였으나 양군의 군정이 시작되자 침통한 분위기 속에 민족해방운동을 다른 각도에서 전개하지 않으면 안 되는 상황에 봉착하게 되었다.

그때 전쟁 중 조선 사정은 어떠하였던가? 일제는 전시체제를 선포하고 내선일체(일본 사람과 조선 사람은 하나다), 동조동근(일본 사람과 조선 사람은 선조가 같다) 따위의 잠꼬대 같은 논리를 내세워 조선인민을 전쟁의 총알받이로 끌어들이려 혈안이 되었으며, 대동아 공영권을 만들어 동양 3국이 세계에서 위세를 떨칠 때라고 강변했다. 일제의 위력에 짓눌린 조선의 내노라하는 지식인들이나 학자, 지주, 자산가들은 입도 열지 못하였고 속속 변절하였다. 3·1운동 때 독립선언문을 기초한 최남선은 만주괴뢰정부학교 교수로 갔고 문인 이광수는 민족개조론을 발표해서 민심을 현혹하였다.

조선 사람도 일본 신사에 참배해야 했다. 국어(일본어) 전용이라 하여 일어를 반드시 쓰게 하였다. 관청에서는 일어를 쓰지 않으면 민원을 받아 주지 않았고, 기차역에서는 조선말로 하면 기차표를 팔지 않았다. 머리는 빡빡 깎아야 했으며, 누런색의 전투복 전투모에 각반을 차고 지까다비를 신어야 했다. 조선 사람의 성을 없애고 일본식 성으로 창씨개명을 해야 했다. 일제의 강요 앞에 울분을 속으로 삭이면서 조선 사람들은 일본식 성 가네무라(金村), 니시야마(西山) 등등으로 성을 바꾸었다. 이것이 동조동근의 논리에 합당하고 일본 천황의 특별한 은혜라고 떠들어 댔다.

공출이라 하여 조선에서 생산되는 농작물 일체를 일제는 착취해갔다. 농민들은 농사만 지었지 손에 남는 것은 아무 것도 없었다. 당장 먹을 식량조차 남기지 않고 몽땅 털어가 버렸다. 행여나 농민들이 벼 한 톨이나마 숨겨 두었을까봐 일제 관헌(그중에는 일제에 고용된 조선 사람도 끼어 있었다)들이 몰려와 집안을 샅샅이 뒤지는가 하면 그것도 모자라서 창으로 땅을 찔러서 식량 같은 것을 숨겨두었는가를 조사했다. 다음해 심을 씨나락이라도 숨겨두었다가 발각되는 날이면 붙들려가서 곤욕을 치렀으며, 제사 때 선조에게 밥이라도 한 그릇 올리려고 베개에다가 쌀을 감추어 두었다가 털린 일도 있었다. 조선에서 털어간 것은 농산물 뿐만 아니었다. 우리가 끼니 때 먹고 있는 식기 숟가락 기타 금붙이는 말할 것도 없고, 우리가 덮고 자는 이불까지 빼앗아 갔다. 그들은 식량을 빼앗아 가는 대신에 콩깻묵, 해초 등등을 배급 주었고, 굶주린 조선 사람들은 초근목피로 아사지경이었다. 다음은 사람공출이었다. 늙고 병든 늙은이나 어린이를 빼놓고는 조선인으로서 일할 수 있는 모든 인력은 노무자로서, 군인으로서, 광산 등등으로 모조리 끌려갔다. 처음에는 징집명령이 나오더니 나중에는 일제 관헌들이 부락을 돌면서 마구잡이로 붙들어 갔다. 그래서 조선 사람들은 그들을 피해서 숨어 살다가 숨바꼭질 희비극이 벌어지기도 했다. 이번에는 정신대라 하여 젊은 여자를 붙들어 갔다. 전선에 있는 병정들의 성적 충족을 위해서 소위 위안부라는 이름을 붙여서 끌고 갔다. 그들은 전쟁터에 가서 병사들의 성행위의 대상이 되는 것이었다.

일제는 조선 청년들을 의용병이라는 명칭으로 전선에 끌어갔다. 일제는 조선 사람 중에 이름깨나 알려진 명사 학자, 예술가, 종교인, 부유층들을 시켜 의용병 출병 권고 연설을 방방곡곡에 끌고 다니면서 강제로 시켰다. 그들은 한결 같이 천황폐하의 특혜를 입어 조선 사람도 대동아 성전에 참여할 수 있게 되었으니 이 보국행렬에 기꺼이 참여하라고 권고하는 전쟁고취발언을 하고 돌아다녔다. 조선의 애국지사라는 허울을 쓴 역적의 무리들은 거의 이 연설자의 무리에 참여했고, 일제가 아주 위험시하는 사람들은 제외시켰다. 그러나 이름만 의용병이지 강제 징병이나 마찬가지였다.

다음은 학병이라 하여 고등보통학교 이상 재학하는 학생들은 모조리 군에 끌어갔다. 이들은 주로 남방전선에 배치되었다. 일제는 또 부호들을 시켜 보국운동이라 하여 비행기 헌납을 강권했다. 일제의 강권 · 협박에 못이겨 비행기를 헌납한 사람이 속출했다. 또한, 일제는 사상보호관찰소를 만들어서 사상범 전과자중 위험시되는 사람은 재판도 없이 감금했으며 나머지는 거주 제한하여 시골 궁촌에 퇴거시켰다. 그걸로도 모자라서 조선혼을 뿌리 뽑기 위해서 중등교육 이상자는 모조리 몰살할 계획을 짜고 있었다.

이런 상황에서 일본 천황의 무조건적인 항복 연설이 있었고, 이에 일본이 조선반도에서 퇴각하기 시작하자 조선 사람들은 순식간에 전부가 애국지사가 된 듯 조선 반도가 들끓었던 것이다. 그때는 정당법이 있을 리 없었고, 따라서 정당이 우후죽순처럼 속출하였다. 몇 명만 모여서 쑥덕쑥덕하면 당이 생겼고, 날마다 새로운 당이 만들어졌다. 이런 정당이 하부조직이 있을 리 없고 사상누각이 대부분이었다.

정당 이야기는 뒤로 미루고 이 항목이 단정수립에 관한 항목이기 때문에 단정수립에 미치는 중요 정세만 이야기하겠다. 박헌영의 8월 테제가 정국에 큰 변수를 일으켰다. 그 테제의 전문은 기억할 수 없으나 요지는 친일파 반민족 행위자를 제외한 노동자, 농민, 근로자, 소시민, 양심적인 기업가가 참여한 전민족적 정당을 수립한다는 것이었다. 이것은 우리의 운동 방향을 제시함으로써 조선의 다수 인민은 감흥을 받았다.

사람은 식욕, 성욕, 수면욕 이 세 가지 욕망을 가지고 있다고 하는 데 나는 이 세 가지 욕망 외에 권력욕이란 본능을 더 가지고 있다고 믿는다. 사람은 개인끼리 자기의 우월성을 과시해서 상대를 압도하려 하고, 작게는 한 가정의 가장이 가정에서 자기의 권위를 내세우기도 하고, 사회단체 즉 노동자단체, 예술인단체, 기술인단체 등등 단체들이 그 단체의 본래적 속성에 따라 시대적 · 사회적 권위를 목표로 세우고 움직이는 것은 그 저변에 깔려 있는 권력욕의 발로인 것이며, 정당이란 일본의 정치학자 오오야마(大山郁夫)가 정의한 바와 같이 “정권을 쟁취하려는 집단”으로 사회단체나 정당은 궁극적 목표가 권력을 잡기위한 수단이라고 믿는다.

해방 후 각 단체와 정당들이 무수히 난립하였는데 그중에 특기할 만한 것이 〈건국준비위원회〉다. 〈건국준비위원회〉는 우리나라 각계 각층의 인민들이 집결되었는데 우리나라의 기라성 같은 지도자들이 총망라 되었고, 단지 친일파 민족반역자, 극우분자들은 제외되었다. 각 사회단체 즉 청년동맹, 예술인단체 등등이 그 산하에 들어왔고, 우리 손으로 나라를 건설한다는 취지하에 치안을 유지하고, 질서를 지키는 데까지 앞장섰다. 지방 방방곡곡 부락 단위까지 결성을 보아서 우리민족의 자치 능력을 충분히 과시했다. 한편으로 국군준비대가 결성되었으며, 귀환한 학병동맹원들의 눈부신 활동은 우리들의 가슴을 뭉클하게 하였다. 그것을 토대로 하여 인민위원회가 상부권력구조로서 조직되었다. 이것 역시 부락단위까지 결성되어서 하부에서는 행정까지 담당하였다. 지방에 있는 유지나 지식인들은 기꺼이 인민위원회에 가담하여 전 민족이 일체가 된 것을 과시했다.

그러던 중 미군정이 실시되고 군정의 틀이 점점 잡혀 나가자 군정의 상급 간부들은 친일파 민족반역자 또는 극우분자로 바뀌어 지면서 인민위원회는 구멍이 뚫리기 시작했다. 중앙에는 어떤 변화가 일어나고 있었는지 모르겠으나 지방에서는 적극 가담하고 있던 부호나 유지들의 태도가 변하기 시작했다. 이런 변화 속에서도 중앙인민위원회에서는 내각 명단 발표가 있었다. 그에 의하면 대통령에 이승만, 문교부장에 김성수 등이 끼어있었다. 모든 사람들은 어리둥절하여 이것이 허구가 아닌가 귀추를 주목하고 있던 차에 이들 인사가 참여를 거부하고 미군정도 존재를 인정하지 않음에 따라 인민위원회의 위세는 꺾이기 시작했다. 때마침 중앙에서는 전국 인민대표자대회가 열려 각 지방 대의원들의 보고가 있었는데 소련군 점령하의 이북 대의원들은 소련군이 인민위원회에 행정권을 일임하고 있다고 보고하는데 반해 남한의 대의원들의 보고는 정반대의 내용이었다. 이때만 하더라도 남쪽과 북쪽이 같은 단체나 같은 정당을 할 수 있었고 사람 왕래도 자유로웠다.

남쪽에 주둔한 미군은 점점 군정을 강화하면서 민주 세력을 탄압하기 시작했다. 친일파 민족반역자를 등용하여 행정을 담당

케 하고, 자기들 비위에 맞는 극우세력을 발탁하여 자리에 앉혔다. 한편 이승만의 환국과 상해에 있는 임시정부 요인들의 환국이 있었다. 이승만은 귀국하자마자 인민위원회에 합류를 거절하고 〈독립촉성중앙협의회〉라는 것을 조직하여 말끝마다 덮어놓고 자기를 따르라고 외쳐댔다.

2차대전 와중에 미군 비행기로부터 조선 인민에게 보내는 이승만의 메시지가 뿌려졌었다는 루머가 시정에 떠돌았다. 그리고 이승만이 미국에서 조선독립운동을 했었다는 풍설이 떠돌았다. 그래서 조선 사람들 중에는 이승만을 흠모하는 사람이 상당히 있었으므로 이승만의 연설장에는 사람들이 많이 모였다.

이승만의 귀국 다음에 상해임시정부 요인들의 환국이 있었는데 당시 미군정에서는 각 요인들이 개인 자격으로 환국하는 것을 조건으로 귀국을 허락하고 임시 정부 자격으로 환국하는 것이 아니라고 강조했다. 위 두 세력이 환국함으로써 우익진영은 다소 활기를 띠었다고 볼 수 있었으나 이승만, 김구 두 세력 간의 반목이 더 주목할 만했다.

그러자 1945년 12월에 모스크바 3상회담 결과가 발표되었다. 즉 조선을 소 · 미양국이 5년 동안을 신탁통치한 다음 독립정부를 수립하게 한다는 것이었다. 이 소식이 전해지자 조선 내에는 벌통을 쑤셔놓은 듯이 발칵 뒤집혔다. 즉 좌익진영에서는 이를 지지하는 찬탁운동을 펼쳤고 우익진영에서는 이를 반대하는 반탁운동을 벌였으며 찬탁, 반탁 운동은 요원의 불길처럼 번져 총국민운동이 되어 전국으로 번져 나갔다.

결국 모스크바 3상회담에서 결정한 신탁통치를 하기 위해서 소련과 미국이 공동위원회를 열게 되었고, 이 공동위원회에 참가할 각 사회단체나 정당의 신청을 받았다. 그 결과 좌파에서는 모조리 참가신청을 내게 되고 이를 반대한 우파에서는 신청을 거절하였다. 소련은 좌파의 입장을 지지하고 나섰고, 미국은 우파를 지지하고 나섰다.

소련은 참가를 신청한 정당, 사회단체만 참가시키자고 주장했으나 우파를 토대로 하고 있는 미국은 소련의 제의를 받아들일 리가 만무하였다. 회의는 덕수궁에서 열렸는데 참가를 신청한 좌파 대표들까지 참가하고 보니 회의장은 대성황이었다. 그러나 회의는 양측이 주장을 굽히지 않아 조금도 진전을 보지 못하고 횟수만 거듭하다가 미국 측의 무성의로 결국 회의는 중단되고 말았다. 이어서 미국 측은 남쪽에 단독정부를 수립할 계획을 진행시켰다. 그 무렵 조선 내 경제 사정은 어떠하였던가. 일제에게 식량뿐만 아니라 중요 농산물 심지어 이불, 숟가락, 식기까지 강탈당한 폐허 속의 조선 인민의 생활상은 처절하였다. 민족자본이라고는 있을 리 없고 조선 사람이 운영하고 있는 조그마한 규모의 공장까지 합쳐도 손가락으로 꼽을 정도였다. 일제의 조선 정책은 남농 · 북공(남조선에는 농업, 북조선에는 공업)정책이었기 때문에 남선에서의 공업시설은 더더욱 미약했다. 그래서 38선이 갈라진 뒤에도 압록강 수력전기를 끌어다 썼고 함흥비료공장의 비료를 공급받았다. 그 반면 미국에서는 전쟁이 너무 일찍 끝나게 되어 잉여 군수 물자로 미국 경제가 위태롭게 되자 마샬 플

랜을 입안하였다.

마샬 플랜에 따라 조선에는 무상으로 원조물자가 쏟아져 들어왔는데 잉여농산물을 위시해서 일용 생필품, 비료, 기름, 헌옷, 과자 등등 미국상품이 조선 시장에 넘쳐흘렀다, 그때 모측에서는 미국 내 사정도 모르고 미군정에게 기성품으로 원조해주기보다 원자재를 원조해주면 조선의 실업인구도 줄이고 경비도 절약되지 않겠느냐고 제의를 했다는 웃지 못할 이야기를 들은 적이 있다. 어떻게 되었거나 미국의 원조는 조선 사람들에게는 가뭄에 단비요 임종에 회생약 역할을 하였으며 미군이 구세주같이 추앙되었다.

한편 거꾸로 이북에서는 소련군이 아오지탄광설비를 본국으로 뜯어갔다느니 하는 유언비어가 횡행해서 미국과 소련군의 이미지가 조선 민족에게 거꾸로 투영되었다. 그뿐만 아니라 미국의 원조는 이승만이 미국 정부에 교섭하여 얻어온 물자라는 날조된 선전이 퍼지면서 이승만을 절대적으로 믿는 사람이 늘어났다.

미군정은 처음부터 좌파세력을 혐오하고 우파세력을 옹호했다. 정판사에서 지폐를 위조했다고 조선공산당에 뒤집어씌우더니 테러단체 대동청년단을 조직해서 좌익진영에 온갖 테러행위를 감행하고 좌익진영의 청년동맹의 행위는 일일이 입건 엄벌했다. 마침내 최대의 민주정당인 남조선노동당을 해산시키고 극우보수 지주계급당인 한국민주당을 시녀로 삼았다. 이것은 미군정의 남조선 단독정부 수립의 포석이었다.

남조선 단독정부 수립이란 발표가 있자 국내는 벌집 쑤셔놓은 듯 발칵 뒤집혔다. 일부 우익진영에서도 반대운동이 일어났으나 오직 이승만을 신주같이 모시는 한국민주당만이 지지하고 나섰다. 임시정부 측 인사들이 주축인 한국독립당도 발벗고 나서서 반대운동을 전개했다. 그들은 좌우합작을 통하여 통일정부를 수립하자고 하면서 좌우합작운동을 전개했다. 김구, 김규식 등 남쪽의 우익, 중간파 민족주의자도 참가한 가운데 평양에서 〈남북조선 제정당 사회단체연석회의〉가 개최되었다. 남조선 단독정부 수립에 반대하는 결의안을 채택하고 이어 남북 요인 15인이 모여 남북조선 제정당 사회단체 지도자 협의회를 갖고 외국 군대의 즉시 철거와 외국 군대의 철거 후 내전발생 반대, 전조선 정치회의를 소집하여 조선 인민의 각계각층을 대표하는 민주주의 임시정부를 즉시 수립할 것 등을 결의하는 등 커다란 성과를 거두었다. 민주진영은 어떻게 하든 남쪽만의 단독정부 수립은 막아야겠다는 애국애족의 마음으로 굳게 뭉쳤다. 단독정부 수립 반대 운동은 날마다 고조되었다. 운동의 열기가 올라가면 올라갈수록 미군정의 탄압도 극에 달했다. 불법집회, 시위, 난동, 온갖 죄명으로 단독정부 수립 반대운동자들을 체포 · 구금하여 중형으로 다스렸다. 계엄 상태 속에서 단독정부 수립은 진행되었다.

1948년 7월에 남조선만의 국회의원을 선출하게 되었다. 풍설에 의하면 미군정과 이승만 사이에 이승만을 대통령으로 추대한다는 묵계가 있었다는 설도 있었다. 이승만은 서울 성북구에서 출마하게 되었는데 같은 구에서 최능진이란 사람이 입후보등록을 하게 되었다. 미군정 당국은 최씨에게 위협 · 공갈뿐만 아니라 생명에 위해를 가해 등록을 방해하고 신변을 감추게 하였다.

반대 여론이 들끓는 중에서 단독정부를 수립하기 위한 국회의원 선거가 마침내 실시되었다. 수세기 동안 굴종 속에서만 살아오던 조선민족은 권력의 위협 속에 투표장에 몰려 나왔다. 선거 결과는 참다운 애국자나 양심적인 인물은 단독정부 수립을 반대하여 단독정부 수립을 위한 음모의 일환으로 치러지는 선거에 참여하지 않았고, 민중 위에 군림하는 인사들이 대부분 당선되었다.

드디어 남쪽만의 국회가 전 총독부 회의실에서 열리고 헌법 규정에 따라 최연장자 이승만이 임시의장이 되었다. 국회의 첫 임무는 헌법을 제정하는 일이었다. 헌법 기초는 원외 인사인 유진오가 기초했는데 대통령의 선출은 국회에서 하는 것을 골자로 하는 내각책임제 헌법안이었다. 원내 공식 헌법기초위원장은 서상일이었는데 이승만의 재가를 받아야 했다. 서상일이 이승만에게 재가를 요청하자 이승만은 내각책임제로 한다면 자기는 대통령을 하지 않겠다고 버티는 바람에 대통령책임제로 하룻밤 사이에 바뀌었다는 웃지 못할 설이 있다. 국회에서 대통령을 선출한 결과 이승만이 과반수로 당선되었고, 국호를 〈대한 민주공화국〉으로 정했다. 그리하여 남쪽만의 단독정부는 우여곡절 끝에 수립되었다.

한편 북조선에서도 1948년 9월에 남쪽과 1개월여 사이를 두고 정부를 수립하였다. 남쪽정부와 북쪽정부와의 비교 차이는 남쪽에는 북녘 대의원이 없었던 반면에 북쪽 정부에는 남녘에서 각 군 대의원이 참석한 것이다. 남조선에서는 군마다 인민위원회를 열어 대의원을 선출해서 북송시켰다. 이리하여 단일민족 통일국가로 내려오던 5천년 역사는 깨지고 같은 조상 같은 혈통인 우리 민족은 아름다운 금수강산을 두동강이로 나누어서 상극된 체제 속에서 서로 왕래도 못하고 서신조차 끊겨서 안부도 물을 수 없게 되어버렸다. 생각하면 생각할수록 5천년을 내려오면서 모든 국난을 함께 겪어 왔고. 국난이 있을 때마다 힘을 모아 분투하고 같이 걱정하고 같이 서러워하던 옛정을 생각하면 가슴이 메어지도록 분하고 안타깝기만 하다.

20
남조선노동당

내가 네 살 때 즉 1910년 합방조약을 전후하여 일본군의 횡포는 이만저만이 아니었다. 조선 국군을 해체시키고 자기들 군대를 주둔시켜 일국의 황후까지 살해하고 각지에서 일본군에 반항하는 의병들을 토벌한다고 각지로 돌아다니면서 농민을 약탈하고 이에 항거하는 사람은 참혹하게 살륙했다. 이에 분개한 농민들은 의병을 일으켜서 맨손으로 그들에게 저항했다. 그때 의병에 나선 사람은 빈농 뿐이었고, 중농 이상은 의병을 사문난적으로 폄하했다. 의병들은 보급이 전혀 없었기 때문에 농촌에 스며들어 밥을 구걸하고 다녔다. 농촌사람들은 의병이 하마 찾아올까봐 조마조마하고 의병이 출현하면 강도나 적군처럼 무서워하고 집을 비우고 식구를 거느리고 피신했다. 나도 어머니가 무엇엔가 쫓기어 피신하던 중에 출산하여 몸에 상처를 입고 태어난 사람이다. 그러나 그때 의병들은 부대도 없고, 조직도 없이 수명씩 떼지어 다녔고 계몽 선전도 없었다. 나라를 위해서 싸운다는 신분도 밝히지 않고 농민에게 회유공작도 없었다. 이러한 오합지졸의 의병들이지만 나라가 멸망하여 민족이 왜놈의 노예로 되는 것에 분노하여 자연발생적으로 일어난 애국적 대오였기에 그 역사적 의의는 대단히 컸다.

무력에 의해 강탈당한 국권을 무장투쟁으로 찾겠다는 의지는 뒷날 항일무장투쟁으로 이어졌으리라. 그때 관료들은 일본에 거반 매수되었고 선비들은 제 몸만 간수했다.

세계2차대전이 끝나자 우리 민족은 일본 제국주의 식민지로부터 해방을 맞이하게 되어 어떤 민족보다도 민족의식이 고양되어 있었다. 일제의 압박으로 인한 설움은 우리 민족의 가슴가슴마다 맺혀 있어 세계적으로 타오르는 피압박민족의 저항운동은 조선민족의 뇌리에는 신기루와 같은 것이었다. 러시아에서 1917년에 혁명이 일어나서 피압박 민중의 해방 물결이 해일처럼 일어나는가 하면 제네바 만국평화회담의 미국대표 윌슨의 민족자결론은 우리를 고무하였고 러시아 볼셰비키 혁명은 혁명의 여세를 몰아 세계 혁명의 등불을 밝히고 조선의 독립을 부추겼다.

1919년 3월 1일 거국적 항일운동은 세계 피압박민족의 해방투쟁에서 맥락을 같이한 것이라고 볼 수 있었다. 이 운동이 조선의 민족의식을 고양시키고 그 뒤를 이어 크고 작은 항일운동이 농촌에서 공장에서 학교에서 연달아 이어졌다. 조선총독부는 무단정치에서 한걸음 후퇴해서 회유정책을 시도하게 되었다. 그래서 그리 과격하지 않은 범위 내에서 언론 · 집회 · 결사가 허용되어서 각 사회단체가 결성되고 신문 발행과 웅변대회도 열리게 되었다. 이때를 계기로 상해에서는 임시정부가 수립되고 모스크바에서 교육을 받은 이동휘가 상해로 돌아와서 최초의 '조선공산당'을 조직해서 국내에도 세력을 뻗쳤다. 그때 중국에서는 5 · 4운동의 여파로 진독수(陳獨秀), 이대교(李大釗)가 이끄는 '중국공산당'이 조직되어 세계 공산혁명은 요원의 불길처럼 번져갔다. 그러나 이동휘가 이끄는 조선공산당이나 진독수가 이끄는 중국공산당은 각국의 무산계급해방운동의 미숙으로 성공적으로 활동을 하지 못하고 모습만 장렬한 채 역사 속으로 스러지고 말았다.

국내에서는 공산주의 각 청년단체가 속속 결성되었으나, 이 단체들은 단결하지 못하고 각파로 갈라져서 서로 비방하고 세력다툼을 일삼았다. 그때 각파의 계열을 살펴보면 상해파(상해에서 온 사람 중심), 북풍파(도쿄에서 온 사람 중심), 서울파(서울토박이), 화요파(이 역시 중국에서 온 사람) 등이다. 여성단체는 근우회가 있었는데 하나로 통일은 되어 있었으나 내부에서는 남자단체의 영향을 받아 암묵적인 각파의 다툼이 있었다.

1926년에는 '학생사회과학연구회'가 결성되었다. 이 단체에서 각급 학교 학생운동을 지도해 나갔다. 동년 6월 10일 고종황제 장례식 때 학생을 중심으로 하는 시위가 벌어졌다. 그것을 〈6 · 10만세사건〉이라 했다. 이 사건은 경찰과 충돌이 있어 수많은 부상자를 냈고, 무수한 학생들이 검거 투옥되었으며 실형을 살았다. 그해 '조선공산당'이 창립되었다. 그것을 일반적으로 '1차 공산당'이라고 부른다.(상해에서 결성된 것은 역사에서 무시된 모양이다) 그때 당수로서는 안동 출신 김재봉이란 사람이었다. 그 사람이 화요계 출신이긴 하나 1차 공산당은 각파를 망라한 조직으로 볼 수 있다. 그보다 먼저 모스크바에서는 코민테른이 조직되어 각국 공산당을 지도해 왔다. 그때 세계 각국에서는 거의 빠짐없이 공산당이 조직되었다. 그래서 각국 공산당은 코민테른의 승인을 받아야 했고, 지도를 받아야 했다.

1927년에 '1차 공산당'은 경찰에 의해서 일망타진되었다. 그 뒤를 이어서 '2차 공산당'이 조직되었다. 그 조직의 명칭은 "ML당"이라고 했다. 명칭을 공산당이라 하지 않고 "ML당"이라고 한 이유는 모르겠으나 마르크스 레닌주의당이란 의미는 확실하다. 당수로는 김준연씨가 되었는데 장기간의 복역을 하고 나온 후 김성수 농장의 지배인으로 있었으며, 전향해서 후에 '한국민주당' 창당 멤버가 되고 법무부장관까지 지냈다. 이 사건을 '2월 사건'이라고 세상에서는 부르고 있다. "ML당" 역시 1928년 2월에 모조리 검거되고 3차 당 조직이 진행되었다. 학생운동은 1927년에 절정에 달해서 전국의 중등학교 이상의 학교에서 빠짐없이 동맹휴학에 들어갔고, 일제에 항거했다. 동맹휴학의 요구 조건은 식민지 교육의 철폐가 주요 내용으로 되어 있다. 이 동맹휴학을 지도하기 위해서 '스트라이크 옹호동맹'이 조직되었고, 민족해방을 직접 목표로 하는 조선학생운동의 총 본영으로서의 조직을 만들어 민족해방의 학생중심체를 건설하게 되었는데 그것이 학생 "ㄱ당", 세칭 '학생공산당' 조직이었다.

1928년은 학생운동이 최절정에 달했던 해였다. 그해 8월에는 '제3차 공산당'이 뿌리채 뽑혀서 검거되고 바로 그 다음 12월에는 세칭 '학생공산당' "ㄱ당"이 모두 검거 · 투옥되었다. 그때부터 해방운동이 일견 잠잠해갔다. 그때 조선공산당에 부과된 임무는 다양했다. 첫째 일본 제국주의로부터의 해방투쟁이고 친일파 매국노에 대한 투쟁, 농민 문제에 있어서는 소작료 인하, 노동 문제에 있어서는 임금 인상, 노동시간단축, 휴가제 실시 그리고 조선 사회에 뿌리 깊은 봉건잔재 일소 등이었으나 지주나 자본가에 대해서는 화살을 피했다. 그때 전 민족은 사회주의운동을 민족해방투쟁으로 지지성원하고 있었으므로 사회의 각계 각층으로부터 호응을 받았다. 물론 언론이나 일반 시민 심지어 지주, 자본가로부터도 옹호를 받았다. 공산당의 전술로서도 일제와의 투쟁을 위해서는 조선민족이 일치 단결하여 총력을 기울여야 한다는 기본 방침 아래 토지문제 같은 지주에 대한 직접적인 화살을 피하고 단지 친일파 매국노에 대해서는 적대적이었다. 당시의 사회주의자들은 모스크바에서 교육을 받고 온 사람이 많았다. 이동휘, 조봉암, 여운형, 조두원, 현칠종, 강아그니아 등등 많은 사람이 있었다. 온 국민의 염원을 담아 신간회가 창립되었다. 사회주의자, 민족주의자 기타 해방 전사들을 총망라한 단체로서 해방 전선의 총 지휘부 역할을 했다.

그때의 민족주의자의 운동은 어떠하였던가. 뚜렷한 민족주의 단체는 없고 아쉽게 말하면 천도교 '청우회'를 들 수 있을까. 천도교는 동학을 지도했고, 3 · 1운동에 적극 참여한 종교단체이기도 하고, 독립운동단체이기도 한 존재였다. 해방 후에는 '청우회'를 '청우당'으로 이름을 고쳐서 정당으로 변신했고, 현재까지도 이북에는 '청우당'이 존재하고 있다는 말을 들었다.

신간회에는 조선의 명사들은 거진 망라되었으나 대지주, 대자본가, 이상재, 윤치영, 김성수, 송진우 같은 원로는 참가하지 않았다. 이들은 일제의 눈치를 봐서 참가하지 않은 것으로 생각된다. 그 외의 민족주의자 운동이라고는 동양척식회사 폭탄 투척사건(김상옥), 6 · 10만세 때 정무총감 암살음모사건(송학선) 상해에서 일어난 윤봉길사건 정도를 손꼽을 수 있으며 만주에서의 무장투쟁을 이끌고 있었다.

1929년 11월 광주학생사건이 일어났다. 통학하는 기차 안에서 조선인 학생과 일본인 학생 간에 사소한 시비 끝에 벌어진 사건이 전국에 확산되어 격렬한 항일투쟁으로 번졌다. 이러한 여러 가지 항일운동은 사회주의자들의 조직 선전에 의한 것이었다. 농촌에서 농민운동, 공장에서 노동운동, 광산노동운동, 학생운동 등등은 사회주의자들의 주동 아래서 일어났다.

8 · 15 해방이 되자 우후죽순처럼 하루아침에 즉흥적으로 조직된 공산주의 정당이 있었다. 이영을 중심으로 하는 조선공산당이 장안빌딩에서 조직되었다. 이것을 장안파 공산당이라고 부른다. 반면 박헌영을 중심으로 하는 공산당은 일제시기부터 시작된 조직으로서 하부에서부터 조직되어 왔다. 농촌에서는 부락

단위로부터 공장, 광산, 부두조직을 토대로 장기간 세월을 거쳐서 조직되었다. 그 결과 조선에는 2개의 공산당이 생긴 모양이 되었다. 급조된 이영의 장안파 공산당 문제는 일국에 2개의 공산당이 있을 수 없다는 공산당 조직에 어긋난 데 비추어 재건파(박헌영)에서는 장안파를 해산할 것을 완곡히 요구하였다. 나의 개인 입장으로 봐서는 장안파에 친분이 있는 인사가 많았다. 이영을 비롯해서 오영, 정백, 최성환, 윤규섭 등등이다. 나는 당시 재건파의 면 책임자이기도 했지만 뿌리도 없는 장안파 해체를 주장할 수밖에 없었다. 결국 장기 간의 협상과 투쟁 끝에 장안파는 해산되고 재건파에 흡수되었다.

중국에서 임시정부 요인들이 환국했다. 거기에는 한국독립당을 기조로 하는 요인들 외에 김원봉씨가 이끄는 혁명당이 있었고, 임시정부와 별도로 김두봉, 김무정이 이끄는 조선독립동맹이 있었다. 조선독립동맹은 모택동 휘하의 강력한 세력으로서 팔로군에 뿌리를 둔 전투적 세력이었다. 조선에는 헤아릴 수 없이 정당들이 많았는데 일일이 기억할 수는 없으나 기억나는 대로 열거하자면 대개 이러하다.

첫째, 조선공산당, 보수 지주세력인 한국민주당, 인민당(여운형씨가 당수인데 해방전부터 지하조직으로서 건국동맹), 신민당(백남운 당수), 권민당(여운홍 당수), 권농당(이훈구 당수), 청우당(천도교 주류), 조선민주당(안재홍 당수) 이외에 위에서 말한 중국에서 귀환한 3개당 등등이다.

그러나 대전 중 연합군의 총수격인 루스벨트 미국 대통령은 세계 정책을 구상하는 데 있어 조선은 일본으로부터 해방시키되 독립을 허용치 않고 20년 신탁통치를 구상하고 있었다. 즉 루스벨트 구상에 의하면 보수세력이 강한 나라에 반식민지정책을 쓰고, 좌익세력이 강한 나라에는 신탁통치와 식민지정책을 실시한다는 것이었다. 이것이 모스크바 3상회담에서 루스벨트 구상으로 나타났다고 볼 수 있다.

모스크바 3상회담 때 미국은 조선에 20년간 신탁통치안을 내놓았으나 소련 측의 주장으로 5년간으로 단축된 것이다. 그때의 미군정의 구성과 정책을 살펴보면 이런 면을 명확히 알 수 있다. 즉 조선민주당수 안재홍을 민정장관으로 하는 외에 각 부처장은 한국민주당원들이 과반수를 차지했고, 좌익세력과 정면대결하기 위해서 책임자로서 조병옥을 내무부장으로, 경찰국장에는 장택상을 앉혀 좌익과 정면대결 시켰다.

그와 동시에 미군정은 조선에 있어서 식민지정책을 노골화시켜나갔다. 조선은 미국 잉여농산물 처리장이 되었고, 조선시장에는 미국 상품이 넘쳐흘렀다. 이리하여 조선은 일제 대신에 미국 제국주의의 강압 속에 들어간 것이다. 이에 조선공산당은 외세와 국내 반동세력을 상대로 전열을 확고히 할 필요성을 느꼈다. 그래서 국내 모든 계층, 즉 노동자, 농민, 근로대중, 지식인, 기타 양심적인 시민까지 포괄하는 조직 확장을 기도하고 양심적인 제 정당까지도 합당하게 되었다. 그에 해당하는 정당은 인민당, 신민당, 근민당 등등이었다. 당명은 노동당이라 했다. 당은 남북으로 갈라져서 그 지역의 특색에 맞춰서 모든 정강정책이라든가 당 운영을 할 수 없게 되어 당이 완전히 갈라서게 됐다. 그래서 남조선에는 남조선노동당, 북조선에는 북조선로동당이 생기게 되었다. 그때 남조선노동당의 세력은 어마어마했다. 내가 속해 있는 고창군만 하더라도 남녀노소가 태반이 당원이 되었고, 그 외곽 단체로는 부녀동맹, 민주청년동맹, 농민회, 학병동지회, 건국준비위원회 등이 모두 남로당의 산하에 있었다. 건국준비위원회는 행정을 사실상 도맡아 하고 있었다. 그 뒤로 인민위원회가 설립되어서 행정기구를 갖추고 행정을 실시했다.

학병동맹을 주축으로 한 건국준비대가 결성되어 일제 때의 의용군훈련소에서 입영 훈련을 하고 있었다. 그들은 인민공화국을 사수한다는 결의에 차 있었다. 실로 조선 천지가 인민공화국이 된 인상을 주었다. 북조선에는 정식으로 국호를 조선민주주의인민공화국으로 하고, 소련주둔군은 북조선으로부터 철수해버렸다.

다른 한 편, 지방에는 남로당 이외의 다른 정당 조직도 없었고, 고창군만 하더라도 한민당 당원이라고는 2명뿐이어서 별 활동도 없었다.

남로당의 슬로건은 모든 양심적인 조선 인민은 남로당 하에 결집할 것을 호소했다. 양심적인 지주나 자본가들도 제외하지 않았다. 다음으로 제일 큰 투쟁 목표는 군정을 철폐하고, 정권을 인민위원회에 넘기라는 것이었다. 중앙당에서부터 지방당에 이르기까지 매일같이 진정 시위가 이어졌다. 일부 지방에서는 민족 반역자에 대한 처단이 계속되었다. 다음으로 농민 문제인데, "농토는 농민에게"라는 슬로건을 내걸고 당면 문제로서 3 : 7제로 하기로 하며, 그것을 실현시켰다. 다음 노동 문제에 있어서는 노동시간 8시간제, 임금인상, 노조결성 자유, 노동자의 정기휴가 등 잡다한 노동 조건을 내걸었다. 부인 문제에 있어서는 남녀평등을 원칙으로 하고, 부인 노동자의 임신, 출산 전후의 유급휴가제 실시, 기타 사회 문제에 있어서 모든 민주주의적 요소를 포함한 제 문제였는데 여기서 일일이 열거할 수 없고 남로당의 투쟁 목표를 홍보하기 위한 전단 시위, 좌담회 등등 필사적인 활동의 연속이었다.

그러나 한편 미군정은 친일파 민족반역자 한민당과 결탁하여 남로당에 대한 온갖 탄압 정책을 견지해갔다. 남로당 중앙당에서는 사태의 위험성을 간파하고 산속에서나 인가와 떨어진 곳에 비밀 아지트를 구축하라는 지령을 계속 내렸다. 미군정의 탄압이 심해지자 지방에서 테러 행위가 가열되어 갔다. 이쯤 되자 미군정은 물실호기로 남로당에게 해체명령을 내리고 남로 당원을 모조리 체포해갔다. 그래서 남로당은 완전히 지하로 들어갔고, 남로당 외곽 단체들도 일제히 마비되어 버렸다.

21
경주에 정착

내가 과수원을 경영한지 9년째 되는 1959년에 경산 이 과수원을 처분했다. 그 지긋지긋하던 굶주림으로부터 우리를 구해 준 고마운 농장이기는 했지만 9년간의 농사경험은 과수원으로는 장래가 없다는 것을 깨닫게 했다. 우선 이 농장은 토질이 청석이어서 나무가 뿌리를 깊이 박지 못하므로 사과가 굵지도 않고 서울같은데 팔러가 보면 다른 평지에서 생산한 것과 엄청나게 차이가 났다. 계단식 다락밭은 관개나 배수가 근본적으로 어려운 흠이 있을 뿐 아니라 농수는 물론이고 식수조차 어려웠다. 게다가 청석이 깔려 있어 빗물이 땀에 스며들지 못하고 비가 오면 흘러가 버릴 뿐 한해(旱害)가 극히 심했다. 따라서 일은 많고 소출은 적어 고생이 이만 저만 아니었다. 본래 이 과수원을 팔려고 한 동기는 농군의 신세를 면하려는 의도였으나 한편으로는 평지에 가서 탐스러운 사과나 싱싱한 채소를 한번 지어봤으면 하는 희망도 있었다. 그래서 과수원을 판돈을 싸들고 평지 과수원을 사려고 헤맸으나 산지 과수원과 평지 과수원은 엄청난 차이가 있어서 우리의 형편으로는 도저히 평지과수원을 살 엄두가 나지 않았다.

당시 나는 소화기 계통에 이상이 생겨 대구, 부산, 서울 등지로 정확한 진단을 받으러 산지사방으로 돌아다녀 겨우 십이장궤양으로 판명되었고, 의사의 처방은 3년 동안 흰죽과 제산제를 복용하라는 처방이었다. 그러다보니 흰죽을 계속해서 먹는 중이라 기운이 탈진한 상태여서 과수원 매입이 생각처럼 용이하지 않았다.

아이들 교육문제로 보아서는 대구근교가 좋을 것 같아 대구근교를 목표로 삼았으나, 우리의 생활비나 아이들 교육비를 충당할 만한 과수원은 매입할 수 없고, 경주 등지가 과수원값이 싸다는 소식을 듣고 경주 등지를 해맸다. 경주라면 남녀고등학교가 있고, 통학에 알맞은 이곳이 안성맞춤이었다. 당시의 이 마을은 27가구가 살고 있었는데, 전부가 과수농가이며, 인심이 후하다는 소문이 난 곳이다. 전부터 나는 경주 인심이 좋다는 소문을 들어온지라 마음이 끌렸다. 그래서 현재 살고 있는 과수원을 구입했는데 형산강이 바로 연해 있고, 사질 양토로서 면적은 사천육백평 사과 나무는 312주였다.

드디어 1959년 3월 1일 새로운 보금자리 경주로 이사를 했다. 나무가 쇠약해져 있었으므로 거름을 넉넉히 주어 나무가 되살아

나고 열매도 그런대로 열려서 내 예상대로 수지를 맞출 수 있을 것 같았다. 그러나 운명은 나를 거역했다.

바로 그해 음 8월 15일 추석날 우리 역사상 가장 피해가 컸다는 사라호 태풍의 중심에 놓이게 된 우리집은 풍비박산되고 말았다. 가옥유실 농작물 피해는 말할 것도 없고, 우리 마을에는 인명피해도 여럿이 났다. 우리는 구사일생으로 생명은 구했으나 집은 무너지고 가재도구며 사과는 유실되어 버렸다. 그나마 다행이었던 것은 장남 광균이가 방학이라 내려와 있다가 사과나무 꼭대기에 매달려 구사일생으로 살아난 것이다. 당시 나는 서울에 가 있고 가족들만 그 난리를 겪었던 것이다. 그 난리를 서울서 지나고 경주 우리집에 돌아와 보니 천지가 개벽하여 내집을 찾을 수가 없을 정도로 마을이 변해 있었다.

원래 삼각주로 되어 있어 다리를 건너 우리집에 들어가게 되어 있었으나 그 물길이 없어져 버렸고 우리 고수원 밖에 강변으로 다른 사람의 과수원이 하나 더 있었는데 우리 과수원이 강에 마주 붙어 버렸다. 그러나 어지하랴 이것이 운명이라면 어찌 거역 할 수 있겠는가. 집을 개수하고 사과나무는 보식 또는 바로 세워서 새로운 삶의 길을 개척해나갔다. 그러나 운명의 장난은 나를 끝끝내 괴롭혔다. 천신만고 끝에 개수해 놓은 집이 화재가 나서 전소돼 버렸다.

사람은 거주가 급선무 인지라 부랴부랴 가옥을 새로 지었다. 경산과수원을 판돈이 일부 남아 있었기에 가옥 신축에는 재정곤란은 크게 느끼지 않았다. 가옥도 신축되고 과수원도 정리되어서 새로 출발하는 기분으로 영농에 열중하였다. 그러나 비운의 운명은 영영 나를 떠나지 않았다. 큰 홍수가 지나면 으레 병해충이 많은 법이다. 부란병(능금나무를 썩게 하는 병)이 만연하고 땅속에는 굼벵이가 창궐하여 나무뿌리를 갉아 먹어 나무를 죽게 했다. 나의 살림은 절망에 처했다. 당시에 아이들은 대학교에 두명 재학중이고 고등학교에 하나 중학교에 하나 국민학교에 하나 도합 다섯명이 학교에 다니고 있었다. 한해의 총 수입을 계산해 놓고 보니 사과 판매액이 50만원에 불과했다. 이 금액은 농비에도 미달하고 당시의 고용인 두사람의 보수에도 턱없이 미달했다. 굼벵이 문제가 전국적을 확산되자 정부기관이나 학계에서 이의 퇴치방안을 강구하기 위해서 이 마을을 시험지구로 설치해서 여러가지 방법을 써 보았으나 특별한 방법을 찾아내지 못하고 말았다. 나는 그 당시 우리 조합기관지 능금월보에 이런 기사를 게제했다. "세계의 전쟁상인들은 인명과 재산을 살상하는 위력적인 무기를 그렇게 많이 발명하면서도 한갓 굼벵이 하나를 퇴치하는 방법을 강구하지 못하는가"란 요지였다. 이것은 분명히 세계 제국주의간의 전쟁을 비난하고 인간의 살 권리를 옹호하는 외침이었다.

과수원 일은 그렇다 치고 내 나이 50고개를 넘는 동안 인생에 가치있는 일을 얼마나 했는가! 내 나이 이미 인생의 사양길로 접어드는데 나는 이대로 내 인생을 마감하는가! 경산시절은 전쟁 와중에 기아에 허덕이면서 9년이란 세월을 허송세월하지 않았는가. 내가 경산 있을 때는 천리타향 외딴 산골짜기에 묻혀서 인간과는 단절되어 살아 왔으나 이 마을은 인가와 인가가 떨어져 있을 망정 27호가 한 마을을 이루고 있으니 이웃과도 사귀고 무엇이나 해보고 싶은 욕망이 일어났다.

한편 나의 살림형편은 어떠했던가 사과나무는 더러는 홍수에 떠내려 가고 더러는 부란병에 죽고 그리고 굼벵이 피해로 죽고 해서 폐허가 되어 버렸는데 북구를 한다 해도 조금만 큰 비가 와도 강이 범람해서 밭과 가옥이 못쓰게 되니 이러지도 저러지도 못할 지경이었다. 그렇다고 과수원을 팔아버리자니 이 꼬락서니의 과수원을 누가 사려 하겠는가!

동민들은 무엇보다 선결문제가 강가에 제방을 축조하는 것이었다. 그래서 관계 당국이나 이 지방 국회의원을 찾아 다니며 호소했다. 이런 데를 갈 때마다 빈손으로 갈 수 없어서 푼푼이 모은 돈을 들고 찾아다녔다.

계속된 자연재해 때문에 수입이라고는 식생활도 어려운 처지에 우선 급박한 문제에 매달리다 보니 우리 동민의 형편은 말이 아니었다.

이러는 동안에 우리 동민은 서로가 운명의 공동체란 것을 차차 깨닫게 되었다. 이런 상황에서 나는 동민을 결속하여 무엇인가 해보고 싶은 충동을 느꼈다.

그러나 이 마을 주민들은 유물론적(唯物論的) 계급성분으로 고찰할 때 평균 5천평이상의 토지를 소유하고 경영하는 일종의 지주들이며, 1인 이상의 고용인을 거느리고 있는 사용주들이다. 그리고 과일 값은 등락이 심해서 수입의 격차가 심한 투기 성업자들이다. 지주의 토지를 임대하여 1년 내내 농사를 지어서 잉여 생산물을 지주에게 바치는 농민과도 구별되고 생산도구도 하나없이 오직 노동력만 가지고 공장 등에 품팔이로 고용되는 노동자와는 현격한 차이를 가지고 있다.

노동자와 농민을 비교할 때 노동자는 노동기구 등 아무 것도 가진 것이 없이 단지 노동력만 가지고 있는 반면에 농민은 다소의 농사도구를 이용하고 토지를 경영하며, 본인의 기술이나 기후에 따라 생산품을 생산하여 판매하여 수익을 올리는 일종의 기업이라 할 수 있다. 그래서 과수업자는 일반 농민과 노동자보다 보수성이 강하다고 보여진다.

본래 사회현상은 투쟁목표가 뚜렷할수록 그에 대한 대항세력의 응결력이 강해지고 힘의 집결력이 강해지는 법인데 이 초야에 묻혀 있는 우리 동민에게는 물리적으로 육체적으로 감도(感度)있는 압박을 받고 있는 것 같지 않았다. 단지 지도자가 존재해 있어서 제거해야 할 요소를 분명히 명시해 주고 적대적 대상이 무엇이며 어떤 해독을 끼치고 있는가를 제시하여 그 독소를 제거하는 투쟁으로 힘을 결집시켜 나갈 것인가가 당면과제였다.

그래서 이 마을의 첫 번째 할 일은 그때의 일반적인 문제이긴 하지만 우리 몸에 베어 있는 봉건잔재와 친일독소 그리고, 이승만 독재 등 감도 낮은 문제를 제기해야 할 단계라고 생각했다. 그때 이 마을에는 2대 국회의원선거에 출마한 사람도 있고 지적수준으로나 살림형편으로 보아 천북면내에서는 손꼽히는 위치에 있었다. 그러나 그때의 국회의원은 내가 위에서 언급했듯이 투철한 사회관이나 인생관을 가지고 출마하는 사람은 드물었다.

이 말은 특정인을 겨낭한 것 같아서 송구스럽긴 하지마는 나는 그때의 통례를 말했을 따름이다.

경산 산등성이에 9년동안 격리된 생활에서 이곳으로 이사를 하게 되어 비록 50정보의 마을 면적에 겨우 27가구가 살고 있어 집과 집과의 거리가 100m 이상 되는 듬성 듬성한 마을일지라도 해방감을 느꼈고, 이웃과의 접촉이 잦은데 무척 흐뭇한 감정을 느꼈다. 그리고 이마을 주민들은 나를 무척 환영해 주었다. 내가 경산에 살고 있을 때에도 국회의원인 장홍염군이 찾아와서 나를 과대선전하고 갔고 휘문고보 동창의 한사람인 경상북도 농림국장 배연군이 면직원의 안내를 받고 나를 방문한 적이 있어 나는 실제 이상으로 과대포장되어 있었다. 이 과수원을 소개한 이는 압량면 능금조합지소에 함께 소속되어 있던 진량면 사람 김재용이라는 사람이었는데 (그는 나와 큰 과수원을 분할 매입해서 경작했음) 그분 역시 나를 과대선전했으므로 이 마을 주민들도 나에 대한 선입견을 갖고 일종의 희망을 걸고 있는 듯했다. 뒷날 사방국민학교 사친회 회장과 능금조합경주지소 운영위원으로 일하면서 능금조합본소가 발행하는 능금월보에도 자주 글을 올렸다. 결혼식 주례 청탁도 연이었다. 인근 주민들이 결성해 내려오던 동심계(同心契)에도 가입했다. 이것은 내가 일생동안 계라는 것에 처음 가입한 것이다.

나는 이 마을에 어떤 형태든지 조직의 필요성을 느꼈다. 인구수로나 생업의 직종이 전부 과수원이라는 것을 감안할 때 농업협동조합이 가장 적절하다고 느꼈다.

일제때 나는 농촌에 돌아와서 농민운동을 한답시고 첫 사업으로 농민조합 구성을 시도하였다. 일제는 나의 일거수 일투족을 위험시하고 불법 단체나 만드는 양 나를 검거(당시는 연행이라 하지 않고 검거라 했다)해서 유치장에 가두고 고문을 가했다.

그때의 나의 조직 요강은 농민문제의 요체인 투쟁문제는 표면화하지도 않고 소비조합 형태만 노출시켰음에도 불구하고 나를 위험시 할 뿐 아니라 식민지 노예인 조선사람들의 단결을 그렇게도 무서워했던 것이다. 위에서도 언급했다시피 해방 후에 내가 살고 있던 고창군 부안면에 나의 전 재산을 투입해서 소비조합 상점을 차려 놓았다가 미군이 입수해 버려 수포로 돌아간 일이 있고 내가 경산에 살 때 내가 기금을 제공할 테니 소비조합을 결성하자고 제의했으나 응하는 사람이 없었다.

내가 알 만한 국회의원이나 요로에 당시의 농민기구인 금융조합, 농민조합, 어업조합 등등을 통폐합해서 농업협동조합을 구성할 것을 역설했고, 전기 양병일군 선거운동 때는 농업협동조합창설을 정견에 내세웠다.

이런 중에서 3대 국회때 리동(里洞)단위로 하는 농업협동조합법을 통과시키고 당시 금융조합이 변신한 농업은행자리에 농업협동조합 중앙회 간판을 내걸고 하부조직을 서둘렀다. 이에 따라 중앙회 밑에 도에는 도지부가 군에는 연합회가 있었고, 리동에는 단위조합이 있었다.

이 법률에 근거하여 우리 마을에 농업협동조합을 창설하였다. 때는 1960년 4월 19일이었다. 당시 우리 마을은 27가구로서 행정상으로 리동이 아니었고 모아리의 1개 반에 불과해서 법적으로 농업협동조합이 성립이 안되게 되어 있었으나 그것을 무시하고 조직하였던 것이다. 이 날이 마치 우리 민족에게는 영원히 잊지 못할 4 · 19혁명의 날이었다. 그래서 다음해 부터는 이날이 오면 농업협동조합 창립기념식과 아울러 4 · 19혁명 기념식을 전체 마을의 축제날로 정하고 대대적인 행사를 거행하였다.

나는 이 행사에 심혈을 기울였다. 우리 마을에 역사상 처음으로 조직체를 가진 날이 이 날이고, 우리 민족이 5천년 역사이래 민중의 힘으로 독재정권을 타도하고 민중혁명을 이룩한 위대한 역사적인 날이란 것을 주민들에게 역설하기에 힘을 기울였다. 그래서 첫해 조합의 총재산 1만 2천원을 몽땅 털어 부산, 경주를 비롯한 외지의 손님을 청해서 성대히 행사를 치루고 나니 2만원의 적자가 발생하여 난처한 일이 생겼다.

고 서경원씨와 숙고 끝에 함께 부산에 갔다. 당시 우리 마을에 과수원을 소유하고 있는 부산분과 협의한 결과 때마침 미국 원조비료가 있는데 그것을 얻어다가 약간의 수수료를 받고 배급하기로 하여 그 행사 부족분을 충당해 내었다. 그로부터 오늘까지 28년 동안 우리 마을은 4 · 19 혁명의 날은 거르지 않고, 축제를 해오고 있어 우리 마을은 4 · 19 마을이란 칭호까지 붙었다. 5 · 16 쿠데타 정권이 들어서면서 농업협동조합법의 단위가 리동으로부터 면으로 변경됨에 따라 우리 마을에도 명칭을 협업농장이라 하다가 지금은 진흥회라 해서 정화사업, 육영사업등 생활편의 사업을 계속하고 있다.

22
4 · 19 혁명

1948년 미군정은 온 겨레가 남북 통일정부 수립을 그렇게도 갈망했으나 남쪽만의 단독정부를 수립하였다. 그 정부는 생리적으로 꼭두각시 노릇을 면치 못하고 수많은 모순을 내포하고 있었다. 우선 그 정부 수반인 이승만은 위에서도 기록한 바 있거니와 독립운동을 한답시고 미국에서 교포들의 성금으로 독립자금을 거둬 자기의 개인 용도로 탕진하고 미국정부 요로의 비위 맞추기에 전념하였다. 그런 연유로 해서 남쪽 단독정부의 수반에는 그 이상 적격자가 없었던 것이다. 그 정부는 친일파 민족 반역자 매판상인 시중잡배를 망라하였고 그 각료는 이승만 비위를 맞추기에 여념이 없었다. 이승만이 방귀만 뀌어도 "시원하시겠습니다 하고 아첨했고 시중물가를 조작 보고해서 경제안정을 위장했다.

이승만 독재는 역사상 유례없는 가혹한 독재였다. 당시의 헌법은 대통령을 간접선거로 국회에서 선출하게 되어 있었는데 국회의원중에 자기를 반대하는 숫자가 늘어나자 국회의원을 간첩단으로 몰아 국회의원 출근버스를 그대로 경찰서 유치장으로 끌어갔다. 그 보다도 어마어마한 사실은 백골단, 땃벌떼, 민중자경단이라는 폭력조직이 피란 수도 부산에 몰려들어 민의를 가장하고 국회의사당을 침입해서 국회의원을 소환 한답시고 공포분위기를 조성하였다. 헌법을 무시한 폭력이었다. 당시 국무총리는 장택상이었는데 대통령 직선제와 양원제를 골자로 하는 발췌개헌안을 군경의 삼엄한 포위 속에서 기립투표로 통과시켰다(1952.7.4) 이것으로 하여 제2대 대통령에 재선되어 이승만은 정권을 유지하는데 성공했다. 이로부터 2년이 지나자 또다시 위기가 닥쳐왔다.

대통령의 임기를 중임으로 제한하고 있어서 이승만은 권좌에서 물러나게 되어 있기 때문에 3선제한 철폐를 골자로 하는 헌법 개정안을 통과시켜야 했다. 이 개헌안은 출석의원 203명, 찬성 135명, 반대 60명, 기권 7명으로 부결이 선포되었으나 사사오입하면 가결이라는 해괴한 논리를 내세워 가결로 뒤집어 선포하여 3선의 길을 열었다, 이것이 사사오입개헌 파동이다.

그때 한국사람은 살아 남기 위해서는 이승만을 찬양해야 했고, 만일 조금이라도 반대 색채가 드러나면 모진 박해가 기다리고 있었다. 예를 들면 관청에 가도 민원을 들어주지 않을 뿐 아니라 가택수색을 해서 부엌에 소나무 갈대라도 조금 나오는 날이면 산림법 위반이라는 죄목을 씌워 오라를 받아야 했다. 그때 농촌에는 산에서 채취해온 부산물이 아니면 땔감이라고는 전무한 형편이라 산림법 위반에 걸리지 않을 사람이라고는 없었다. 그때 이승만 측근에 줄을 대어 아버지라고 알랑거리며 고관에 오른 사람이 더러 있었다.

예를 들면 경산 골목잡배로 유명한 김종원이란 사람은 이화장(이승만저택)을 드나들면서 이승만에게 아버지라고 호칭을 쓴 덕택에 경찰국장이 되어서 세상을 놀라게 한 일이 있었다. 당시 내가 경산에 살았는데 경산사람들은 서울가서도 경산사람이라고 뽐내고 다녔다. 야간 통행 같은 것쯤이야 경찰에서 묵과해 주었다. 김성수가 부통령을 사임하자 무명의 자기 심복 함태영이라는 사람을 부통령으로 삼았으며 그 다음 선거에서 국회의장 이기붕을 후계자로 키울 심산으로 부통령에 출마시켰다. 이기붕은 미국에 있을 때부터 이승만의 심복으로 일해 왔으며, 그의 처 박마리아도 이승만의 둘도 없는 수족이었다.

발췌개헌을 전후하여 이승만은 족청계의 이범석을 제거하고 이기붕을 우두머리로 하는 자유당을 창건하였다. 누가 보아도 이기붕은 이승만의 후계자였으므로 이승만은 자기의 당선은 물론 이기붕의 부통령당선도 반드시 성사시켜야 할 것이었다.

3대 대통령 선거는 민주당 대통령후보 신익희가 급사함에 따라 진보당 후보 조봉암이 선전하였으나 부정선거를 못이겨 아깝게 분루를 삼켜야 했다. 그러나 부통령은 민주당 후보 장면이 자유당 후보 이기붕을 누르고 당선되는 성과를 거두었다.

올빼미표, 피아노표, 투표함 바꿔치기 단전(斷電)조편성 등 이루 말할 수 없는 부정선거를 자행한 결과로 조봉암에게 신승한 이승만은 부정으로 당선된 것이 찜찜했던 터라 조봉암을 북한의 간첩으로 몰아 사법살해하여 노동자, 농민, 빈민등 서민을 위한 정부, 북진통일이 아닌 평화통일의 싹을 일찌감치 잘라 버리는 일방 장래 자기의 도전자로 성장할 재목을 일찍이 제거해 버렸다.

이때 이승만의 제일 큰 적수는 국민들이 정권교체의 적임자로 믿고 있는 신익희였는데, 제일 야당인 민주당의 후보였다. "못살겠다 갈아보자"라는 구호를 내걸고 압도적 지지를 국민들로부터 받았다. 여당인 자유당에서는 이 구호에 맞서 "갈아 봤자 별 수 있나, 구관이 명관이다"라는 구호를 내걸었으나 국민의 대다수는 신익희쪽으로 기울었다. 그러길래 한강 백사장 신익희 유세에는 경찰 추산 30만명이 운집해서 정치역사상 최대 인파를 기록했다. 그때 자유당의 눈치를 봐 가면서 그렇게 많은 인파가 모였다는 것은 그 의의가 대단했다. 항간에는 신익희 노래가 유행해서 어린애, 촌부들도 부르고 다닐 정도였다. 국민 모두는 새시대가 도래할 것이란 희망으로 선거날을 고대하고 있었다. 그러나 신익희는 호남유세차 호남선 열차를 타고 가던 차안에서 심장마비로 급서해서 불귀의 인물이 되고 말았다. 국민들은 그 아쉽고 비통한 마음으로 조봉암에게 표를 몰아줬으나 그 엄청난 부정선거에 당할 길이 없었고, 아까운 인재 조봉암의 생명만 재촉한 꼴이 되었다.

3대 대통령선거는 신익희의 사망으로 이승만이 부정으로 당선될 수 있었지만 부통령에는 민주당의 장면이 당선되었다. 아무리 부정을 해도 그것 마저는 바꿔 칠 수 없었기 때문이리라

4대 대통령선거때는 독재정권을 타도하려는 국민의 의지가 대단했다. 이때 이승만과 맞설 민주당의 대통령 후보는 조병옥이었다. 런닝메이트 부통령후보는 현역 부통령인 장면이었다. 자유당은 장차 후계를 이을 이기붕을 부통령에 당선시키고자 모든 악랄한 수법을 모두 동원하였다.

국민들은 이번에야 말로 독재정권을 갈아 보자는 의지에 충만하였다.

그러나 불행히도 대통령으로 출마한 조병옥이 신병치료차 미국에 건너가서 그곳 병원에서 죽고 말았던 것이다. 그래서 이승만은 라이벌이 없어져 부전승을 하고 부통령선거는 다섯 후보가 각축전을 벌이게 되었다. 선거전은 사상 유례없는 부정이 난무하였다. 공개투표가 자행되어서 5인씩 조를 짜서 투표를 하게 하고 투표용지에 도장을 찍어가지고 상호간 공개를 하고 투표함에 넣어야 했다. 5인조 중 반드시 한사람은 관에서 끼워넣은 사람으로 공개투표 정도가 아니라 조작선거 강압투표였다. 개표는 투표함 운송과정, 보관과정, 검사과정, 계산과정 등 모든 절차마다 마음대로 조작하였다. 계표결과를 발표하였는데 5인의 부통령 후보중 자유당 이기붕이 압도적 다수표를 얻었다. 선거관리위원회는 이기붕이 부통령후보자 5인중 90프로를 얻었다고 발표했다가 너무 많다고 해서 70프로로 정정하는 해프닝이 일어

났다.

이 정부의 폭거를 국민들은 좌시하지 않았다. 먼저 대구에서 2 · 28 학생 데모를 시작으로 하여 마산에서 대대적인 부정선거 규탄대회가 열렸다. 시위대는 3 · 15 부정선거를 다시 하자는 구호를 외쳤다. 이 파문이 전국으로 번졌다. 이에 경찰은 총격으로 맞섰다. 시위대는 총탄에 맞아 사상자가 발생했다. 이에 사회여론은 평화적인 시위대열에 총격으로 맞섰다는 것으로 하여 그 도덕성이 심판대에 올랐다. 이에 이기붕은 총은 쏘라고 준 것이지 가지고 놀라고 준 것이 아니라고 하였다.

마산에서는 16세난 중학생 김주열군이 실종되었는데, 전북 남원출신으로서 그곳 중학교에 다니던 중 시위대 선두에 나섰다가 실종된 것이다. 남원서 그 모친이 부랴부랴 마산까지 달려와서 백방으로 감주열군을 찾아 나섰으나 허사였다. 그런던 중 어느날 마산부두에 김주열군의 시체가 떠올랐다. 시체에는 돌맹이가 매달렸고, 눈에 최류탄이 박힌채 처참한 모습으로 발견된 것이다.

이 사건은 온 국민의 분노를 일으켰다. 자유당정권은 깡패를 동원해서 테러로 맞섰다. 대모대의 구호는 "부정선거 다시 하라"에서 "이승만 물러가라"로 바뀌었다. 이정재, 임화수를 두목으로 한 깡패들은 4월 18일 고려대학교 데모대를 흉기로 무장한 채 기습하여 숱한 부상자를 냈다. 이어 4월 19일은 모든 서울시내 대학들과 중고생들 심지어 초등학생까지 총궐기한 운명의 4 · 19혁명의 날이 돌아왔다. 드디어 계엄령이 내려지고 서울 일원에 군인이 치안을 담당하고 그렇게도 그악스럽게 총격으로 맞섰던 경찰의 모습은 교수단의 사라졌다. 운명의 4월 25일 학생의 피에 보답하자는 데모는 이승만 정권에게 결정타를 날렸다.

4월 26일 서울 시내는 학생 뿐만 아니라 노동자, 빈민, 일반 시민까지도 모두 나서 서울시내를 꽉 메워 버렸다. "이승만은 물러가라" 독재정권 결사반대의 한 목소리였다.

미국대사 매카나기가 사태가 여기에 이르자 이승만에게 물러날 것을 권고하기에 이르렀다. 이때 이미 사망자 186명과 6026명의 부상자를 내고 있어서 이승만은 물러나지 않으면 안될 위기에 몰려 있었다.

이승만은 불타는 경찰서의 검은 연기를 뒤로 하고 하야성명을 내고 이화장으로 물러났다가 하와이로 망명하여 객사 죽엄을 함으로써 이승만 독재는 최후를 고했다.

이렇게 하여 4 · 19 혁명은 청사에 빛나는 민중 혁명으로 이 나라의 민주주의와 민족통일의 앞길을 환히 밝혀주었다. 4 · 19 혁명에 따라 최초로 민주적 선거가 이해 7 · 29일에 실시되어 장면을 내각 수반으로 하는 제 2공화국 민주당 정권이 탄생하였다. 그러나 꿈엔들 누가 알았으랴. 찬연한 민주혁명의 뒤안에서 쿠데타의 검은 그림자가 호시탐탐 노리고 있는 것을…….

장면정권이 탄생한지 8개월이 지난 1961년 5월 16일 미국이 작전권을 장악하고 있는 이땅에서 박정희 소장이 이끄는 군사 쿠데타가 일어났으니 통분하고 통분할 일이다. 이렇게 민주주의도 통일도 한 낱 백일몽이 되고 또다시 길고 긴 군부독재의 시대로 진입되었다.

23
어머니 회상

이글은 단순히 모정(母情)의 간절한 그리움만이 아니라 지금 이 세상에 흔히 있는 어머니 보다 뛰어난 데가 있어서 다른 어머니의 귀감이 되리라는 판단에서 기록해 보고자 한다.

어머니의 자식 교육 제1항은 윗 어른을 끔직히 섬기라는 것이었다. 항상 어른을 공경하고, 웃어른의 말씀은 절대복종해야 하며 어버이의 마음을 편하게 해드리는 것이 효도하는 길이라고 가르치셨다. 그리고 할아버지에게는 손수 지극한 보살핌과 정성을 다함으로서 우리들에게 산교훈을 주시고 남편인 아버지에게는 지극한 정성과 복종으로 부덕의 본보기를 보여주셨다. 할아버지는 정신상실증으로 물불을 가리지 못하고 누구와도 대화를 하지 못하셨는데 유독 어머니와는 곧잘 대화를 나누시고 어머니의 진언(進言)을 잘 받아들이셨다. 이웃사람들도 지성이면 감천이라고 어머니의 효성이 할아버지의 정신을 일깨워준다고 찬사를 아끼지 않았다.

우리에게는 엄하면서 이웃에는 인자하신 솜씨로 대해주시고 특히 고전이야기와 교육이 될 만한 현실사회의 구석구석을 들려주셔서 우리들의 정신세계를 풍부하게 해주셨다. 그리고 집안뿐만 아니라 이웃의 길사(吉事)나 흉사(凶事)때 잊지 않고 보실피시고 격별한 부조를 하셨다. 특히 집안의 선영사업에는 극력 지원하셨다. 집안끼리의 촌수(寸數)뿐만 아니라 이웃사람들의 촌수조차도 상세히 알고 계실 뿐만 아니라 생일이며 죽은 날까지도 하나하나 기억하시고 그에 대처하셨다.

그리고, 거기에 임하는 예의범절까지도 소상히 가르쳐주셨다.

아버지의 옷이나 우리들의 옷은 항상 깨끗하게 손수 해 입혔으며, 바느질도 밤을 뜬눈으로 세우는 일이 허다하였다.

이런 모든 것을 생각 할 때 그이의 며느리들이나 또는 후손들이 내가 쓴 어머니상을 읽고 교훈을 얻어주었으면 얼마나 좋겠는가 하고 이글을 쓰게 된 것이다.

내가 열세살 때 그러니까 지금 내 나이가 82세니까 지금으로부터 69년전에 아버지가 세상을 떠나셨다. 그때 어머니 나이는 39세셨다.

그때 어머니는 아들만 5형제를 두셨으며 제일 막내가 겨우 네살이었다.

지금 같으면 나이 열세살이면 어느 정도 셈이 들어 기쁨과 슬픔을 분간하고 아버지의 별세를 애통해 할 나이련만 그때 본배 없이 산골마을에서 자란 나로서는 사물을 분간할 줄도 모르고 아버지 상복을 입은 채로 마당 모닥불 옆에 앉아서 졸다가 상복을 태웠으며, 상장 막대기를 가지고 아이들과 어울려 총질 장난을 하고 놀았다.

이런 철없는 망나니였던 나였지만 아버지의 별세가 우리에게 어떤 영향을 미칠 것인지를 생각할 때 우리의 전도가 암담함을 느꼈다.

한편 우리의 전도문제는 장래문제이고, 당장에 우리의 입장으로서는 어머니가 돌아가신 것보다는 오히려 다행으로 생각되었다. 만일 우리 처지에 아버지가 살아 계시고, 어머니가 돌아가셨다면 얼마나 불행할까하고 생각하니 몸서리가 처지기도 했다.

그러나 한편으로는 남편을 잃은 홀어머니로서 많은 자식들과 고용인을 거느리고 흩어진 재산을 어떻게 수습하고 관리할 것인가 또 어떻게 살림을 꾸려갈 것인가, 우리들을 장차 어떠한 인물로 양육해주실 것인가 생각할 때 어머니가 한없이 가여웠다. 그때 우리 재산은 정확히는 모르나 5,6백석의 소작료를 받는 소지주 집안이었다.

그때 어머니 나이가 39세라 하지만 이웃집 부인에 비하면 30세도 되어 보이지 않는 아름답고 젊어 보이는 여인이었다.

어머니가 거울 앞에서 머리를 빗으시는 요염한 자태를 볼 때마다 나는 문득문득 불안감을 느꼈다. 여기에 더하여 이렇게 젊고 아름다운 어머니가 불타오르는 청춘을 찬물로 완전히 꺼버리고 오직 우리들만을 위해서 일생을 다 바쳐 줄 것인가 걱정이 되었다.

백모님은 어머니에게 마음을 단단히 먹으라고 기회 있을 때마다 권하시는 것이 일견 고마웠고, 한편으로는 불안했다.

한번은 마을 앞길에서 마을 어른 한 분과 어머니가 마주서서 이야기 하시다가 내가 나타나니까 멈칫? 하시는 것같이 보였다. 그때만 해도 여인은 다른 집 남자와 대화를 하지 않던 시절이라 내가 이상한 눈으로 그 광경을 바라보는 것에 마음이 쓰였을까 아니면 아무일도 없는 것을 내가 느끼기에 멈칫하시는 것으로 느꼈을까?

그때 어머니로서는 그녀의 힘으로 힘겨운 일 막중한 살림 집안 일 처리 등등 산적한 문제들을 처리하기 위해서 남성의 자문이 필요했을 것이며, 그 어른은 동내 리장이니까 행정상의 필요성도 있었으리라.

곧이어 숙부들간에 상의가 되었는지 한 숙부는 우리집에 기거하면서 집안일을 보살피고 다른 숙부는 외부일을 떠맡은 모양이어서 숙부 두분이 집안 일을 꾸려가는 모양이었다.

몇해가 지났을까 맏형이 사기를 당해서 강진읍내 우에다(上田)라는 일본사람에게 논을 많이 빼앗긴 일이 생겼다. 어떻게 사기를 당했는지 얼마나 빼앗겼는지는 잘 모른다.

그래서, 재판을 하는데 수년이나 걸렸다. 그때만 해도 고등법원은 대구(大邱)로 다녀야 했으므로 재판을 하는 것은 여간 큰 일이 아닐 수 없었다. 재판은 물론 외부일을 담당하고 계신 셋째 숙부가 대구까지 왕래하면서 계속하였다. 당시만 해도 우리

집과 대구사이는 교통수단이라고는 기차밖에 없었다.

그래서, 우리집에서 영산포까지 걸어가는 것만 해도 150리를 걸어야 했다. 정확치는 않으나 족히 3~4년은 걸렸으리라, 그때 왜놈을 상대로 재판을 한다는 것은 하늘을 보고 손가락질하는 거나 마찬가지로 번번히 조선사람 패소로 재판이 끝이 났다. 그러나, 운 좋게 우리는 이 재판에서 이기기는 했으나 우리집 재산은 급전직하로 기울어졌다.

아버지는 3년상으로 모셨는데 지금 생각해봐도 거창한 소비행사였다.

잇따라 할아버지, 할머니가 돌아가셨는데 우리 살림으로서는 감당할 수 없을 정도의 엄청난 규모의 분에 넘치는 장례규모였다. 어머니는 그 만큼 좋게 말해 통이 크셨고, 소비성도 강한 부인이었다. 그래서, 이웃사람들은 우리 어머니를 보고 손이 크다느니 남성도 못따를 여걸이라느니 하고들 말하였다. 아닌게 아니라 우리들 형제들의 생일이나 제사 또는 서당에서 우리 형제들 중 누가 장원이 되면 온 동네가 떠들썩하게 푸짐한 잔치가 벌어졌다, 잠깐 말을 딴 곳으로 돌리자면 서당장원은 우리 형제가 도맡아 했었고, 책거리 같은 때도 으레 서당아이들을 배불리 먹였다. 지금 생각하면 서당훈장이 고의적으로 만들어 낸 처사인 듯하다.

맏형과 중형 그리고 나 잇따라 혼사가 있었다. 혼사 이야기가 나왔으니 말이지만 나는 15세때 강제혼인을 했는데 어머니와 숙부들의 준엄한 명령에 못이겨 강제로 가마에 태워져서 실려갔다. 매파가 오는 것을 쫓아버리기도 하고, 혼사에 관한 편지가 오면 몰래 찢어 없애기도 하다가 매를 무척 맞기도 했으나 결국 나의 운명은 나의 자유로 할 수 없었다.

결국 이 혼인은 내가 장성함에 따라 자유사상의 물결 불합리한 제도를 타파해야 된다는 당시의 시대인으로서의 사명감 때문에 수포로 돌아가고 말았지만 나에게 남은 상처는 물론이고, 그녀 그리고, 어머니에게 마음의 상처를 입혀드려서 지금도 송구스런 마음 금할 수 없다.

말이 잠깐 주제를 벗어났지만 그때는 3.1운동의 직후라 당시의 젊은이들은 향학열에 불타고 있었다.

그래서, 중형은 서울 중동학교에 진학하게 되고 내가 뒤따라 고등보통학교를 다니게 되었다.

그때만 해도 웬만한 촌부자라도 아들을 둘이나 서울유학을 시킨다는 것은 힘에 겨운 일이었다. 더구나 우리집 형편은 급전직하로 기울어가는 판에 두사람 학비를 감당할 수 없어 형은 학업을 중단하고 집에 돌아와서 집안일을 돌보았다.

학업을 중단하고 집에 돌아온 형은 사업을 한답시고 술을 마시게 되고 여자와 사귀고 관광을 다니고 하면서 가산을 탕진했다.

어머니는 날이 갈수록 바짝바짝 늙어 가셨다. 형에게는 준엄한 말씀이나 행동은 보이시지 않고, 속으로만 앓고 계셨다. 우리들은 어머니의 태도를 눈치껏 바라보고 연민의 정을 느꼈으나 어머니는 모든 것을 운명에 맡긴듯 속만 태우고 계시는듯 했다.

어머니는 고용인을 전부 해고하고 일꾼 1명만 데리고 있었다.

어머니는 안방마님에서 180도 전락해서 촌부가 된 것이다. 손수 호미를 들고 일꾼들과 어울려 들에 나가셨으며, 보리밥을 드시기 시작했다. 생전 처음 보리밥을 먹은 것이다. 나는 보리밥을 드시는 어머니 얼굴을 쳐다보면서 몰래 눈물을 흘렸다. 그 아름답고 젊은 어머니의 모습은 하루하루 달라졌고, 부드러운 손길과 해맑던 얼굴은 검고 거치른 세파로 얼룩져 갔다.

지금도 눈감으면 한폭의 그림같이 생생히 떠오르는 어머니와의 추억이 있다.

어머니가 명주배 한필을 옆구리에 끼고 집밖으로 나가시는 것을 보았다. 그 명주배는 어머니가 손수 짜신 것이다. 나는 어머니를 뒤쫓아나갔다. 어느새 어머니는 뒤 동구밖에까지 이르셨다. 거기서 나는 어머니를 붙들었다. 그날은 유독히 춥고 음산하고 눈발이 휘날리는 날이었다.

바람까지 매섭게 불어 닥쳤다. 어머니는 수건도 안 쓰셨고, 속내의도 없이 저고리 앞섶이 방긋이 벌어져 살이 드러나고 있었다. 발에는 짚신이 신겨져 있었다. 눈발은 벌써 어머니의 발을 덮어씌워 있었다.

이제까지 어머니는 가죽신을 신으셨으나 언제부터인지 짚신으로 바뀌어져 있었다. 어머니의 입은 야무지게 다물어져 있고, 표정은 매우 굳어 있었다.

얼굴은 거칠어졌고, 주름살이 많이 잡혀 있었다. 아버지와 사별한지 10년만에 어머니는 급속히 늙으셨다.

나는 다짜고짜 어디를 가시느냐고 따졌다. 어머니는 읍내에

이 베를 팔러간다고 하셨다. 나는 후일에 좋은 날씨를 골라서 가시라고 한사코 만류했다.

어머니는 끝끝내 나의 만류를 뿌리치시고 소나무가 우거진 음산하고 춥고 황량한 고갯길로 자태를 감추셨다. 하루 뒷날에 명주베 한필을 처분한다고 해서 큰일이 날 일도 아니건만 어머니는 대단히 경직되어 있었고, 고집 불통이셨다.

나는 지금도 그 광경을 회상하면서 이글을 쓰고 있노라니 눈물이 북받쳐 오른다.

나는 그 자리에서 내 자신이 무력한 것을 자탄하면서 발걸음을 집으로 돌렸다.

망국의 설움은 어머니에게도 미쳤던 것일까. 나는 노도와 같은 일제에의 반항운동 와중에서 나 혼자만의 영달을 꿈꿀 수 없을 뿐더러 그 물결에 합류하지 않고 나 몰라라 초연할 수 없으리라는 전망속에서 떨면서 하루는 어머니에게 넌지시 입을 열었다. "어머니 자식이 여섯이나 되는데 한사람 쯤이야 어머니 곁에서 떠나가도 큰 상처는 없겠지요"하고 여쭈었다. 무슨 예감을 하셨는지 물끄러미 바라보시면서 "열 손가락을 깨물어서 아프지 않은 손가락이 있겠느냐"고 하시면서 걱정스런 모습이었다.

이런 어머니와의 대화는 나의 나이 21세때 여름방학 때였는데 그해 가을에 나는 드디어 학생운동에 참가하게 되었다.

학생운동은 그 자체가 사회운동이었으며 사회운동은 항일독립운동이었다. 물론 그 당시 독립운동은 비합법적인 것으로서 나 개인의 희생을 각오하지 않으면 안되었다.

1927년 6월 10일 순종황제 인산(純宗皇帝因山)때 학생으로서 도열(堵列)하고 섰던 내 대열 중에서 터진 독립만세 소리에 합류하지 못하고 일본 헌병이 휘둘러댄 총부리와 번쩍이는 칼에 위협받아 물결처럼 밀리는 군중과 함께 혼비백산해서 달아난 것을 생각하니 하도 자신이 부끄럽고 원통해 마지 않던 차에 그때 내가 다니고 있는 휘문고등보통학교 교장 김형배(金亨培)가 직원회의 석상에서 학과목중 조선역사(朝鮮歷史)를 빼자고 주장했다는 소식을 전해 들었다. 이말을 듣는 순간 우리의 피는 끓어올랐다. 이말은 일본어 담당교사 우메노(梅野)라는 일인교사(日人教師)가 각기 민족은 교유의 역사를 간직하고 있는 것이며, 역사란 현재의 자기자신을 알기 위한 것이란 것을 강조하면서 자기자신은 일본인이지만 조선사람이 조선역사를 배워야 된다고 교직원 회의석상에서 반대했다는 말까지 곁들여가면서 이말을 전해 주었다.

그 당시에는 공립학교에서는 물론이고, 사립학교에서도 중앙고보, 보성고보, 휘문고보 이 3개교에서만 교과서도 없이 역사 담당 교사가 원고를 써주면 지명 받은 학생이 등사를 해서 배포하여 배웠던 것이다. 그때 내가 이 원고정리와 등사를 맡아 있었다.

우리는 이 학과에서 우리민족의 발자취를 더듬으면서 책상을 치고 비통해 한적이 한두번이 아니었다. 더욱이 한일합방 대목에서는 선생님부터 눈물을 흘리면서 강론을 했으며, 우리들도 일제히 울음을 터뜨렸던 것이다.

이 교과목이 우리에게 주어진 역사적 배경과 우리의 혈관에 흐르고 있는 과정에서 이런 말을 전해 들었던 때의 우리의 심정은 어떠하였으랴

급우중의 한 사람인 황병인(黃炳仁, 현 북한학계의 거두란 말을 들었음)은 강단 위로 올라서서 교탁을 치면서 "반역자를 묵인하는 것은 그 묵인 자체가 반역"이라고 절규하였고 70여명의 급우들이 일제히 함성을 지르며, 교장을 몰아내자고 외쳤던 것이다. 그때 우리 학급은 3학년 병반(丙班)인데 반장인 나는 이 사태를 어떻게 수습할까 당황하면서 앞으로 나가서 교단 위에 올라섰다. 나는 우선 이 소란을 진정시키는 한편으로 갑반, 을반과 연락을 취해, 함께 선후를 강구해 보자고 제의하기로 의견을 모았다. 그래서 갑반 반장, 을반 반장과 연락해서 방과 후에 3학년생 전원이 취운정(翠雲亭)에 모여서 회의를 하자고 합의함에 따라 그날 오후 3학년 전원이 취운정 산골짜기에 모였다.

회의는 순조롭게 진행되어서 현 교장을 배척할 것. 식민지교육정책을 지양하고, 조선민족 본위의 교육을 실시할것 등 기타 여러가지 요구조건을 만장일치로 결의하고 실천방법으로서 다음날 조회때 교실로 들어가는 길에 교장실 앞에 도열하고 갑, 을, 병 반장 3인은 교장실로 들어가서 진정서를 제출하고 휴교에 들어간다는 결정이었다. 이 회의때는 내가 의장이 되었다. 반장 3인이 서로 미루는 바람에 하는 수 없이 내가 맡게된 것이다. 이러고 보니 결국 내가 총 지휘자가 된 셈이다.

이 회의를 마치고 하숙집에 돌아와서 곰곰이 생각해봤으나 정

신적 착란에 빠져 어떻게 해야 좋을지 갈피를 잡을 수 없었다. 나는 동맹휴학이란 것을 좋지 않게 여겨왔다. 동맹휴학생들이 시가지를 배회하는 꼴을 볼 때는 역겨운 마음과 혐오감을 느꼈었다. 그러던 내가 동맹휴학의 주동자가 되다니 아이러니한 숙명의 노정(路程)이 아닐 수 없었다. 나는 최고 학부를 나와서 우수한 학자가 되겠다는 꿈을 간직하고 있는 처지가 아닌가. 우리 문중에서는 나를 의사를 만들려고 벼르고 있지 않은가, 방학같은 때 고향에 가면 집안 동생들도 나를 격려하면서 "형님이 잘되어야 우리도 장래가 열리니 형님이 제발 훌륭한 사람이 되어 달라"고 간곡하게 말하던 것을 생각하니 마음이 무겁고 무너져 가는 집안과 고생하는 어머니와 형제들의 모습이 주마등처럼 스쳐지나갈 때 나의 괴로움은 형언할 수 없었다.

동맹휴학 끝에 퇴학을 당한다. 학교에는 다시 다닐 수 없게 된다. 내 장래는 무엇이 될까 이런 생각과 연관되어 어머니 생각을 하게 되는 것은 하나의 시작과 하나의 귀결로 연결되는 필연적 과정이었다. 어머니는 6형제 중에서 기울어가는 집안을 일으켜 세우기 위해서 다른 형제는 학업을 중단시키고, 오직 나만을 훌륭한 인재로 키우겠다는 각오로 공부를 시키고 있는 처지가 아닌가, 그러니까 나는 우리 집안에 기둥이고 우리 문중의 기둥이 되어야 하는 셈이다. 내가 만일 동맹휴학의 선봉이 된다면 나의 장래는 나락에 떨어지고 어머니에게는 철천지 불효가 될 것이다. 눈을 감고 아무리 생각해봐도 갈피를 잡을 수 없었다. 민족해방투쟁의 형극의 길이냐 나자신에 매몰되는 입신출세의 길이냐의 갈림길에서 아무래도 장부가 애국의 길을 걸어야 될 것 같은 예감에서 여름방학때 어머니에게 넌지시 말씀드린 "우리 형제 중에서 하나쯤 불행한 일이 있어도 낙담하지 마십시오"란 말씀을 드렸고, 어머니는 그말을 잊지 않고 간직하셨다가 사내 대장부가 16세가 되면 호패를 차고 나라에 봉사하는 것은 당연한 장부의 나아갈 길이라는 말씀으로 나를 격려해주셨다. 6·10만세때 비겁하게 쫓겨다니던 반성, 그리고, 오늘의 결의가 나라를 위한 충성된 결의인 것을 재확인하고 그리고, 또 2백명 학우의 선두에 서서 중대한 결의를 이끌어가는 선도자적 입장 등등을 생각하고 멀리 계신 어머니에게 명상을 올리면서 밤을 세웠다. 이 사건으로 하여 나는 신체적으로나 학업에는 큰 지장을 받지 않고, 단지 무기정학에 처해졌다가 곧 복학되었다. 내가 그 이듬해 세칭 "ㄱ당"사건에 연루되어서 5년동안 복역하고 있을 때 어머니는 날마다 찬물로 목욕재계하시고, 뒤뜰 동백나무밑에 정화수를 떠놓고, 나의 무사를 빌었고, 살을 에는 추운 겨울에도 자식의 고생을 생각하시며, 이부자리를 덮지 않고 맨 바닥에서 주무셨다는 말을 내가 출감 후에 들었다.

어머니는 집안 문중의 대소사에는 꼭 참석하셨다. 다른 숙모들은 간혹 참석을 하지 않았으나 어머니는 틀림없이 참석하셨다. 참석하시면 집안 아낙네들은 대환영을 했고, 대소사의 범절이나 요리만들기 같은 것을 지휘하셨다. 특히 어머니 요리 솜씨는 뛰어나서 지금까지 내려오는 집안의 요리 기조를 이루었다.

형무소 수감생활중에 어머니 생각이 떠오를 때가 제일 못견디게 괴로웠고 슬펐다. 어머니는 나 때문에 얼마나 비통하고 계실까. 설상가상(雪上加霜)으로 내가 수감생활 중에 맏형이 죽고, 16세된 동생이 죽었다. 어머니의 비통함은 어떠하였을까 내가 재판을 받을 때 판사가 나의 가족 현황을 물었을 때 "내가 구금된지 수년이 지났는데 어찌 내 가족의 숫자를 알겠소 그동안 생사(生死)가 번복됐을 것 아니오?" 하고 대답해서 판사의 비위를 긁었다. 이것은 일본제국주의 법정을 우롱하기 위함이었으며, 한편으로는 나의 괴로운 심경을 토로한 것이기도 하다.

내가 출옥한 후에도 잇달아 경찰에 쫓기고 형무소 살이를 계속하였으니 어머니에 대한 불효를 더 말해 무엇하랴

한편 재산상의 상황은 어떠하였던가 형제들 중에 집 한칸 지닌 사람이 없고, 전부 셋방살이로 전전하게 되었다. 나는 소지주(小地主)의 신분을 청산한답시고, 아버지한테서 물려받은 토지를 전부 팔아서 중국에 가서 탕진하고 돌아와 취직은 커녕 끼니를 잇지 못하고 거리를 방황하게 되었으니 어미니 걱정보다 당장 내 목구멍이 큰 문제였다.

우리 형제들은 본시 그늘에서 자라나서 생활능력을 구비하지 못하고 있었다. 예를 들면 마을 아이들과 공동으로 천렵 같은 것을 해도 수획물을 분배할 때 한몫도 못끼는 주제였다. 그런 무능력자가 실사회에 나와서 어찌 정상적인 생활을 유지했겠는가!

그 원인을 살펴볼 때 어렸을 적부터 부모와 하인(下人)들의 보호 밑에서 자라났으며, 부모가 물려준 얼마만큼의 상속이 우리들을 무능자로 만들었으며, 평소 어머니의 교훈 즉, 적게 먹고

가는 똥을 싸야 속이 편하다는 말씀이 다소라도 작용했으리라고 생각한다.

그러나 장기간의 시련을 거쳐 겨우 몸을 감출만한 집을 마련한 것도 최근의 일이어서 이제 어머니 봉양문제에 관심을 기울이게 되는 판국에 어머니는 더 오래 기다리시지 못하고, 87세를 일기로 세상을 떠나셨다. 나는 어머니의 건강상태로 보아서 90세까지는 무난히 살아계실 줄 알고 어머니 봉양(奉養)을 게을리 해왔던 것이다. 수욕정이 풍부지 자욕양이친 부대(樹欲靜而風不止, 子欲養而親不待 ; 나무는 고요히 있고자 하나 바람이 그치지 않고, 자식은 부모님을 잘 모시고자 하나 기다려주지 않노라)라더니 어찌 나는 이렇게도 우둔하고, 무분별하고, 무성의했던고!

1967년 음8월 25일 어머니는 한 많은 일기를 마치시니 나는 갑자기 고아가 된 듯한 감상에 젖었다.

돌이켜 보면 어머니는 진실하고, 성실한 일생을 사셨다. 충실한 아내로서 현량한 어머니로서, 성실한 사회인으로서, 한 여인상을 우리의 뇌리에 투영시켜놓고 가셨다.

1975년 어머니를 이장할 때 어머니의 해골을 보게 되었다. 살은 없어지고 뼈만 앙상하게 남았다. 나는 그것을 보면서 그 고은 얼굴과 육체, 아름다운 정신을 그 해골에 붙여서 연상하면서 어머니의 생전 모습을 그려봤다. 우리는 저 뼈속에서 10개월 동안을 자랐고, 세상에 태어나면서 부터는 저 뼈속에서 우리나는 젖을 먹었으며, 우리가 늙도록 저 뼈의 구조 밑에서 보호받고, 사랑받고, 걱정한 나머지가 지금 저 뼈다귀구나 하는 생각에 잠

기다가 조금만 더 있으면 저 뼈다귀도 형체조차 없어지겠지 하고 바다 저편에 있는 산봉우리를 바라보았다.

나는 해마다 가을이면 어머니 묘소를 찾아간다. 경주에서 전남 강진까지는 여행길이 꽤나 멀다. 어머니 묘앞에 납작 엎드려 어머니를 회상하면 어머니는 나에게 소근소근 말씀하시는 것 같은 착각을 느낀다. 그리고, 오히려 어머니 제사 때면 서울 녹번동 장손 인균이가 제사를 모시고 있으므로 제상 밑에 엎드려서 어머니를 회상한다.

나도 늙어간다. 언제까지 어머니 묘를 찾게 될 것인가.

한가지 기억나는 것이 있어 여기에 적는다.

한번은 형이 어머니 앞에서 백종형(伯從兄), 병칠(炳七)씨 함자를 부르다가 호되게 꾸지람을 들은 일이 있었다. 어른 이름을 함부로 불렀다는 것이다. 종제가 숙부 앞에서 종숙(從叔) 이름을 부르면서 욕까지 곁들여 이야기하는 것을 숙부님은 빙긋이 웃음을 띠고서 귀를 기울여 경청한 것과 대조해 볼 때 어머니 교훈이 얼마나 엄하였는가를 알 수 있다.

어머니는 올망졸망한 친 자식들 외에도 조카들도 보살펴주셨다. 종형, 종제 두명이나 우리 집에서 자랐다. 그들의 집은 자식들을 못먹일 정도로 극빈한 처지가 아닌데도 우리 집에서 자란 것은 어머니가 친어머니보다 귀여워 했기 때문으로 생각한다.

조카들 뿐만 아니라 조카사위들도 귀여워하셨다. 종매부(從妹夫)들이 처가에 오면 인사를 하는둥 마는둥 끝마치고 우리집에 와서 며칠씩 쉬고 가곤 했다. 우리는 친형제 보다 종매부들과 노는 것이 더 재미 있었다.

부기 : 우리 형제가 가난을 못 면하고 있는 원인은 첫째 우리들의 천부적 소질, 둘째 우리 사회의 사회적 경제적 구조에 있겠으나 어머니의 평상시 교훈도 한 몫 한듯하다. 어머니는 항상 우리들에게 재물을 탐내지 말 것을 훈시하셨으며, 재물보다는 덕량(德量)에 치중하셨나. 이 점은 아버지 교훈과도 일치하였다.

아버지께서는 살아계실 적에 우리들의 시장 구경을 일체 불허하셨는데 어머니의 이 처사와 일맥상통한다 하겠다.

한가지 예를 들면 숙부님이 우리 재산을 관리하시면서 부정이 있다 해서 우리의 주위에서는 말이 많았었다. 형이 숙부님에게 시정을 요구하면서 법에까지 호소할 태도를 보이자 어머니는 준엄히 형을 꾸짖으셨다. 숙질간에 재물을 놓고 분쟁한다는 것은 천륜에 어긋나는 것이라고 하시면서 다시는 그런 말을 입밖에 내지 말 것을 우리들에게 엄명하셨다(이 부기는 1977년 10월 6일. 음 8월 24일 서울 인균이 집에서 어머니의 주기 제사를 모시면서 형제들이 모여서 어찌하여 똑똑하신 어머니가 우리 재산을 지키지 못하셨는가 하는 이야기 끝에 내가 이렇게 해명한 것을 여기에 옮겨 놓는다).

어머니의 묘비문(墓碑文)

어머니는 1881년 음 4월 15일 나셨다가 1967년 음 8월 26일 세상을 하직하셨다.

86년 동안 세상을 사시는 동안에는 보통 여인들보다는 그 생애가 기구하였다.

아버지와 결혼하여 5형제를 낳아 놓고, 39세 때에 아버지와 사별하시니 기울어져가는 가산을 지키랴 자식들을 키우랴 조부모를 봉양하랴 그 고충은 이만저만이 아니었다.

그러나, 그이의 인간본연의 자세는 조금도 흐트러지지 않고, 자식들 한테나, 어른들 한테나, 이웃간에나, 문중간에도 도덕과 윤리관에 확고히 정립해서 조금도 비뚤어지지 않았으며, 처세해 나가셨다.

더구나 그이의 처세가 이해를 초월한 도덕적 원리에 기초하였기 때문에 영악하지 못하여 어렵게 사는 원인이 되었을는지도 모르겠다.

그리고, 오늘날 우리들 형제들에게도 그이의 이념이 스며들어 문약한 체질을 형성시켰을 지도 모른다.

우리 형제는 그이를 지극히 찬양한다.

이 세상에서 가장 아리따운 현모양처와 아울러 정의에 투철한 인간의 화신이라고 믿는다. 그이는 모든 것을 아셨다. 모든 것을 옳게 판단하셨다.

아! 그이는 87세의 생애를 마치시고 이곳에 묻혀 계신다. 그러나, 그이의 영혼은 수억 만리 우주의 저편에서 예리한 눈초리로 우리들 형제를 위시해서 세상을 조용히 내려다 보실 것이다. 우리들의 체내 세포 하나 하나에 그이의 영혼이 스며들고 있다.

24
水史의 辯

그러니까 6 · 25 한국 전쟁때 까지의 삶은 내 나이 80 평생에 비춰 보면 거의 반생에 해당한다. 그러나 그것은 나의 전 생애였다. 1950년 6월의 6 · 25 한국 전쟁은 나의 삶에 종지부를 찍어버렸다. 나는 우선 내가 속해 있던 조직이 남녘땅에서 궤멸되어 버렸기 때문에 조직 속의 나로부터 혈혈단신의 나로 변해버렸다. 둘째로, 나와 뜻을 같이 하던 동지, 친구들은 죽거나 아니면 모두 월북해버렸다. 아니 더 변한 것이 있다. 남쪽 땅이 사상의 동토지대가 되어 적어도 공개적으로는 사회주의를 입 밖에도 낼 수 없는 반공 이데올로기가 판치는 세상, 미국에 대해서 비판적인 생각을 가지면 살 수 없는 세상으로 변해 버렸다. 일제하에서 일본을 비판하거나 항일하는 것과 사회주의 · 공산주의

운동은 민족독립운동의 한 궤로 애국애족으로 평가받을 수 있었건만 이제 미국에 대한 비판은 강하게 재갈을 물렸다. 이런 막막한 외딴 섬 고도에서 내가 할 수 있는 일이 무엇이 있겠는가. 죽자니 청춘이요 살자니 고생이라더니 나는 이제 과수원이나 돌보고 운명이 이끄는 대로 사는 데까지 살 수밖에 없는 것인가. 정치적 생명을 포기하고 과수원이나 하면서 살고자 하는 사회주의 탈락자들을 나는 얼마나 비웃었던가. 그런 내가 그 신세가 되었다. 그래서 그 이후의 삶은 나의 삶에서 빼버려야 한다. 그렇게 치면 6 · 25 한국 전쟁까지의 삶이 나의 전부인 셈이다. 나는 80 고령이 되어 아무 것도 할 수 없는 신세이기는 하지만 어찌 감회가 없을 수 있겠는가. 일제 36년이 너무나 긴 세월이라고 느껴졌다. 그런데 금년이 1987년이니 분단으로부터 헤아려보면 42년의 세월이 흘러갔다. 외세의 지배가 100년이 가까워 온다. 100년이 지나면 이 땅의 백성들은 우리 민족이 사는 터전 조국에 대한 인식이 남아 있을까.

단군 이래 한 자손으로서 단일민족으로 5천년을 내려왔다. 일제의 식민지 시대에도 국토 분단이나 혈육의 이산 같은 일은 없었다. 그러던 것이 1945년 미소 양국은 북위 38도선을 경계선으로 조선을 분할 점령하여 혈육을 이산시켜놓고 서로 왕래나 상봉조차 못하게 만들어 놓았다. 언필칭 조선의 평화니 남북협상을 종용한답시고 미국은 조선을 영구 분단시키고 남조선에 4만 군대를 주둔시키고 조선을 미국의 세계제패의 전략기지로 만들고 있다. 해방 즉시 조선을 분할 점령한다는 것은 미국의 복안이었다 한다. 그들이 진실로 조선의 평화를 원한다면, 그리고 조선의 통일을 원한다면 먼저 주둔군을 철수하고 조선의 정권을 예속시키지 말아야 할 것 아닌가.

그들은 역대 독재정권을 지원하고 모든 조선민족을 독재정권에 매달리게 하고 미국의 잉여물자를 원조니 수입개방이니 뭐니 하는 미사려구로 속여 남한 경제를 예속시켜 식민지 정책을 노골화하고 있다. 통계에 의하면 8 · 15 해방부터 6 · 25 까지 우리 민족이 비명에 죽어간 사람이 600만 명이라 한다. 물론 6 · 25 한국 전쟁 때 양민들을 좌익분자라 해서 생매장한 것이나 거창 양민학살 사건에 희생된 피학살 양민들도 끼었겠지만 이것이 모두 남북분단의 결과가 아니고 무엇이겠는가.

비근한 예로 1985년 남한에 수해가 일어나자 북조선에서는 식량, 연탄, 의류를 지원하겠다고 제의해왔다. 그 제의를 수락한 남한 정부에 대해서 만강의 찬의를 표했고 민족적 경사로 기뻐했다. 남한 사람들은 그 엄청난 물자를 북조선에서 어떻게 조달할 것인가. 허풍만 떨고 그 실현이 가능할 것인가에 대해서 다소 의구심을 가졌다. 그러다가 그 물자의 인수인계가 끝나자 우리는 안도의 숨을 쉬었다. 그것을 계기로 남북회담이 열려서 철도 연장이라든가 석탄 문제 등 여러 가지 문제가 속속 타결되어 갔다. 우리 백성들은 환희에 찬 기쁨으로 그 회담을 바라보고 있었다. 통일이 가까워 오는구나 하고. 그러나 아뿔사. 바로 그때 미군에서 한미연합군의 팀스피리트 훈련을 시작했다. 이것은 북조선 대표들을 위협한 결과가 되고 북조선 대표들은 철수해버리고 이제까지 회담이라고는 열리지 않았다. 1987년 8월 현재 재미 한국인학자(남한인으로서)가 김일성 주석에게 북녘의 군비 증강에 대해서 질문한 즉, 남쪽에서 미군이 최신무기를 증강배치하고 있어서 어쩔 수 없이 군비를 증강할 수밖에 없다고 답변했다고 한다.

일제를 몰아내고 군정을 실시하던 미국은 우리 민족의 열화 같은 통일 열망을 짓밟고 이승만을 내세워 남쪽만의 단독정부를 수립하고 일제 때 보다도 더 가혹한 반공 독재 정책을 강행하게 했다. 이 사이 얼마나 많은 애국인사들, 얼마나 많은 애매한 양민들이 죽어갔는가. 이승만 반공 독재의 독아에 물려 다시는 소생할 수 없으리라고 생각했던 민중들은 정의의 횃불을 치켜들고 이승만 독재에 맞서 싸웠다. 이 민족의 엄청난 에네르기는 어디서 분출되어 왔는가. 맨 주먹의 학생 시위로 시작된 4 · 19 혁명은 민족혁명으로 승화되었고, 이승만을 독재의 권좌에서 끌어내려 하와이로 쫓아내 버렸다. 그러나 혁명의 뒤치닥꺼리도 하기 전에 난데없는 군부 쿠데타가 일어나 박정희 군사정권을 탄생시켰다. 미군의 점령 하에 미국이 군사 작전권을 가지고 있는 곳에서 쿠데타가 성공했다는 것은 물어보지 않아도 미국의 소행임을 짐작할 수 있지 않겠는가. 이로부터 다시 이승만 독재시대와 마찬가지로 미국의 지배하의 반공 독재가 이 남한 땅을 동토의 땅으로 만들었다. 이것을 군사쿠데타의 원조로 하여 전두환, 노태우의 군사쿠데타로 이어졌다. 광주에서 수많은 백성을 참혹하게 학살하고 전두환 일당은 군사쿠데타를 일으켰으나 10년이 못되어 또다시 민중봉기에 봉착했다. 지금 밖에서는 민중들이 일어나 매일같이 봉기하여 6 · 10 항쟁을 통하여 이 정권을 막다른 골목으로 몰아넣어 퇴진을 압박하고 있다. 내가 난생 처음 참여했던 민족의 시위가 1926년 6월 10일 순종황제의 인산 행렬에 참여한 것이니까 이로부터 계산하면 민중봉기 60돌인 셈이다. 드디어 이 정권도 항복의 수순을 밟는 것인가. 6월 29일 노태우는 국민이 요구하는 직선제를 받아들이겠다고 선언했다. 국민들은 이에 투쟁을 멈추고 주춤하고 있다. 그러나 그 속에는 또 무엇을 숨기고 있겠지. 간악한 이 무리들과 뒤에서 조종하고 있는 미국의 꿍꿍이를 누가 알겠는가. 미국을 등에 업고 일신의 영달을 위하여 기생하는 정상배들이 정권을 잡게해서는 미래가 없다. 남과 북 서로서로 사랑하는 내 형제 내 민족임을 자각하고 우리 민족끼리 민족문제를 해결해 나가려는 의지가 없이는 백년하청일 것이다. 언제나 남북으로 갈라진 혈육이 다시 만날 수 있을 것인가. 그리운 그 얼굴 항일투쟁에서 맺어진 동지들, 학창의 벗들, 죽음이 다가오는데 언제나 만날 수 있을까. 분단의 비운을 털어버리고 외세의 굴레에서 벗어나 통일의 그 날이 언제 올 것인가. 외세는 이해관계에서 언제나 남이지만 우리 민족은 영원히 변치않는 존재이다. 우리 민족끼리 살길을 찾아야 한다. 우리 민족끼리 하나가 되어야 한다.

1987년 8월

아버지를 생각하며

아버지께서 작고 하신지 어느덧 20년 세월이 흘렀습니다.

지난 20년 세월은 세계사에 있어서 엄청난 지각변동이 있었습니다.

국내에서는 군부정권이 종식되고, 직선제에 의한 다섯 정권이 차례로 들어서 초보적이나마 민주주의가 정착되는 양상입니다.

북한은 핵실험에 성공하는가하면 장거리 미사일도 개발하여 동북아의 세력균형이 요동치게 만들었습니다. 이러한 가운데 북과 남간에는 남북정상회담이 두차례 열려 6 · 15공동선언과 10 · 4정상선언을 이끌어 내어 공존 공영의 기틀을 마련하였고 금강산 관광길이 열려 방북 인원이 100만명을 돌파하는가 하면 남측 기업을 위한 개성공단이 조성되어 우리 경제의 한 축을 담당하는 모습으로 변모하고 있습니다.

동해철도와 경의선 철도가 연결되고 백두산 관광길도 머지않아 열리게 되어 있습니다. 이산가족의 한을 달래기에는 미흡한 수준이지만, 이산가족의 상봉도 계속 이어지고 있습니다.

동독이 서독에 흡수통합되는 것을 계기로 동유럽 사회주의권이 붕괴되면서 소련도 13개 국가로 해체되었고, 중국 마저 사회주의 시장경제란 이름으로 사회주의 경제체제를 후퇴시켜 사회주의 모습은 그 어디에도 찾아볼 수 없을 정도로 변모하면서 미국 · 일본에 이어 세계 3위의 경제대국으로 발돋움했습니다.

우리는 이제 중국 · 러시아를 위시한 사회주의권과 수교는 물론 경제적 파트너로서 뗄래야 뗄 수 없는 밀착 관계에 있으며, 특히 중국에 대한 경제적 의존도는 미국에 비견되는 지경에 이르렀습니다.

이러한 엄청난 변화를 아버지께서는 경험하지 못하고 타계하셨습니다.

이 나라의 끝자락 전남 강진의 소지주의 아들이 청운의 꿈을 품고 서울에 유학을 와서 첫 번째 맞닥드린 것이 순종황제 인산날인 1926년 6월 10일 6 · 10만세 사건이었습니다.

민족의식에 눈을 뜨게 되자 학문의 길을 팽개치고 동맹휴학과 항일학생운동조직에 몰두 하다가 철창을 드나들며 오로지 민족해방 투쟁에 헌신합니다. 그 후 조국은 해방을 맞이했으나 38도선을 경계로 남북이 분단되어, 인간이 평등하고, 민주적인 이상형의 나라를 건설하려던 노력은 미국 지배하의 이승만정권에 의해 또 다시 고문과 투옥을 당하는 쓰라린 현실에서 매몰되어 갔으며 힘없는 지식인의 모습으로 초야에 파묻혀 버린 슬픈 인생역정을 겪게 됩니다.

이 원고는 1986년 경에 집필을 시작해 1987년 8월경에 마무리한 것 같으나 수사(水史)의 변(辯)을 쓰시다가 끝을 맺지 못하신 것을 보면 미완의 회상록이라고 하는 것이 옳을 것 같습니다.

아버지는 1987년 12월경에 발병하셔서 1988년 4월 16일에 영면하셨으니 금년으로 20주년이 됩니다.

민족이 일제 식민지의 노예로 남아있는 한 어떠한 입신출세도 무의미하다고 하시면서 한 몸을 초개같이 던져 민족해방운동에 투신하셨으나 그 성적표는 초리한 것이었으며 집안은 풍비박산 되고 가족은 기아선상을 헤매야 했습니다.

다행이라고 하면 수많은 친구들로부터 도움을 받아 늘 위기를 모면하곤 했습니다. 이 자리를 빌어 크고 작은 도움을 주셨던 많은 분들께 감사드리며, 그들의 후손들에게도 감사한 마음으로 정중히 인사올립니다.

이 책이 이 시대를 연구하는 이들에게 이 시대의 편린을 짐작케 하는 자료적 가치나마 제공할 수 있게 된다면 소기의 성과를 거두었다고 자위할 수 있지 않을까 생각입니다.

마지막으로 아버지가 쓰시던 水史의 辯을 소개하는 것으로 글을 마감하고자합니다.

水史의 辯

나는 나의 호(?)를 水史로 지었다. 아이들은 물가에 살면서 음감(音感)이 나쁘다고 반대하였으나 이걸로 확정해 버렸다. 그 이유는 다음과 같다. 첫째 모든 생물은 물에서 기원하였고…….

이 책을 아버지의 20주기를 맞이하여 영전에 바칩니다.

2008년 4월

아들 김 승 균

발문(跋文)

일본제국주의 식민지 통치시기 민족해방운동에 참여한 사람들은 대체적으로 지주 계급출신으로서 서울 유학 또는 해외로 유학한 청년 학생과 사회과학 연구를 통해 선진 지식을 체득한 혁명전사들이 주축이었습니다.

부전자전(父傳子傳)이란 말이 있습니다. 선생의 차남 승균 동지는 4 · 19혁명 전사로서 이승만 정권의 북진통일, 독재정권 타도를 위해 투쟁하였고, 4월 혁명 직후 전국 민족통일학생연맹 조직 연락위원장을 맡아 남북학생회담을 추진하다가 5 · 16군사 쿠데타로 옥고를 치른 전사이기도 합니다.

선생께서는 약관(弱冠) 20대 초반 휘문고보 재학 중 ㄱ당(세칭 조선학생공산당) 조직에 참여하셔서 옥고를 치르시고 조선의 해방과 자주독립 정부수립의 한 길에서 투쟁하시다가 온갖 수난과 고초를 치르시기도 했습니다. 선생께서 경주 과수원에서 서울에 올라 오시면 휘문고보 동기이신 장홍염선생, 제일고보 출신이신 송영회 선생님들과 담소하시던 모습이 엊그제 같은데 선생님이 가신지 어언 20년 세월이 흘렀습니다.선생님의 비보 받고 우리는 서울 백병원에서 〈민족통일 애국지사 故 김운선 선생 동지장〉이란 프랑카드를 내걸고 장례위원장에 장홍염 선생, 우인 대표 송영회 선생, 집행위원장은 이 사람이, 총무위원장에 이재오 의원 등 위원회를 조직하여 서울 한복판 백병원에서 최초로 장례식을 동지장으로 모셨습니다.

선생님의 회고의 글을 유족들이 내게 됨을 기쁘게 생각합니다. 오늘을 사는 우리들은 2000년 6월 15일과 2007년 10월 4일 남과 북의 최고지도자들이 합의한 공동선언을 조국통일의 이정표로 삼고 우리민족끼리 남과 북이 대단합을 이루어 통일의 영광을 안아 올 것이라는 확신을 가슴에 아로새겨 그 날이 올때까지 굳세게 전진합시다.

2008년

조국통일 범민족연합 남측본부

명예회장 이종린

중원문화 아카데미 新書

1 **한국근대 사회와 사상**
• 일본 교토대학교 연구소 엮음

2 **걸어다니는 철학**
• 황세연 저

3 **반듀링론**
• F. 엥겔스/김민석 역

4 **헤겔 법철학 입문**
• 꼬우즈미 따다시 지음

5 **이성과 혁명**
• H. 마르쿠제/김현일 외 역

6 **정치경제학 교과서 I-1**
• 짜골로프 외/윤소영 엮음

7 **정치경제학 교과서 I-2**
• 짜골로프 외/윤소영 엮음

8 **정치경제학 교과서 I-3**
• 짜골로프 외/윤소영 엮음

9 **이탈리아 맑스주의**
• K. 프리스터/윤수종 옮김

10 **걸어다니는 경제사**
• 황세연 편저

11 **자본론에 관한 서한집**
• K. 마르크스와 F. 엥겔스 저

12 **지배와 사보타지**
• 안토니오 네그리/윤수종 옮김

13 **과학기술사**
• 석동호 편저

14 **저개발과 의약품**
• M. 뷜러/우연재 옮김

15 **맑스주의의 세 갈래길**
• W. 레온하르트/하기락 옮김

16 **역사적 맑스주의**
• R. 알뛰세르/서관모 옮김

17 **경제학의 선구자들**
• 일본경제신문사/김종호 옮김

18 **근현대 사회사상가 101**
• 이마무라 히도시/안효상 옮김

19 **맑스를 넘어선 맑스**
• 안토니오 네그리/윤수종 옮김

20 **교육과 의식화**
• P. 프레이리/채광석 역

21 **정치경제학 교과서 II-1**
• 짜골로프 외/윤소영 엮음

22 **정치경제학 교과서 II-2**
• 짜골로프 외/윤소영 엮음

23 **청년 마르크스의 휴머니즘**
• H. 포피츠/황태연 역

24 **사회를 어떻게 볼 것인가?**
• 황세연 편저

25 **헤겔연구②**
• 임석진 외저 (절판)

26 **칸트 철학입문**
• W.O. 되에링/김용정 역

27 **노동조합 입문**
• 양원직 편저

28 **마르크스에서 쏘비에트 이데올로기로**
• I. 페처/황태연 역

29 **소유의 위기**
• E.K. 헌트/최완규 역

30 **변증법의 현대적 전개①**
• W. 뢰트/임재진 역

31 **변증법의 현대적 전개②**
• W. 뢰르/임재진 역

32 **모순의 변증법**
• G. 슈틸러/김재용 역

33 **헤겔연구③**
• 임석진 외저 (절판)

34 **국제무역론**
• 久保新一/김선기 역

35 **칸 트**
• 코플스톤/임재진 역

36 **자연과학과 철학**
• H. 라이헨바하/김회빈 옮김

37 **철학 입문**
• 황세연 편역

38 **맑스주의의 역사 ①**
• P. 브르니츠키/이성백 옮김

39 **맑스주의의 역사 ②**
• P. 브르니츠키/이성백 옮김

40 **한국사회와 자본론**
• 황태연 저

41 **정치경제학 비판을 위하여**
• K. 마르크스/김호균 역

42 **과학기술 혁명시대의 자본주의와 사회주의**
• 황태연 저/허상수 엮음

43 **혁명운동의 문제들**
• S. P. 노보셀로프/이창휘 옮김

44 **마키아벨리의 고독**
• 루이 알뛰세르/김민석 역

45 **들뢰즈와 가타리**
• 로널드 보그/이정우 옮김

46 **과학적 사회주의**
• G. 그로서/송주명 옮김

47 **맑스-레닌주의 철학의 본질**
• F. V. 콘스탄티노프/김창선 역

48 **철학의 기초(1)**
• A. 라키토프/김신현 옮김

중원문화 아카데미 新書

49 철학의 기초(2)
• A. 라키토프/김신현 옮김

50 소수자 운동의 새로운 전개
• 윤수종 외 지음

51 한눈에 들어오는 서양철학사
• 타케다 세이지/홍성태 옮김

52 마르크스즘과 유로코뮤니즘
• 산티아고 까리요/김유향 옮김

53 맑스주의와 프랑스인식론
• P. 토미니크 르쿠르/박기순 옮김

54 논리의 오류
• 에드워드 데이머/김회빈 역

55 프랑스 문화와 예술
• 마르크 블랑팽 · 장 폴 쿠슈/송재영 옮김

56 개발과 파괴의 사회학
• 홍성태 지음

57 인민의 벗이란 무엇인가
• V. 레닌/김우현 역

58 예술 · 정보 · 기호
• 가와노 히로시/진중권 역

59 담론의 질서
• 미셸 푸코 지음/이정우 해설

60 사회학의 명저 20
• 김진균 외 지음

61 철학사(1)
• Akademiya Nauk SSSR 편

62 철학사(2)
• Akademiya Nauk SSSR 편

63 철학사(3)
• Akademiya Nauk SSSR 편

64 철학사(4)
• Akademiya Nauk SSSR 편

65 철학사(5)
• Akademiya Nauk SSSR 편

66 인격의 철학, 철학의 인격
• 김종엽 저

67 담론의 질서
• 푸코 지음/이정우 옮김

68 교육자의 길
• 이오덕 외 저

69 정치경제학
• 짜골로프 저

70 박정희 시대-5.16은 쿠데타다
• 이상우 저

71 박정희 시대-민주화운동과 정치주역들
• 이상우 저

72 박정희 시대-5.16과 한미관계
• 이상우 저

73 박정희와 유신체제 반대운동
• 이상우 저

74 세계사 (제국주의 시대)
• 김택현 편

75 세계사 (제1차세계대전)
• 김택현 편

76 세계사 (제2차세계대전과 파시즘)
• 김강민 역

77 세계사 (현대)
• 조진원 편/이춘란 감수

78 근현대 형성과정의 재인식①
• 안종철 외 저

79 근현대 형성과정의 재인식②
• 정근식 외 저

80 시몬느 베이유 철학교실
• 앙느레느/황세연 역

81 소크라테스에서 미셸 푸코까지
• 기다 갠/김석민 역

82 상식 밖의 세계사
• 가바야마 고아치/박윤명 역

83 들뢰즈와 카타리
• 로널드 보그 저/이정우 옮김

84 새로운 예술을 찾아서
• 브레이트 저/김창주 역

85 역사 유물론의 궤적
• 페리 앤더슨/김필호 외 옮김

86 철학적 맑스주의
• 루이 알뛰세르/서관모 역

87 생산의 발전과 노동의 변화
• 마이클 피오르 외/강석재 외 역

88 항일과 혁명의 한길에서
• 김운선 지음

89 지배와 사보타지
• 안토니오 네그리/윤수종 역

90 헤겔철학 서설
• 오토 푀겔러/황태연 역

91 과학적 공산주의란 무엇인가
• 빅토르 아파나시예프/최경환 역

92 페레스트로이카 논쟁(서독)
• 에케르트 외/송주명 역

93 페레스트로이카 논쟁(동독)
• 모르겐슈테른 외/신현준 역

94 페레스트로이카 논쟁(프랑스)
• 프랑시스 코엥/신현준 역

95 페레스트로이카 논쟁(소련)
• 야코블레프 외/신현준 역

96 마르크스주의와 개인
• 아담 사프/김영숙 역

中國歷史大河小說
천승세 평역
십팔사략
十八史略
전8권

전국
도서관
대출순위
1위

전국
도서관
대출순위
1위
천룡팔부

전국
도서관
대출순위
1위
소오강호